16	3	2	13
5	10	11	8
9	6	7	12
4	15	14	1

Laymert Garcia
dos Santos

POLITIZAR AS NOVAS TECNOLOGIAS

O impacto sociotécnico
da informação digital e genética

editora■34

EDITORA 34

Editora 34 Ltda.
Rua Hungria, 592 Jardim Europa CEP 01455-000
São Paulo - SP Brasil Tel/Fax (11) 3816-6777 www.editora34.com.br

Copyright © Editora 34 Ltda., 2003
Politizar as novas tecnologias © Laymert Garcia dos Santos, 2003

A FOTOCÓPIA DE QUALQUER FOLHA DESTE LIVRO É ILEGAL E CONFIGURA UMA APROPRIAÇÃO INDEVIDA DOS DIREITOS INTELECTUAIS E PATRIMONIAIS DO AUTOR.

Edição conforme o Acordo Ortográfico da Língua Portuguesa.

Capa, projeto gráfico e editoração eletrônica:
Bracher & Malta Produção Gráfica

Reproduções:
*Kira Perov (p. 184), Ana Vitória Mussi (p. 215a),
Vicente de Mello (p. 215b, 220)*

Revisão:
*Cide Piquet
Isabella Marcatti*

1ª Edição - 2003, 2ª Edição - 2011

Catalogação na Fonte do Departamento Nacional do Livro
(Fundação Biblioteca Nacional, RJ, Brasil)

Santos, Laymert Garcia dos
S65p   Politizar as novas tecnologias: o impacto sociotécnico da informação digital e genética / Laymert Garcia dos Santos. — São Paulo: Ed. 34, 2003.
320 p.

ISBN 978-85-7326-277-3

1. Teoria da tecnologia. 2. Filosofia das ciências aplicadas. I. Título.

CDD - 601

POLITIZAR AS NOVAS TECNOLOGIAS

Prefácio 9

TECNOLOGIA E AMBIENTE

1. A encruzilhada da política ambiental brasileira 15
2. Tecnologia, natureza e a "redescoberta" do Brasil 49
3. A nova colonização genética
   (entrevista com Vandana Shiva) 73
4. A virtualização da biodiversidade 81

TECNOLOGIA E SOCIEDADE

5. Considerações sobre a realidade virtual 109
6. Consumindo o futuro 123
7. Limites e rupturas na esfera da informação 134
8. Modernidade, pós-modernidade
   e metamorfose da percepção 153

TECNOLOGIA E ARTE

9. Bill Viola, xamã eletrônico 185
10. Paisagens artificiais 197
11. A tecnoestética de Rubens Mano 206
12. As videoinstalações de Sonia Andrade 212
13. A pintura depois da pintura 217
14. O cinema utópico de Lars von Trier 222

TECNOLOGIA E O FUTURO DO HUMANO

15. Tecnologia, perda do humano
    e crise do sujeito de direito 229
16. Müller e o ritmo dos tempos 247
17. Tecnologia e seleção 264

Sobre o autor 319

Para Tiago, meu filho

PREFÁCIO

Os textos aqui reunidos correspondem, *grosso modo*, a boa parte de minha produção ensaística da década de 90, assim como *Tempo de ensaio*[1] juntou o que fora escrito na década de 80. Agora, porém, a escolha do que deveria entrar no livro privilegiou a tematização da tecnologia em suas relações com o ambiente, com a sociedade, com a arte e com o futuro do humano.

Talvez não seja exagero afirmar que os anos 90 constituem a década em que o impacto das assim chamadas novas tecnologias sobre o trabalho, a vida, a cultura e todas as dimensões sociais se fez sentir com intensidade nova e de modo incontornável. É claro que muitas das transformações que se explicitaram nesse período foram gestadas ou já estavam em curso desde o pós-guerra e, principalmente, desde os anos 60-70; mas nos 90, com a disseminação dos computadores e da Internet, com a digitalização dos sistemas, com os avanços da biotecnologia e com as promessas da nanotecnologia, ficava patente que as inovações tecnológicas já não se encontravam predominantemente nos laboratórios, mas faziam parte do cotidiano de um contingente cada vez maior das massas urbanas, cujas percepções e práticas passaram a ser constantemente modificadas, reordenadas ou, para usar uma expressão emprestada da linguagem da informática, reconfiguradas.

A impressão que se tem é que nos anos 90 a tecnosfera, a segunda natureza, suplantou de vez a natureza, rompendo-se então a

---

[1] São Paulo, Companhia das Letras, 1989.

concepção puramente utilitária que tínhamos da tecnologia. Descobrimos que a potência das máquinas se exerce em todas as dimensões da vida de um modo muito mais extenso e intenso do que podíamos imaginar — seus efeitos colaterais, seus riscos, seus acidentes, estão também em toda parte. Sentimos que a nossa experiência é crescentemente mediada por elas e que o ritmo de nossa existência é cada vez mais modulado pela aceleração tecnológica. O acesso à tecnologia tornou-se tão vital que hoje a inclusão social e a própria sobrevivência passam obrigatoriamente pela capacidade que indivíduos e populações têm de se inserir no mundo das máquinas e de acompanhar as ondas da evolução tecnológica.

A globalização, que, aliás, seria inconcebível sem as novas tecnologias, levou o processo a penetrar todos os espaços do planeta e a interferir ou a poder interferir no modo de vida de todos, inclusive das populações mais isoladas e refratárias, como os povos indígenas. Ninguém fica de fora, nem mesmo quem é excluído do processo por não querer ou não poder participar. E, no entanto, em nossas relações com a tecnologia parece ainda prevalecer uma grande ingenuidade: como se ainda fosse possível considerá-la apenas quando ela nos "serve"!

Por mais importante que seja o plano utilitário, este não esgota o modo de existência das máquinas; mas tudo que na tecnologia extrapola a função de uso permanece invisível e não é percebido. E aí parece residir o perigo.

Em *Critical path*, livro interessantíssimo de Richard Buckminster Fuller, o inventor e pensador da tecnologia norte-americano previu o que nomeou como "o formidável obstáculo" que deveria ser vencido pela década de 90: a incapacidade humana de perceber além de um número muito limitado de graus de mobilidade, na medida em que 99,9% do que os humanos podem "ver" com compreensão são as repercussões posteriores ao que aconteceu.

"A maioria dos padrões de tendências importantes é invisível — portanto, suas ocorrências não são antecipadas pela sociedade. [...] a maioria das tendências evolucionárias dos assuntos humanos não pode ser detectada e sintonizada pelo cérebro coordenador de sentidos das pessoas. Poucos de seus desafios cruciais são apreendidos a tempo pelos cérebros humanos. Os homens não caem fora, quando não podem ver o que se aproxima para destruí-los."

Para ajudar a humanidade a enfrentar o obstáculo que ela teria na década de 90, Fuller inventou em 1950 o Geoscope, um dispositivo formatado como uma espécie de Terra em miniatura, no qual a humanidade poderia apreender todos os dados do que acontece na geografia terrestre, a qual seria vista tanto de dentro quanto de fora, isto é, como um teatro planetário dentro do teatro do Universo. Assim, os homens poderiam sintonizar diretamente o movimento do mundo e referir sua experiência individual diária a essa visão verdadeiramente global. Nesse sentido, Fuller propôs que o Geoscope fosse instalado bem em frente do edifício das Nações Unidas, em Nova York, para que os representantes de todos os países o levassem permanentemente em conta em suas negociações.

Ora, parece-me que se o Geoscope fosse construído, isto é, se tivéssemos um dispositivo de visualização do "estado real" do planeta, poderíamos detectar imediatamente a centralidade da tecnologia no movimento do mundo, mas veríamos, ao mesmo tempo, quão pouco essa centralidade é problematizada. É claro que há uma profusão de discursos de glorificação e de *marketing* dos produtos e das benesses do progresso tecnológico; é claro também que a ela tenta se contrapor uma crítica dos riscos que a adoção da estratégia de aceleração tecnológica total comporta. Entretanto, é preciso reconhecer que a crítica ainda não foi capaz de convencer as sociedades nacionais e a assim chamada "comunidade internacional" da necessidade imperiosa de se discutir a questão tecnológica em toda a sua complexidade. Vale dizer: da necessidade de se politizar completamente o debate sobre a tecnologia e suas relações com a ciência e com o capital, em vez de deixar que ela continue sendo tratada no âmbito das políticas tecnológicas dos Estados ou das estratégias das empresas transnacionais, como quer o *establishment*. As opções tecnológicas são sempre questões sociotécnicas, e devem ser encaradas pela sociedade como de interesse público.

Boa parte dos textos desta coletânea tenta politizar algum aspecto ou alguma dimensão das tecnologias da informação, seja esta digital ou genética. O leitor atento perceberá rapidamente que os ensaios não resultam tanto de uma reflexão distanciada, mas se constituem basicamente como prolongamento de dois movimentos: primeiro o movimento que vem de fora e que produz o assombro, se lembrarmos da frase do poeta Heiner Müller segundo a qual "a primeira aparição do novo é o assombro"; a esse espanto suscitado pela radicalidade e pelo ineditismo das mudanças anunciadas pelo advento das novas tecnologias, segue-se um movimento que vem de dentro, o impulso de procurar entender e explorar os efeitos desestruturadores e/ou reestruturadores que a tecno-logia acarreta numa percepção política da realidade. Assim, os textos refletem o impacto das descobertas que foram se dando, e se intensificando, ao longo da década de 90 num espírito que se recusa a admitir a supressão da política e acredita, muito ao contrário, que na situação contemporânea a política deveria considerar a tecnociência como seu objeto de crítica por excelência.

Escritos assim, "às pressas", como que sem tempo para o amadurecimento, os ensaios retomam, uns dos outros, ideias, autores, citações, momentos, desenvolvimentos, tecendo uma rede de conexões sobre o tema. Tais remissões e repetições talvez abusem da paciência do leitor. Mas, pensando bem, pode ser que as contramarchas não sejam apenas negativas: se considerarmos a coletânea que aqui se apresenta como um *work in progress* contemporâneo, isto é, como um movimento que tenta captar o movimento desenhado pelas novas tecnologias, as idas e vindas surgirão como parte de uma formulação que tende a se concretizar de modo não linear e assistemático, operando por ressonância, contato e contágio.

Laymert Garcia dos Santos

TECNOLOGIA E AMBIENTE

1.
A ENCRUZILHADA DA
POLÍTICA AMBIENTAL BRASILEIRA*

Como é de conhecimento geral, desde meados da década de 80 o Brasil tem vivido uma profunda crise ambiental. A floresta amazônica se encontra, evidentemente, no coração dessa crise, mas as feridas e cicatrizes podem ser vistas em toda parte. Os problemas ambientais das regiões industrializadas, por exemplo, talvez sejam ainda mais graves do que os da Amazônia, se levarmos em conta as necessidades imediatas do conjunto da população brasileira. Entretanto, embora o impacto do crescimento caótico e acelerado das cidades, fruto da miséria rural e urbana, não possa ser desconsiderado, desconhecer a importância do meio ambiente amazônico seria um trágico erro. Os problemas no Sul do Brasil não têm dimensão local, nacional e internacional. Em contrapartida, o desmatamento propulsou a floresta amazônica brasileira para o centro do debate ecológico mundial e justificou por que índios e seringueiros encontraram, para além de seus tradicionais defensores dentro e fora do país, novos aliados na Europa e na América do Norte, e ouvidos receptivos nas mais altas esferas internacionais.

A Amazônia brasileira atraiu a atenção porque o desmatamento parecia interligar, num cenário catastrófico, três grandes ten-

---

* Texto apresentado em seminário no Latin American Centre do Saint Antony's College, Universidade de Oxford, em janeiro de 1993, no âmbito de uma bolsa de pós-doutorado financiada pela Fapesp, e publicado posteriormente em *Novos Estudos Cebrap*, n° 38, São Paulo, mar. 1994, às pp. 168-88, bem como em Maria Ângela D'Incao e Isolda Maciel da Silveira (orgs.), *A Amazônia e a crise da modernização*, Belém, Museu Paraense Emílio Goeldi, 1994, pp. 135-54.

dências contemporâneas que podem conduzir a um desastre ambiental global: o efeito estufa, a destruição da camada de ozônio e a perda da biodiversidade. Na verdade, foi o desmatamento tropical que forjou o próprio conceito de biodiversidade e engendrou uma nova questão.

Não é o momento de considerarmos a controvérsia que se armou em torno da contribuição do desmatamento brasileiro nas mudanças climáticas e na destruição da camada de ozônio. Mas é necessário lembrar que a emergência da questão da biodiversidade projetou uma luz nova sobre a selva: de repente, todo o mundo descobria que as florestas tropicais concentram os habitats mais ricos em espécies do planeta, ao mesmo tempo em que descobria que são as mais ameaçadas de extinção.

Reunindo dados e informações das mais variadas fontes, Norman Myers[1] dá uma ideia do alcance do problema:

> "As florestas tropicais podem ser consideradas a mais grandiosa celebração da natureza a enfeitar a face da Terra nos quatro bilhões de anos de existência da vida. Embora cobrindo apenas 6% da superfície terrestre do planeta, estima-se que elas contêm pelo menos 70% e possivelmente até 90% das espécies da Terra. [...] À medida que as florestas desaparecem, com elas desaparecem as espécies. Em apenas 4% de extensão da floresta tropical e 0,2% da superfície terrestre do planeta, no mínimo 15% das espécies vegetais da Terra estão ameaçadas de extinção em torno do ano 2000, ou logo depois, juntamente com centenas de milhares (possivelmente milhões) de espécies animais. [...] A extinção maciça que está tomando conta das biotas do planeta ocorre quase inteiramente nas florestas tropicais".

---

[1] Norman Myers, "The anatomy of environmental action: The case of tropical deforestation", in A. Hurrell e B. Kingsbury, *The international politics of the environment*, Oxford, Clarendon Press, 1992, p. 437.

Ora, dentre os países que abrigam florestas tropicais, o Brasil ocupa, com larga dianteira, o primeiro lugar; por isso mesmo lidera também o grupo dos treze "países de megadiversidade", na denominação de Russell Mittermeier. Philip Fearnside[2] fornece os números que expressam tal posição. A chamada Amazônia Legal brasileira tem uma superfície de aproximadamente 5 milhões de km^2, ou seja, 60% do território nacional. Desse total, 38% são cobertos por florestas densas e 36% por florestas não densas; 14% são cobertos por vegetação aberta, como cerrados e campos naturais, sendo o restante (12%) ocupado por vegetação secundária e atividades agrícolas. A Amazônia é portanto uma região de dimensões continentais — a metade do tamanho da Europa. Existem atualmente no mundo 8,5 milhões de km^2 de florestas tropicais úmidas, distribuídas pela América do Sul, África e Ásia; a Amazônia brasileira contém cerca de 40% dessas florestas.

As florestas úmidas da Amazônia são caracterizadas por sua grande biodiversidade, rica em espécies biológicas e em ecossistemas, bem como em diversidade genética dentro de cada espécie. Enquanto na floresta amazônica se conhecem mais de 2.500 espécies de árvores, nas florestas temperadas de toda a França apenas cerca de 50 espécies podem ser encontradas. Tal riqueza de biodiversidade é internacionalmente reconhecida, o que não impede que esteja imensamente ameaçada. Segundo Philip Fearnside[3] as taxas de desmatamento foram em média de 22 mil km^2 por ano de 1978 a 1988; em 89, de 18 mil km^2; e no ano seguinte, de 14 mil km^2. Vê-se portanto que, para o melhor e o pior, a biodiversidade é, antes de tudo, uma questão brasileira.

---

[2] Philip Fearnside, "Pressões antrópicas sobre a Amazônia: situação atual e perspectivas de conservação", in *Subsídios técnicos para a elaboração do relatório do Brasil para a CNUMAD*, versão preliminar, Comissão Interministerial para a preparação da Conferência das Nações Unidas sobre o Meio Ambiente, Brasília, jul. 1991, p. 80.

[3] *Ibidem*, p. 111.

* * *

O desmatamento da floresta amazônica brasileira foi considerado como uma ameaça maior para as mudanças climáticas porque ele poderia ajudar a comprometer a vida fora dos trópicos; era uma ameaça direta, e muito concreta. Mas a extinção da biodiversidade era sentida como uma ameaça distante, indireta e indefinida. Em busca de argumentos para deter o desmatamento, as pessoas preocupadas com a crítica situação da biodiversidade tropical sentiram-se levadas a *justificar* os esforços de preservação e a enumerar *as vantagens* que obteríamos caso não fôssemos indiferentes ao desaparecimento das formas de vida. Como se a vida dessas espécies só pudesse realmente valer se provasse ser valiosa para a vida do homem moderno.

Como escreve James Nations:[4]

"Virá o dia em que considerações éticas sobre a diversidade biológica tornar-se-ão nosso principal motivo para conservar as espécies. Mas até lá, se quisermos continuar mantendo a diversidade biológica do planeta, temos que falar a língua corrente. E a língua corrente é a utilidade, a economia, e o bem-estar dos seres humanos individuais. Nos anos 80, a pergunta parece ser: 'O que a diversidade biológica fez por mim recentemente?'. A boa-nova é que a resposta a esta pergunta é: 'Muito, e mais do que você avalia'. Nossas vidas estão cheias de exemplos da lógica de que devemos preservar as plantas e animais dos quais dependemos como espécie".

Os especialistas começaram portanto a explicar que, além dos valores científico, estético e ético da biodiversidade, sua perda afetava imediatamente o bem-estar material das pessoas em toda par-

---

[4] James Nations, "Deep ecology meets the developing world", *in* E. O. Wilson (org.), *Biodiversity*, Washington, National Academy Press, 1988, p. 281.

te. Norman Myers,[5] por exemplo, nos lembra que um em cada quatro produtos vendidos nas farmácias, seja medicinal ou farmacêutico, é fabricado a partir de materiais extraídos de plantas das florestas tropicais. Tais produtos incluem antibióticos, antivirais, analgésicos, tranquilizantes, diuréticos, laxativos e muitos outros itens. As vendas comerciais desses diversos produtos no mundo inteiro atingem atualmente cerca de US$ 20 bilhões por ano. Por isso mesmo, a ênfase no valor medicinal da biodiversidade tornou-se uma constante nas advertências dos *experts* — mas há ainda outros "benefícios" que poderiam ser considerados: aqueles ligados à agricultura e à indústria.

Os exemplos mostrando o quanto a biodiversidade tropical fez por todos nós proliferam através das páginas da literatura especializada. Entretanto, vemos que sua contribuição poderia ser bem maior quando notamos, com o World Resources Institute,[6] que *menos de um por cento* das plantas tropicais tiveram seus usos potenciais investigados! Há, então, em matéria de biodiversidade das florestas tropicais, uma dupla ignorância: a ignorância do que ela é, porque a desconhecemos, porque ela ainda não foi amplamente estudada pela ciência ocidental e porque o saber tradicional desaparece sob os golpes da sociedade moderna antes mesmo que o seu valor seja reconhecido; e a ignorância do que a biodiversidade poderia vir a ser, ignorância irresponsável e inconsequente de quem dilapida uma riqueza do futuro sem nem ao menos antecipar seus benefícios no presente.

Os esforços de justificar a preservação em termos utilitários e enfatizar as vantagens materiais para o bem-estar das pessoas criaram um problema difícil para os biólogos, botânicos e zoólogos. Pediam-lhes que estabelecessem o valor da biodiversidade enquan-

---

[5] Norman Myers, *op. cit.*, p. 438.

[6] World Resources Institute, *Tropical forest: A call for action*. Citado por Ricardo Arnt em R. Arnt e S. Schwartzman, *Um artifício orgânico: transição na Amazônia e ambientalismo*, Rio de Janeiro, Rocco, 1992, p. 53.

to "capital natural". Alguns descartaram de imediato tal demanda. David Ehrenfeld,[7] por exemplo, num texto intitulado "Why put a value on biodiversity?", argumenta que o próprio fato de acharmos necessário debater a questão do valor da biodiversidade já é bastante elucidativo de por que a diversidade biológica está em perigo... Em outras épocas, diz ele, a discussão soaria no mínimo como uma presunção e uma perda de tempo, pois tal valor era indiscutível. Por que então o tema emergiu? David Ehrenfeld acredita que a realidade econômica dominante do nosso tempo (desenvolvimento tecnológico, consumismo, gigantismo das empresas estatais, industriais e agrícolas, aumento populacional) é responsável pela maior parte da perda da biodiversidade. Tal realidade é tão onipresente que a própria sobrevivência é vista como uma questão de economia. Nesse sentido, não é de admirar que até os conservacionistas comecem a justificar seus esforços em termos econômicos. Entretanto, aceitar a discussão parece ser um erro terrível, diz o biólogo ao advertir seus pares:

> "Não nos ocorre que nada nos obriga a enfrentar o processo de destruição usando as suas próprias premissas e terminologias estranhas e autodestrutivas. Não nos ocorre que ao atribuirmos valor à diversidade simplesmente legitimamos o processo que está aniquilando-a, o processo que diz: 'A primeira coisa que conta em qualquer decisão importante é a magnitude tangível dos custos e benefícios monetários'. [...] mas, se persistirmos nessa cruzada para determinar um valor onde o valor deveria ser evidente, com certeza não nos restará nada além de nossa cobiça, no dia em que a poeira finalmente baixar".

Muitos ambientalistas e economistas decidiram, no entanto, jogar o jogo e tentar avaliar a riqueza da biodiversidade tropical

---

[7] David Ehrenfeld, "Why put a value on biodiversity?", *in Biodiversity*, cit., p. 213.

em termos econômicos. Num livro chamado *Saving the planet*,[8] o Worldwatch Institute explicitou o que parece ser o ponto fundamental da economia ambiental:

"Nossas economias estão comprometidas com uma forma disfarçada de financiamento de um déficit: processos como o desmatamento e o superbombeamento da água do solo inflam o desempenho atual às custas da produtividade a longo prazo. Estamos violando os princípios da sustentabilidade ambiental, num setor após o outro. Confiando num sistema incompleto de contabilidade, sistema que não avalia a destruição do capital natural associada aos ganhos do desempenho econômico, devoramos nossos bens produtivos, satisfazendo nossas necessidades de hoje às custas de nossos filhos. Como afirma o economista Herman Daly, 'há algo fundamentalmente errado em tratar a terra como se fosse um negócio em liquidação'".

A premissa do Worldwatch Institute parece corresponder ao que realmente acontece. Entretanto, aceitá-la já suscita imediatamente uma série de perguntas ingênuas, óbvias. Antes de mais nada, por que não avaliamos o que estamos perdendo? Se é verdade que a destruição ocorre porque nosso sistema de contabilidade não leva em conta o "capital natural", por que a economia o desconsidera? Além disso, poderíamos perguntar: por que a natureza não é concebida como capital? Se fosse, os ambientalistas não se perguntariam, ansiosos: Como um valor *pode ser conferido* às florestas tropicais? Como demonstrar que "elas valem mais em pé do que deitadas"?

Falar em "capital natural" pressupõe, portanto, uma operação que converte algo que tem valor qualitativo, e como tal é único e incomensurável, em algo cujo valor é quantitativo. Nesse sentido, o caso da floresta amazônica poderia fornecer aos economistas

---

[8] L. Brown, C. Flavin e S. Postel, *Saving the planet*, Worldwatch Institute, Londres, Earthscan Publications, 1992, pp. 28-9.

uma excelente oportunidade para verificar se a riqueza ambiental pode tornar-se capital, e como a biodiversidade brasileira pode ser integrada ao mercado.

Quando se considera o velho e predatório estilo de desenvolvimento que prevaleceu nessa região, é espantoso constatar que as florestas estão sendo destruídas precisamente porque só têm um valor qualitativo, um valor ambiental, um valor vital e, como tais, *não têm valor nenhum*, isto é, não têm valor econômico. Se assim não fosse, como poderíamos explicar que até o final dos anos 80 o Estado brasileiro concedeu US$ 2,5 bilhões de subsídios para os fazendeiros que queriam queimar as florestas para "beneficiar" a terra, transformando o solo em "fazenda aberta"?[9] É preciso reconhecer que o próprio ato de queimar tornou-se uma operação de realização do valor! "A floresta amazônica", escreve Philip Fearnside,

> "está sendo destruída, basicamente, porque para os agentes econômicos individuais o valor econômico imediato da floresta é menor do que o valor de usos alternativos do solo, inclusive especulativos. Essa diferença é inclusive artificialmente aumentada por mecanismos fiscais, como por exemplo o imposto territorial rural, que é maior para áreas florestadas — uma vez que a derrubada é considerada uma benfeitoria — ou os incentivos fiscais, concedidos até recentemente pela Sudam, para projetos agropecuários em áreas de florestas densas."[10]

Juristas franceses[11] nos lembram que o Direito Romano tinha dois conceitos para designar as coisas que não tinham dono e eram

---

[9] Norman Myers, *op. cit.*, p. 443.

[10] Philip Fearnside, *op. cit.*, p. 82.

[11] M. Remond-Gouilloud, "Le prix de la nature" e "Ressources naturelles et choses sans maître"; Marie-Angèle Hermitte, "Le concept de diversité biologique et la création d'un statut de la nature", *in* Bernard Edelman e Marie--Angèle Hermitte, *L'homme, la nature et le droit*, Paris, Christian Bourgois, 1988.

sem valor: res nullius e res communis. Amiúde, res communis refere-se a um volume, continente ou um todo, como o ar ou o mar, enquanto res nullius refere-se a um conteúdo, a cada elemento natural ou fragmento, como a planta e o animal selvagens. Tradicionalmente, a res nullius está vinculada à abundância: ela não pertence a ninguém e cada um pode livremente utilizá-la; mas quando há escassez, ou medo da escassez, a res communis emerge para impedir a apropriação e estabelecer uma espécie de reservatório do que é comum a todos. Quando ocorre apropriação, res nullius e res communis desaparecem, dando lugar à propriedade. Podemos então entender por que as florestas da Amazônia são tão impiedosamente destruídas: o velho e predatório estilo de desenvolvimento integra a região amazônica à economia brasileira negando a existência de coisas sem dono e impondo a lei da propriedade privada.

Em lugar nenhum os esforços dos economistas e dos juristas para calcular o incalculável, e para avaliar o que não tem valor, alcançam tamanha dramaticidade quanto nas florestas tropicais brasileiras. De fato, o destino da biodiversidade tropical parece atado aos conceitos jurídicos de res nullius e res communis, e ao conceito econômico de recursos, que considera plantas e animais apenas como matérias-primas. Nesse sentido, apesar do desejo de muitos ambientalistas que pretendem combinar riqueza ambiental e lógica de mercado, de modo algum poderia a diversidade tropical ascender ao status de "capital natural".

* * *

A riqueza da biodiversidade brasileira vem sendo dilapidada para promover a integração da região amazônica na economia de mercado, através de um estilo de desenvolvimento predatório. O leitor poderia argumentar, e o argumento tem sido bastante levantado, que tal tipo de desenvolvimento está superado, e que os novos padrões do alto capitalismo poderiam lidar com a biodiversidade tropical de modo muito mais adequado. Os otimistas anunciam uma nova perspectiva: a engenharia ecológica e a biotecnologia poderiam criar uma tecnologia ambientalmente avançada que abriria imensas oportunidades para as empresas e estabeleceria uma conexão positiva entre os valores ambientais e econômicos.

Os especialistas já dispõem de dados suficientes para acreditar que a biotecnologia e a revolução dos novos materiais constituem a próxima onda das altas tecnologias, e que tal tendência conduzirá a uma mudança de paradigma tecnológico. O problema, porém, é que a biotecnologia parece expressar um novo tipo de predação, uma forma bastante perversa de destruição, e uma maneira sofisticada de submeter a biodiversidade à lei do mercado.

Contrariamente a todas as expectativas, a biotecnologia não morre de amores pela biodiversidade. Vale a pena evocar aqui um instigante ensaio analisando precisamente a hipótese de que a biotecnologia se nutre da repulsa pela natureza, e não de sua aspiração a um reencontro harmonioso com ela. Nesse sentido, a biotecnologia seria uma das maiores manifestações do "gnosticismo tecnológico". Hermínio Martins, que trabalha tal hipótese, escreve:

"[...] o gnosticismo é usualmente entendido como compreendendo abjuração do orgânico, repugnância pelo corpo, aversão pelo natural [...] e um pathos metafísico no qual a 'viscosidade' das coisas é sentida como radicalmente inimiga do espírito. A tecnologia implica na manipulação do mundo material e, portanto, parece intrinsecamente contragnóstica. Entretanto, através da expressão superficialmente paradoxal 'gnosticismo tecnológico' é significado o casamento das realizações, aspirações e projetos tecnológicos com os sonhos caracteristicamente gnósticos de transcendência radical da condição humana [...]".[12]

Martins não deixa de registrar[13] o irônico paradoxo da situa-

---

[12] Hermínio Martins, "Hegel-Texas: Issues in the philosophy and sociology of technology", *in* H. Martins (org.), *Knowledge and passion: Essays in honour of John Rex*, Londres/Nova York, J. B. Turis, 1991, p. 229.

[13] *Ibidem*, pp. 230 ss.

ção contemporânea: a fabricação de formas de vida artificiais é empreendida num contexto planetário em que a biodiversidade está longe de ter sido exaustivamente classificada, e em que as espécies desaparecem em ritmo acelerado. Entretanto, a própria existência da biotecnologia parece não só minimizar o perigo da extinção como inclusive favorecê-la, ao romper as barreiras naturais entre as espécies e acelerar os processos de mudança genética e somática, intervindo diretamente nos genomas e substituindo, assim, os ritmos lentos da evolução biológica pela temporalidade da bioengenharia.

A análise de Martins é interessante para nós porque revela uma possível incompatibilidade entre natureza e tecnologia, que se "resolve" em favor desta última cada vez que o critério econômico promove rápidos e produtivos processos artificiais para substituir os vagarosos e limitados processos naturais. Vale então a pena perguntar: Que tipo de articulação a biotecnologia vem estabelecendo entre valor ambiental e valor econômico?

A pergunta merece atenção em virtude de sua importância para a biodiversidade tropical e, mais particularmente, da floresta amazônica. Como vimos anteriormente, tem-se tentado valorizar a diversidade das formas de vida como "capital natural"; e como todo mundo sabe, os especialistas enfrentam as maiores dificuldades para fazê-lo. Mas embora talvez seja mesmo impossível avaliar a riqueza da biodiversidade brasileira no seu todo, e até mesmo a riqueza de cada uma de suas muitas espécies, é possível pulverizá-la em fragmentos microscópicos, apropriar-se de algumas dessas unidades mínimas e conferir-lhes um valor econômico que pode render milhões no mercado mundial. Ocorre que a biotecnologia é precisamente a possibilidade de converter algo que tinha de direito um valor ambiental em algo que pode ter de fato um valor econômico. Em suma, talvez a biotecnologia não opere uma conexão entre tais valores, mas sim uma conversão de um no outro. A biotecnologia vem sendo um modo especial de destacar a biodiversidade dela mesma e transformá-la em "capital artificial"!... A biotecnologia é o dispositivo através do qual a própria vida é extraída das diversas formas de vida como *res nullius* e incorporada como matéria-prima

A encruzilhada da política ambiental brasileira 25

num processo industrial que está criando o mais promissor dos mercados: o biomercado.

Atenta à grande movimentação que se arma em escala internacional com a abertura de um novo campo de ação para o capitalismo global e consciente de que na relação biotecnologia-biodiversidade está em jogo uma questão crucial, Vandana Shiva nos permite entender o que está ocorrendo:

> "Como a biologia passa a ocupar o centro da cena da civilização industrial graças à emergência das novas tecnologias, a conservação da biodiversidade também se move para a cena central no movimento ecológico".[14]

De saída, portanto, Shiva identifica na relação biotecnologia-biodiversidade o eixo do confronto entre meio ambiente e economia. Ela sabe que a riqueza da biodiversidade é vista como fonte de matéria-prima estratégica para a produção industrial de alimentos, medicamentos, fibras, energia etc. que só a biotecnologia pode desenvolver. Mas isso não basta para estabelecer um vínculo positivo entre a tecnologia e as diversas formas de vida; antes de tudo, pela simples razão de que a biotecnologia já vem produzindo uniformidade e homogeneidade. Como esperar então que uma força produtora de uniformidade conserve a diversidade?

Vandana Shiva parte de uma constatação: o paradigma da produção dominante cria um imperativo de uniformidade e monoculturas. O objetivo maior da produção moderna é obter a máxima produtividade; ocorre que em todos os setores em que a produção moderna envolve plantas e animais a busca da produtividade conduz à uniformidade e às monoculturas. Por essa razão diversas culturas foram substituídas pela soja no Sul do Brasil ou pelo arroz na Ásia, enquanto as florestas naturais davam lugar aos eucaliptos. Além disso, a estratégia requer, em cada espécie, a promoção da

---

[14] Vandana Shiva, "Biodiversity, biotechnology and profits", *in* V. Shiva et al., *Biodiversity: Social and ecological perspectives*, World Rainforest Movement, Londres, Zed Books, 1991, p. 43.

única variante que é mais imediatamente rentável. Consequentemente, a agropecuária moderna tende a ver a diversidade natural apenas como um reservatório de matéria-prima, de onde são extraídas determinadas espécies como *inputs* para a produção; proliferando em toda parte, tais espécies tendem a se tornar dominantes e, assim, a eliminar outras espécies. A conclusão óbvia de todo o processo é que a própria agricultura moderna se baseia na destruição da variedade de espécies e da variedade genética dentro de cada espécie. Nesse contexto, a biotecnologia é, essencialmente, uma tecnologia promotora de uniformidade de plantas e animais.

Como Pat Mooney,[15] Andrew Gray[16] e José Lutzenberger,[17] Vandana Shiva sabe que a Biorrevolução está seguindo o mesmo caminho aberto pela Revolução Verde dos anos 50 e 60, e pela Revolução da Semente da década de 70. Ela sabe que tal caminho é construído pelas mesmas corporações farmacêuticas, agroquímicas e de petróleo que inicialmente monopolizaram o mercado global de fertilizantes, em seguida transformaram a produção de sementes num imenso negócio, e agora têm na mira a própria vida. Por essa razão, querendo explicar como a biotecnologia trata a biodiversidade, Vandana Shiva recorreu à analogia da semente, elaborada por Jack Kloppenburg.[18]

Para o camponês ou o habitante da floresta, a semente é tanto um "produto" quanto um "meio de produção", isto é, grão que será comido e grão que servirá como semente no próximo plantio. Como meio de produção, ela desenha portanto um círculo: o lavra-

---

[15] Pat Mooney, *Seeds of the earth: A private or public resource?*, Ottawa, Inter Pares, International Coalition for Development Action & Canadian Council for International Cooperation, s.d.

[16] Andrew Gray, *Between the spice of life and the melting pot: Biodiversity conservation and its impact on Indigenous peoples*, Document 70, Copenhage, The International Work Group for Indigenous Affairs (IWGIA), ago. 1991.

[17] Manuscrito ainda não publicado.

[18] J. Kloppenburg, *The seed first*, citado por V. Shiva, *op. cit.*, pp. 51 ss.

dor a reinveste no processo produtivo e nesse sentido a semente é o seu "capital"; só há um obstáculo a este investimento, e ele é de natureza biológica: é preciso condições apropriadas para que o capital se reproduza e multiplique. Tentando superar o obstáculo biológico, o moderno produtor de semente, e principalmente o biotecnólogo, quebram o círculo em duas linhas verticais: uma, ascendente, canaliza o fluxo de germoplasma do campo e da floresta para os laboratórios das corporações e dos institutos de pesquisa; outra, descendente, canaliza o fluxo de produtos uniformemente "beneficiados" e transformados em mercadorias, que parte das corporações para o campo e a floresta. No processo, a semente natural deixa de ser produto e meio de produção para tornar-se matéria-prima.

A metamorfose tem, evidentemente, várias implicações. Em primeiro lugar, a semente autorregeneradora se torna semente estéril que não se reproduz, quando por definição é um recurso gerador — através da intervenção tecnológica, a biodiversidade é transformada de recurso renovável em não renovável; além disso, a semente agora não produz por si mesma: necessita outros insumos (adubos, químicos etc.) que também serão industriais, isto é, uma nova interferência externa no ciclo ecológico de reprodução da semente. Em segundo lugar, a biotecnologia toma o todo pela parte e a parte pelo todo: pois trata a semente autorregeneradora como mero germoplasma "primário", e promove a semente estéril e carente a "produto acabado". Finalmente, ao transformar um processo ecológico de reprodução em processo tecnológico de produção, a biotecnologia retira a semente das mãos do camponês e do habitante da floresta, colocando-a nas mãos das corporações.

Na verdade passam a existir duas categorias de sementes, duas raças. As sementes nativas — resultado de uma longuíssima seleção efetuada pela natureza e pelo homem — usadas pelos agricultores do Terceiro Mundo inteiro tornam-se agora incompletas, desvalorizadas, improdutivas, primárias, mera matéria-prima, e por isso mesmo são denominadas *primitive cultivars* (*cultivated varieties*); ao passo que as variedades criadas pela biotecnologia nos centros de pesquisa do Primeiro Mundo ou nos laboratórios das corporações transnacionais de sementes são denominadas *avançadas* ou *elite*. Os termos usados pelos biotecnólogos expressam com clareza o que se passa na metamorfose da semente. Com efeito, a disjunção do círculo ecológico em dois fluxos tecnológicos lineares — fluxo ascendente de germoplasma e fluxo descendente de produtos acabados — efetua duas operações; a primeira vai se apoderar da semente como uma *res nullius*, neutralizar o seu valor ambiental e transformá-la numa matéria-prima; a segunda vai beneficiar a semente, conferir-lhe um valor econômico. Como dirá o biólogo, "o germoplasma 'primário' só adquire valor depois de considerável investimento de tempo e dinheiro".[19] Vandana Shiva tira a conclusão necessária de todo o processo:

> "O 'valor acrescentado' num campo é construído sobre o 'valor roubado' no outro campo. Assim, o desenvolvimento da tecnologia se traduz em erosão da biodiversidade e criação de pobreza".[20]

* * *

Ao leitor arguto não terá escapado que à desvalorização das formas de vida e à sua redução a mera matéria-prima corresponde a introdução de patentes de genes e à reivindicação de propriedade intelectual para os bioprodutos inventados. Também não lhe terá escapado a conclusão mais geral de todo o processo: agora, com a biotecnologia é possível uma apropriação direta da vida. Isto é: a vida pode ser monopolizada. Se pensarmos que a contribuição total do germoplasma silvestre para a economia americana foi, segundo P. Mooney,[21] de US$ 66 bilhões, isto é, mais do que as dívidas do México e das Filipinas somadas, podemos entender não só a

---

[19] Citado por V. Shiva, *op. cit.*, p. 57.
[20] V. Shiva, *op. cit.*, p. 52.
[21] Citado por V. Shiva, *op. cit.*, p. 57.

ambição das corporações mas também, e principalmente, por que as florestas tropicais são vistas como "bancos de genes", por que já se fala em "caçadores de genes" e "ladrões de genes", por que os juristas discutem a "erosão genética global" em conexão com a "erosão jurídica", por que um observador comentou há algum tempo:

> "Em tudo isso sente-se que há algo errado. Empresas japonesas estão coletando ervas na Ásia. Empresas americanas estão atrás de plantas na América Latina. Empresas europeias estão abrindo centros de pesquisa no Brasil e na Índia. Dá para ganhar dinheiro. Mas nada desse dinheiro será ganho pelas pessoas que descobriram primeiro o valor dos medicamentos tradicionais".[22]

Já se disse que o lema do capitalismo verde é salvar o planeta e ganhar dinheiro ao mesmo tempo. Talvez não seja possível salvá-lo, se ficar demonstrado que as duas intenções são incompatíveis, como parece sugerir a análise da metamorfose da semente. De todo modo, embora a questão da salvação do planeta continue em aberto, parece já bastante adiantada a ideia de como ganhar dinheiro com as diversas formas de vida. A biotecnologia vai explorar a biodiversidade através do sistema de patentes e do direito de propriedade intelectual.

A possibilidade de se patentear diferentes formas de vida surgiu e ganhou importância crescente na mesma década em que surgiram e aumentaram as apreensões com o futuro da biodiversidade da floresta tropical, muito embora tenha sido preparada por uma série de passos imperceptíveis nos decênios anteriores. Em 1980 ocorreu porém uma ruptura quando a Corte Suprema dos Estados Unidos decidiu que Ananda Chakrabarty podia patentear a bactéria que criara através de engenharia genética e que era capaz de

---

[22] C. Fowler, *The law of life: Another development and the new biotechnology*, citado por Andrew Gray, "The impact of biodiversity conservation on indigenous peoples", *in* V. Shiva *et al.*, *op. cit.*, p. 67.

digerir petróleo. Até então os seres vivos não podiam ser patenteados porque eram produtos da natureza; mas o microrganismo de Chakrabarty era manufaturado e pôde, assim, ser registrado. A repercussão foi enorme nos laboratórios de pesquisa das corporações. Em 1985 era patenteada a primeira planta, e em 1987, o primeiro animal.[23] (Em dezembro de 1992 a empresa belga Plant Genetic Systems registrou uma linhagem de vegetais comestíveis resistentes a um herbicida específico, que aumenta a produtividade. A Hoechst possui os direitos sobre a planta e o herbicida.)

A decisão de registrar um rato geneticamente modificado lembra que "o direito de patente não se aplica aos humanos". Pouco depois o caso Moore veio complicar a questão. Moore era um caso único de leucemia. Hospitalizado em 1976, logo os médicos perceberam que ele poderia render em termos de pesquisa (cerca de US$ 3 bilhões, em valores de 1990). Reunindo-se em equipe, dividiram então entre si seu sangue, esperma, medula, pele e tecidos e durante sete anos retiraram fragmentos genéticos de seu corpo. Contratos com o Genetics Institutes e o laboratório farmacêutico Sandoz asseguraram a continuidade dos investimentos e as margens de lucro de cada um. Quando Moore descobriu que estava sendo usado, moveu um processo... reivindicando o direito a suas células! Mas depois de anos de tramitação, a Corte não lhe deu ganho de causa. Marie-Angèle Hermitte, especialista na questão de patentes, comenta o caso do seguinte modo:

> "Durante muito tempo o lixo hospitalar não teve valor algum. [...] Mas a situação mudou: órgãos, veias, placentas, tecidos podem ser diversamente reciclados pela indústria, e principalmente hormônios, anticorpos, fragmentos genéti-

---

[23] J. P. Berlan, "Cette vie qui devient marchandise", *Le Monde Diplomatique*, n° 417, Paris, dez. 1988, pp. 20-1. Ver também D. Channell, *The vital machine: A study of technology and organic life*, Oxford, Oxford University Press, 1991; e B. Edelman, "Entre personne humaine et matériau humain: le sujet de droit", in B. Edelman e M.-A. Hermitte, *op. cit.*, pp. 100-41.

cos, linfócitos podem ser isolados, eventualmente multiplicados, fazendo do corpo e de seus restos uma verdadeira matéria-prima".[24]

Como sói acontecer, a matéria-prima não tem valor. Durante o processo, os médicos argumentaram que o material coletado do corpo de Moore podia ser comparado ao lixo hospitalar e que seu estatuto jurídico era de "coisa abandonada", pois seu vínculo com a pessoa já se rompera no momento em que fora destacado. Permitir que o paciente o negociasse, continuavam eles, equivalia a conferir um valor a algo que, enquanto tal, não valia nada. Na opinião dos médicos, o valor só era adquirido através do conhecimento do especialista que detecta seu interesse, e através do trabalho de laboratório que o torna um produto patenteável e comercializável.

A semelhança com o caso da semente evocado há pouco é flagrante. O argumento dos médicos é o mesmo do biotecnólogo. Ora, é precisamente tal similitude que M.-A. Hermitte vai destacar:

"Tal raciocínio, diz ela, é familiar! É palavra por palavra o que se disse para negar qualquer valor ao petróleo, é palavra por palavra o que se diz para negar qualquer valor ao patrimônio genético das plantas silvestres! O petróleo escondido nas rochas tem valor nulo; ele só adquire valor potencial graças ao conhecimento dos geólogos, e valor efetivo através da operação de exploração-produção. A planta silvestre, perdida na natureza, tem valor nulo; ela adquire valor potencial graças à intuição do botânico que prospecta, e valor efetivo através do trabalho do selecionador que transfere os genes interessantes para plantas cultivadas. De modo brutal, de repente já não são mais os países subdesenvolvidos que reivindicam 'a soberania permanente sobre os recur-

---

[24] M.-A. Hermitte, "L'affaire Moore, ou la diabolique notion de droit de propriété", *Le Monde Diplomatique*, nº 417, Paris, dez. 1988, p. 20.

sos naturais', mas sim os doentes que reivindicam o controle dos produtos de seus corpos".[25]

Reconhecendo o direito de propriedade dos pesquisadores sobre as células e genes extraídos de Moore, a justiça americana reconheceu, simultaneamente, que quase tudo pode ser fonte de lucro. Mas então, diz M.-A. Hermitte,

"em nome desse direito do homem será possível administrar seu corpo como uma jazida de petróleo, com autorização de prospecção, concessão do direito de exploração e, levando o delírio até o fim, franquia internacional dos direitos de distribuição"![26]

A consequência óbvia é que se abre inelutavelmente um mercado para os produtos do corpo, um mercado de órgãos.

* * *

Com o problema das patentes se encerra o processo que se tentou esboçar desde o início, quando se propôs demonstrar que a questão da biodiversidade tornou-se recentemente uma realidade da maior importância dos pontos de vista ambiental, econômico, tecnocientífico e vital. Vimos que a emergência da questão da biodiversidade na década de 80 estava vinculada ao desmatamento tropical, e particularmente ao desmatamento da Amazônia brasileira; em seguida, a busca das vantagens que justificavam o esforço de preservá-la, mas também a dificuldade de determinar o seu valor enquanto "capital natural"; no passo posterior procurou-se mostrar como a biotecnologia converteu valores ambientais em valores econômicos através da metamorfose da semente e do patenteamento de seres vivos, que transformam a biodiversidade em matéria-prima. A esta altura, já é então possível afirmar com certeza que a ri-

---

[25] *Ibidem*, p. 20.

[26] *Ibidem*, p. 20.

queza da biodiversidade brasileira se constitui como um problema de monta para o país. Resta agora ver como o Brasil tem lidado com essa complexa questão.

A questão da biodiversidade significa, para o Brasil, uma prova de fogo. Tudo indica que a evolução da crise ambiental planetária e o desenvolvimento da biotecnologia colocaram o país numa encruzilhada. A biodiversidade da floresta amazônica se constitui como um problema... ou uma oportunidade. O antropólogo Eduardo Viveiros de Castro define com rara precisão o que está em jogo:

> "Devastamos mais da metade de nosso país pensando que era preciso deixar a natureza para entrar na história; mas eis que esta última, com sua costumeira predileção pela ironia, exige-nos agora como passaporte justamente a natureza".[27]

Trata-se de um desafio porque através da questão da biodiversidade vai ser testada a vontade política dos países industrializados de superar efetivamente o impasse ambiental e rever o sentido do seu desenvolvimento insustentável, que consome 80% da energia produzida no mundo; mas por outro lado, também através desta questão será testada a capacidade do Brasil de fazer reconhecer o valor de seus recursos naturais não só para o próprio país, mas para todos os países. Tudo parece depender da transformação ou não de tal riqueza em matéria-prima do futuro.

A possibilidade de a questão tornar-se um problema é, evidentemente, muito grande — e o próprio passado brasileiro parece indicar o predomínio dessa tendência. Não fosse a situação-limite em que o mundo se encontra em termos ambientais, e não fosse o peso da floresta amazônica tão decisivo, a certeza da derrota brasileira já teria se imposto.

A grande maioria dos brasileiros ignora por completo que, com o enorme agravamento da crise ambiental planetária na década de

---

[27] Eduardo Viveiros de Castro, "Prefácio", *in* R. Arnt e S. Schwartzman, *op. cit.*, p. 13.

80, o Brasil passou a ter um papel nas relações internacionais, e nem mesmo acredita que possa ter uma voz no âmbito internacional. O desconhecimento da projeção que o país adquiriu é imenso e percorre todas as camadas sociais, mas é mais dramaticamente flagrante nas elites.

Até há pouco a crise ambiental era considerada um fenômeno dos países industrializados e, no Brasil, algo marginal, sem maiores consequências, que podia ser desconsiderado por empresários, partidos políticos e formadores de opinião. Em suma: uma questão menor. Se assim não fosse, como entender a surpresa brasileira com a repercussão internacional do assassinato de Chico Mendes? Ou a incompreensão com o interesse pela agonia dos ianomâmis? Como entender o tratamento caricatural e simplista que a mídia brasileira sempre reservou a José Lutzenberger? Ou o espanto dos parlamentares ao descobrirem a relevância da Rio-92, daquilo que pensaram ser um circo ecológico? Como entender que um dos mais destacados líderes empresariais se oponha à demarcação de terras indígenas, qualificando os índios de "maiores latifundiários do país"? E como entender que o jornal *O Estado de S. Paulo* adote tal crítica como sua posição oficial?[28] Ou que o jornal *Folha de S. Paulo* demita Ricardo Arnt, um dos raríssimos jornalistas especializados em meio ambiente, imediatamente após ele receber um prêmio internacional e seis meses antes da Conferência das Nações Unidas sobre o Meio Ambiente e o Desenvolvimento? Não seria exagero dizer que as elites começaram a despertar para a seriedade da questão ambiental no Brasil quando o Banco Mundial, pressionado pelas organizações não governamentais dos países do Norte e diante do inegável desastre de projetos de desenvolvimento que vinha financiando, passou a bloquear alguns empréstimos. Foi preciso que a devastação da floresta amazônica e o lamentável tratamento da questão indígena fossem contestados em instituições financeiras internacionais para que internamente as elites principiassem a perceber a existência de um problema.

---

[28] "Caiapós latifundiários", *O Estado de S. Paulo*, 14/1/1990, p. 3.

A atitude das elites brasileiras não poderia ser diferente, já que o motivo da devastação se encontra precisamente na relação que os brasileiros sempre mantiveram com os recursos naturais do país. Desde o final da década de 80 é comum nos automóveis das metrópoles um adesivo — nele vê-se desenhada a bandeira brasileira mas só a metade do retângulo está colorida; embaixo lê-se a inscrição "Estão tirando o verde da nossa terra". A frase é enigmática (afinal, quem são eles?), embora reveladora: eles são os outros; nós, patriotas, é claro que somos pela preservação. Já se disse que, emotivamente, talvez todos os brasileiros sejam mesmo ciosos das riquezas naturais do Brasil. José Augusto Pádua, entretanto, mostrou que existe um abismo entre a celebração retórica e a realidade da devastação impiedosa,[29] lembrando ainda que o próprio nome do país encarna a exploração predatória do pau-brasil nas matas da costa.

O eixo da devastação se encontra na relação predatória com os recursos naturais. Ninguém tratou mais lucidamente o tema do que Sérgio Buarque de Holanda — toda a sua obra é permeada por ele. Antonio Candido comentou certa vez que o historiador sabia mostrar "a relação do homem com o espaço físico, pela mediação das técnicas variadas, — o que era uma rara especialidade do Sérgio".[30] E é efetivamente através dessa chave de leitura que seus livros parecem revelar sua força máxima. Muito antes da consciência ambiental se manifestar Sérgio Buarque já apontava o caráter predatório do processo de civilização no Brasil.

Sérgio Buarque conhecia as técnicas empregadas pelos brasileiros no trato da terra. Seu primeiro livro, *Raízes do Brasil*, tenta entender por que "somos uns desterrados em nossa terra" e nos comportamos como conquistadores de passagem, em busca de riqueza

---

[29] José Augusto Pádua, "Natureza e projeto nacional: as origens da ecologia política no Brasil", in *Ecologia e política no Brasil*, Rio de Janeiro, Espaço e Tempo/Iuperj, 1987, p. 20.

[30] Carta a d. Maria Amélia Buarque de Holanda, a respeito do livro *O Extremo Oeste*, Biblioteca Sérgio Buarque de Holanda, Unicamp, 12/4/1985.

fácil. Ao longo das páginas vão surgindo então os traços da herança cultural do ocupante português: o desleixo, o desamor à terra, a concepção *espaçosa* do mundo. O modo como se pratica a agricultura desde o descobrimento é bastante característico. Sérgio Buarque acredita que os portugueses tomaram aos índios o modo de cultivar a terra ateando primeiro fogo aos matos.[31] Mas ele próprio sublinha, nesse e em outros livros, certas diferenças que precisam ser consideradas. Antes de tudo, é preciso lembrar que já na primeira metade do século XVI a prática das queimadas tinha acabado de dissipar em Portugal uma densa cobertura florestal ainda intacta no tempo de D. João I.[32] Não admira portanto que o recurso a essa prática parecesse aos colonos de uma tão patente necessidade, "que não lhes ocorre, sequer, a lembrança de outros métodos de desbravamento".[33] Além disso, a abundância de solo cultivável convida ao esbanjamento:

> "Nem é mister recorrer à influência indígena para explicar o abandono aparentemente total de práticas tais como a rotação dos cultivos ou o alqueive por homens que as devem conhecer da pátria de origem".[34]

Na verdade, ocorre uma involução que agrava ainda mais o desmatamento, ao associar o método indígena com instrumentos europeus (enxada, faca, foice, machado etc.).[35] O principal fator, po-

---

[31] Sérgio Buarque de Holanda, *Raízes do Brasil*, 5ª ed., Rio de Janeiro, José Olympio, 1969, p. 16.

[32] S. B. de Holanda, *Monções*, 3ª ed. ampliada, São Paulo, Brasiliense, 1989, p. 163.

[33] S. B. de Holanda, *Raízes do Brasil*, cit., p. 37.

[34] S. B. de Holanda, *Monções*, cit., p. 169.

[35] Para a destrutiva associação técnica europeia + métodos indígenas na caça, pesca e lavoura, ver S. B. de Holanda, *Índios e mamelucos na expansão paulista*, separata do vol. XIII dos *Anais do Museu Paulista*, São Paulo, Imprensa Oficial do Estado, 1949, pp. 228 ss.

A encruzilhada da política ambiental brasileira

rém, que distancia os portugueses dos índios é a introdução da predatória monocultura de exportação. Como escreve Sérgio Buarque:

"Em realidade, só com alguma reserva se pode aplicar a palavra 'agricultura' aos processos de exploração da terra que se introduziram amplamente no país com os engenhos de cana. [...] A verdade é que a grande lavoura, conforme se praticou e ainda se pratica no Brasil, participa, por sua natureza perdulária, quase tanto da mineração quanto da agricultura. Sem braço escravo e terra farta, terra para gastar e arruinar, não para proteger ciosamente, ela seria irrealizável".[36]

O parentesco entre agricultura e garimpo, fundado no ímpeto de arrancar o fruto da terra, define o modo cru e desencantado que caracterizou as relações dos colonizadores com o país. Em *Visão do Paraíso*, Sérgio Buarque mostra como os portugueses se distinguiram por seu "pedestre realismo", e por que nasceram fora do Brasil todos os grandes mitos da conquista da América — o do Jardim do Éden, o das amazonas, o do Eldorado. Aqui, não há visões fantásticas, como na América espanhola, e até mesmo os motivos sobrenaturais amortecem, desempenhando papel menos considerável na ocupação do território. Aqui, descobrir significou apenas possuir — garimpar para poder partir. Nesse sentido, desde o descobrimento os recursos da terra passaram a existir em função do exterior e para o exterior.

É interessante notar como o tema da predação acaba levando a historiografia de Sérgio Buarque a convergir para a historiografia de Caio Prado Jr., que no entanto seguira um caminho tão diverso. Durante muitos anos, uma série de mal-entendidos e preconceitos impediu a percepção dessa confluência. No entanto ela está registrada nas últimas páginas de *Visão do Paraíso*. Como se Caio Prado Jr. dissesse o que é a essência de nossa formação em

---

[36] S. B. de Holanda, *Raízes do Brasil*, cit., p. 18.

termos de economia política; e Sérgio Buarque dissesse o que é essa essência em termos de relação homem-ambiente. Com efeito, o primeiro escreve:

"Se vamos à essência de nossa formação, veremos que na realidade nos constituímos para fornecer açúcar, tabaco, alguns outros gêneros; mais tarde ouro e diamantes; depois algodão, e em seguida café, para o comércio europeu. Nada mais que isto. É com tal objetivo, objetivo exterior, voltado para fora do país e sem atenção a considerações que não fossem aquele comércio, que se organizarão a sociedade e a economia brasileiras".[37]

Ao que Sérgio Buarque arremata:

"Teremos também os nossos eldorados. Os das minas, certamente, mas ainda o do açúcar, o do tabaco, de tantos outros gêneros agrícolas, que se tiram da terra fértil, enquanto fértil, como o ouro se extrai, até esgotar-se, do cascalho, sem retribuição de benefícios. A procissão dos milagres há de continuar assim através de todo o período colonial, e não a interromperá a Independência, sequer, ou a República".[38]

* * *

O processo de ocupação do Brasil fez prevalecer a devastação, e quase cinco séculos de relação predatória com os recursos naturais consolidaram esse padrão, acentuado e intensificado pela modernização capitalista e as técnicas industriais do século XX. Mas como o país tem dimensões continentais, a floresta amazônica permaneceu praticamente intocada até a década de 1960, apesar do ciclo da borracha, entre 1840 e 1910, que acarretou a drástica re-

---

[37] Caio Prado Jr., *Formação do Brasil contemporâneo*, citado por S. B. de Holanda, *Visão do Paraíso*, 5ª ed., São Paulo, Brasiliense, 1992, p. 333.

[38] S. B. de Holanda, *Visão do Paraíso*, p. 334.

A encruzilhada da política ambiental brasileira   39

dução dos povos indígenas e levou entre 600 mil e 700 mil nordestinos para a região como mão de obra quase escrava.

O fato é que nos anos 60-70 deu-se a integração da Amazônia brasileira ao processo de desenvolvimento nacional, sob o comando dos militares. Não cabe aqui detalhar como ocorreu a abertura dessa última fronteira.[39] O importante é lembrar que os grandes projetos agropecuários, rodoviários, hidrelétricos, de mineração e de colonização têm forte impacto ambiental porque se baseiam na destruição das florestas ou no mínimo a facilitam. Tal como foi concebido, o desenvolvimento da Amazônia pressupunha o desmatamento.

Muitas forças foram envolvidas na predação e constituíram uma teia de múltiplos interesses: as instituições financeiras internacionais, a tecnocracia militar e civil, as elites regionais e nacionais, corporações transnacionais, madeireiros, colonos sem terra, garimpeiros. Comenta Ricardo Arnt:

"Frente às dinâmicas deflagradas, é fraca a resistência.

Na amplidão amazônica, sobreposta à população rarefeita e à sociedade desarticulada, os lucros e prejuízos do desenvolvimento são desigualmente distribuídos. Os que se beneficiam com o desmatamento não arcam com seu custo social, ambiental nem financeiro, uma vez que ele é executado com re-

---

[39] Muitos textos foram escritos sobre o assunto. Ver, por exemplo, os trabalhos de R. Arnt e S. Schwartzman, *op. cit.*; J. Hebette (org.), *O cerco está se fechando: o impacto do grande capital na Amazônia*, Petrópolis, Vozes/Fase/ N.A.E.A, 1991; J. A. Pádua, *op. cit.*; de J. Goldenberg e E. Durham, "A Amazônia e a soberania nacional", *Nossa América* (Revista do Memorial da América Latina), nº 3, São Paulo, jul.-ago. 1990; J. P. Leroy, *Uma chama na Amazônia*, Rio de Janeiro, Vozes/Fase, 1991; L. F. Pinto, *Carajás, o ataque ao coração da Amazônia*, 2ª ed. ampliada, Rio de Janeiro, Marco Zero/Estúdio Alfa, s.d.; M. Keck, *The international politics of the Brazilian Amazon*, Conference paper, Nova York, Columbia University, 6/12/1991; e D. Cleary, "After the frontier: Problems with political economy in the modern Brazilian Amazon", *Journal of Latin American Studies*, nº 25, Cambridge, Cambridge University Press, 1993.

cursos públicos. Não raro, nem vivem na região. Boa parte dos lucros da expansão econômica é canalizada para fora da Amazônia. Elites locais, empresas do Sul e estrangeiras exportam matérias-primas e insumos e concentram lucros. Os prejuízos sobram à população por mais de uma geração".[40]

Em meados da década de 80, porém, o desmatamento da floresta amazônica tornou-se não só uma questão central do debate ecológico no mundo todo, mas também um problema político internacional. Andrew Hurrell,[41] que captou o momento da mudança, pensa que o problema político não emerge diretamente do impacto global do desmatamento, mas sim da incongruência entre as fronteiras legais e políticas do sistema de Estados internacional e as fronteiras das redes causais ecológicas. Hurrell observa que o desmatamento ocorre nas florestas localizadas dentro do Brasil e que sua preservação ou destruição depende da jurisdição soberana do Estado brasileiro. "Mas isso suscita uma questão importante: se e até que ponto as florestas tropicais úmidas são de fato parte do 'patrimônio global' e representam um bem coletivo." Após cuidadosa análise, Hurrell conclui então que as florestas da Amazônia têm um caráter muito peculiar: são ao mesmo tempo *res communis*, um "patrimônio global" que propicia um bem coletivo beneficiando a todos, e "propriedade" de um Estado individual.

Seria uma bênção se a floresta amazônica fosse reconhecida como *res communis*, ou "patrimônio global" — caso isso significasse que ela havia se tornado um *patrimônio* considerado não em termos de valor, mas como uma riqueza a ser transmitida. Nesse caso, a biodiversidade poderia ser salva, e com ela a sociodiversidade que ainda a faz existir. O homem moderno tende a esquecer que as florestas tropicais não são naturais: posto que a região tem sido

---

[40] Ricardo Arnt, *op. cit.*, p. 90.

[41] Andrew Hurrell, "Brazil and the international politics of deforestation", in A. Hurrell e B. Kingsbury, *op. cit.*, pp. 398-429.

ocupada há centenas e centenas de anos pelos povos indígenas, elas são a consequência tanto da tecnologia indígena quanto das regulações naturais. Como escreve o antropólogo Eduardo Viveiros de Castro, "isto que chamamos 'natureza' é parte e resultado de uma longa história cultural".[42]

O conceito de *res communis* ou "patrimônio global" como *patrimônio* é muito próximo do modo como as sociedades indígenas concebem seu ambiente. Infelizmente, quando os países industrializados reivindicam que a floresta amazônica ou sua biodiversidade sejam declaradas "patrimônio global", estamos muito longe do que realmente precisamos. O problema é que sendo ao mesmo tempo um "patrimônio global" e uma "propriedade" do Estado brasileiro, a floresta amazônica é a própria expressão da assim chamada "guerra dos genes".[43]

Através da biotecnologia, plantas, animais e microrganismos tornaram-se uma riqueza econômica potencial — assim, o que realmente conta é o controle dos recursos da floresta tropical. É extremamente interessante notar que tal acontecimento, de enorme importância para o país, passa praticamente desapercebido dos cientistas políticos brasileiros, sempre alheios à questão ambiental. Com efeito, basta procurar no volume organizado por José Álvaro Moisés, *O futuro do Brasil: a América Latina e o fim da Guerra Fria*, de que modo a questão da floresta amazônica deverá interferir nas relações internacionais do Brasil durante os anos 90 e veremos que o tema é marginal ou inexistente em quase todos os ensaios. As exceções vêm de fora: do inglês John Chipman, considerando que a persistência do desmatamento pode afetar as relações econômicas com a Comunidade Europeia e os Estados Unidos,[44] e de Marcílio Marques Moreira, alertando para a importância do "patrimônio ecológico".

---

[42] E. V. de Castro, *op. cit.*, p. 20.

[43] M.-A. Hermitte, "Le concept...", *op. cit.*, pp. 270 ss.

[44] John Chipman, "A América Latina e os novos desafios da ordem internacional: a política de alinhamento banal", *in* J. A. Moisés (org.), *O futuro*

O então embaixador do Brasil em Washington estava atento à necessidade de o país acordar para a situação atual e principalmente para suas oportunidades:

"[...] num momento em que os avanços tecnológicos nos subtraem vantagens comparativas, como foram no passado o trabalho barato e a abundância de matérias-primas, temos um enorme patrimônio insubstituível e praticamente inexplorado, ou seja, o patrimônio ecológico. Urge preservá-lo, para poder desenvolvê-lo e urge desenvolvê-lo, para poder preservá-lo. É patrimônio cujas cotas estão em ascensão — e são cobiçadas! — na bolsa mundial de valores".

M. M. Moreira evoca então alguns números relativos à riqueza das florestas da Amazônia e conclui: "Essa biodiversidade tem enorme significado, no momento em que o mundo entra na era da biogenética e da biotecnologia".[45]

É significativo que venha de um diplomata a formulação mais lúcida sobre a perspectiva maior desenhada pela questão da floresta amazônica para o Brasil. Os cientistas políticos brasileiros parecem cegos porque sempre ignoraram o problema ambiental, e porque a questão da biodiversidade ainda não se tornou objeto de um litígio evidente. Entretanto, o contencioso vem crescendo há mais de vinte anos.[46] Em 1971, numa reunião internacional preparatória para a conferência de Estocolmo, o Brasil foi o primeiro país a vincular meio ambiente e desenvolvimento, argumentando que os recursos naturais dos países subdesenvolvidos eram afetados por um processo de esgotamento em virtude da intensificação da exploração decor-

---

do Brasil: *América Latina e o fim da Guerra Fria*, São Paulo, USP/Paz e Terra, 1992, pp. 83-4 e 90.

[45] M. M. Moreira, "O Brasil no contexto internacional do final do século XX", in J. A. Moisés, *op. cit.*, p. 119. Grifo do autor.

[46] V. Machado, "O meio ambiente e as negociações internacionais", in *Subsídios...*, cit., pp. 150-68.

rente da necessidade de compensar a queda de preço das matérias-primas no mercado mundial. Ainda em 1971, um ano antes do relatório *The Limits to Growth* predizer publicamente as consequências catastróficas da exaustão dos recursos, os países industrializados propuseram na XXVI Assembleia Geral das Nações Unidas que os recursos naturais fossem colocados sob o controle de um Fundo Mundial, de modo que pudessem ser partilhados pela humanidade. Era o início do confronto entre a abordagem "patrimônio global" e a abordagem "soberania permanente sobre os recursos naturais".

Vinte anos depois, a posição diplomática brasileira com relação aos recursos naturais não havia mudado. Abrindo os estudos técnicos que integraram o dossiê de subsídios para a elaboração do relatório nacional do Brasil para a CNUMAD, Roberto Pereira Guimarães escreve:

> "Em resumo, corresponde ao mundo desenvolvido a responsabilidade primeira de encontrar soluções para os problemas mais prementes do planeta, pois até o momento a contribuição de nossa desordem para a desordem global é ainda desprezível. Não se pode escapar da realidade, entretanto, que será impossível alcançar um estilo de desenvolvimento ambientalmente sustentável se os países latino-americanos não se dispuserem também a transformar seu padrão atual de crescimento e de incorporação do patrimônio natural. Por outro lado, a região detém a parte mais significativa dos recursos naturais e biogenéticos necessários à viabilização do desenvolvimento. É de se esperar, à luz do exposto, que os mesmos postulados defendidos em 72 voltem a influenciar as discussões em 92".[47]

* * *

---

[47] Roberto Pereira Guimarães, "O desafio do desenvolvimento econômico sustentável: preservação ambiental, crescimento econômico e justiça social", in *Subsídios...*, cit., p. 5.

O intuito da diplomacia brasileira de defender, desde antes de 1972, os recursos naturais do país foi reforçado com a emergência da questão da biodiversidade. Atenta ao que se passava no Norte, ela começou a considerar que a floresta amazônica, mais do que um problema, deve ser entendida como a oportunidade do país, sua chance de um futuro — e por isso mesmo não deve mais ser depredada. Ainda que não se saiba ao certo como explorá-la, a biodiversidade tornou-se um trunfo importante. O Itamaraty sabe que a face positiva da questão ambiental brasileira também é responsável pela dimensão global que esta acabou tomando; e sabe ainda que através dessa questão o país pode ter condições de se fazer ouvir. Aliás, parece que foi precisamente por ter consciência da nova situação que o Brasil se propôs para sediar a conferência.

No entanto, a "guerra dos genes" manifestou-se já nas reuniões preparatórias à Rio-92. Os países desenvolvidos sustentavam a tese do livre acesso, ainda que remunerado, aos bancos de germoplasma, argumentando que plantas e animais são *res nullius*, e que a biodiversidade é *res communis*; o Brasil defendia, obviamente, a tese de que o acesso deveria ser regulamentado por acordo, a critério do país possuidor da biodiversidade, e com base no princípio do direito soberano do Estado sobre os recursos naturais localizados em seu território. Para os diplomatas brasileiros, se os recursos genéticos fossem "patrimônio global", também deveriam sê-lo os frutos decorrentes da própria existência e transformação do patrimônio genético. Resumindo: ao acesso aos recursos da biodiversidade deveria corresponder a transferência de biotecnologia e de outros tipos de tecnologia que colaboram na preservação. O vínculo entre biotecnologia e biodiversidade tornou-se então explícito: os países industrializados reivindicavam livre acesso aos recursos genéticos; em contrapartida, o Brasil reivindicava o acesso à biotecnologia.

Nesse contexto só poderia mesmo ganhar acuidade a questão das patentes e da propriedade intelectual. É conhecida de todos a vitória diplomática do Brasil na Rio-92 com o isolamento dos Estados Unidos, que se recusaram a assinar a convenção, invocando precisamente o caráter inegociável das patentes. No entanto, a vitória brasileira bem pode ter sido a de Pirro.

David Cooper, que trabalha para a organização não governamental GRAIN — Genetic Resources Action International, observa:

"A convenção só pode conseguir bons resultados ao tratar do problema da perda da biodiversidade se garantir acesso aos recursos genéticos; assegurar remuneração para os países em desenvolvimento, incluindo apoio concreto aos agricultores e outras organizações populares diretamente envolvidas na conservação da biodiversidade; e contiver um acordo sobre o acesso às novas tecnologias".[48]

Um ano depois da conferência do Rio, os pontos levantados por David Cooper permanecem um "wishful thinking". Mais ainda: nem a abordagem "patrimônio global" do Norte, nem a abordagem "propriedade" do Estado brasileiro se interessam pelo apoio concreto aos agricultores e organizações populares. Na verdade os povos da floresta podem acabar tendo de enfrentar uma escolha impossível entre o velho, violento e predatório estilo de desenvolvimento que a elite brasileira sempre lhes reservou, ou o desenvolvimento predatório pós-moderno, *high-tech*, que as corporações transnacionais, o Banco Mundial e as agências internacionais estão planejando para integrar a biodiversidade no mercado global.

Provavelmente os últimos ganharão a "guerra dos genes", se conseguirem combinar a Convenção da Biodiversidade com o sistema de patentes que poderia impor a abordagem "patrimônio comum" que *eles* preconizam. Em todo caso, esta parece ser a estratégia. No dia seguinte ao encerramento da conferência, o mesmo presidente da República que assinou a Convenção da Biodiversidade, tão laboriosamente defendida pelos diplomatas, enviou ao Congres-

---

[48] David Cooper, "Genes for sustainable development: overcoming the obstacles to a global agreement on conservation and sustainable use of biodiversity", *in* V. Shiva *et al.*, *op. cit.*, pp. 105-6.

so um projeto de lei de propriedade industrial e, principalmente, patentes (Projeto 824/91 — Lei das Patentes). A iniciativa procurava abrir as portas da biodiversidade aos países do Norte e às corporações transnacionais sem nenhuma compensação! Analisando o texto, o professor Carlos A. Joly aponta que já o artigo 1º da Convenção — que recomenda a conservação da biodiversidade, o uso sustentado de seus componentes e uma divisão justa e equitativa dos benefícios advindos da utilização de recursos genéticos — entra em contradição com vários artigos do projeto de lei e seus substitutivos, pois estes visam a criação do direito de propriedade exclusiva sobre seres vivos criados artificialmente e ignoram por completo a questão dos microrganismos — para ficarmos só nos pontos que afetam a biodiversidade.[49]

A crise do *impeachment* impediu que o projeto fosse votado e que a biodiversidade se transformasse em matéria-prima para os laboratórios de biotecnologia dos países industriais. A questão da biodiversidade e das patentes passou às mãos do governo Itamar Franco. No discurso de posse o novo presidente reservou algumas palavras à biodiversidade:

> "Além da pesquisa fundamental, tenho particular esperança no setor biológico, que nos pode dar, à vista da riqueza de nossa biodiversidade e dos trabalhos já realizados, forte presença mundial".[50]

Enquanto o novo governo se instaurava, porém, a biotecnologia prosseguia o seu trabalho de conversão de formas de vida em matéria-prima. Em meados da década de 80, um novo mercado havia sido aberto no Brasil quando pessoas desesperadas começa-

---

[49] Carlos A. Joly, "O projeto de lei 824/91 e a universidade", *in A lei de propriedade industrial em debate*, Caderno 7, Campinas, Adunicamp, jul. 1992, pp. 14-5.

[50] "Este vai ser um governo honrado", íntegra do discurso, *Jornal do Brasil*, 31/12/1992, p. 4.

ram a vender um rim ou um olho através dos classificados dos jornais. Desde então os negócios parecem ter se expandido bastante...

Na noite de 26 de janeiro de 1993, o professor Leon Schwartzenberg, especialista em câncer e aids, pediu aos seus pares do Parlamento Europeu que os países da comunidade fortalecessem as normas sobre transplantes para impedir que os miseráveis do Terceiro Mundo ficassem tentados a vender partes de seus corpos. O deputado francês declarou que o tráfico organizado de órgãos existe do mesmo modo que o tráfico ilegal de drogas e frequentemente é controlado pelas mesmas pessoas. Segundo ele, aparentemente o comércio de bebês da América Central para a do Norte destina-se à adoção; na realidade, as crianças são mortas para extração de órgãos como olhos. O professor completou: "Existe um grande comércio de órgãos entre o Brasil e a Alemanha".[51]

No passado, os negros e muitos índios foram escravizados e, como tais, tornaram-se mercadorias. Hoje, como plantas silvestres, animais selvagens e germoplasma, o povo brasileiro está se tornando *res nullius* e matéria-prima para a biotecnologia e o biomercado externo.[52]

---

[51] "Call for ban on grim trade in body parts", *The Daily Telegraph*, 27/1/1993, p. 11.

[52] Em tempo: a exploração do corpo humano revelada pelo caso Moore acaba de articular-se com a questão da biossociodiversidade. Uma ONG do Canadá descobriu que a Secretaria do Comércio dos Estados Unidos está reivindicando o patenteamento de uma linhagem de células de uma índia Guaymi. A amostra sanguínea de onde é derivada foi extraída dela quando estava sendo tratada de leucemia num hospital no Panamá e agora vem sendo pesquisada no American Type Culture Collection, em Rockville, Maryland. A linhagem de células da índia Guaymi interessa particularmente os pesquisadores porque alguns desses índios são portadores de um vírus único e de seus anticorpos, que talvez possam ser úteis na pesquisa da aids e da leucemia. Ver F. Williams, "Biopiracy under fire", *Financial Times*, 30/11/1993, p. 6.

2.
TECNOLOGIA, NATUREZA E A "REDESCOBERTA" DO BRASIL*

Quando vemos com olhos desencantados a atual situação do Brasil, é espantoso constatar o desencontro que toma conta de tudo, como se a vida e a sociedade desse país estivessem sendo sacudidas por forças que levam à ruptura. Tais tensões se manifestam numa crise evidente e crescente que toma a forma da instabilidade política, de enormes desequilíbrios econômicos, de tremenda injustiça social, de desastres ambientais, de decadência moral. Mas há uma dimensão menos visível que também é afetada por esse processo poderoso: em seu recente livro, *Dialética da colonização*, Alfredo Bosi recorre à palavra "desintegração" para nomear o que está acontecendo na cultura brasileira.[1]

O país parece enveredar pelo caminho da ruptura. E quanto mais as coisas se fragmentam, mais a elite brasileira, bem como o sistema político no seu todo, parecem tomados por uma exasperação que Bosi chama de "obsessão do descompasso", aquela que mede a distância entre o Brasil e as sociedades capitalistas avançadas. Tal obsessão domina a mente de economistas, políticos, homens de mídia, empresários e professores universitários, expressando-se

---

* Texto apresentado em seminário no Latin American Centre do Saint Antony's College, Universidade de Oxford, em junho de 1993, no âmbito de uma bolsa de pós-doutorado financiada pela Fapesp, e publicado em Hermetes Reis de Araújo (org.), *Tecnociência e cultura: ensaios sobre o tempo presente*, São Paulo, Estação Liberdade, 1998, pp. 23-46.

[1] Alfredo Bosi, *Dialética da colonização*, São Paulo, Companhia das Letras, 1993, pp. 347 ss.

como a síndrome da modernização. A modernização é necessária, urgente e crucial; numa palavra: a salvação. Embora aparentemente imperativa, será que a modernização vai ocorrer? E o que ela realmente significa? Talvez a desintegração brasileira seja principalmente um efeito colateral da integração do país na economia global contemporânea. Bosi nota, contudo, que os nossos social-democratas e neoliberais não parecem dispostos a considerar a dependência externa e a participação do Brasil no sistema global; a obsessão do descompasso faz com que pensem apenas no que está faltando, e não no que efetivamente existe. E o que está supostamente faltando é a moderna cultura ocidental, a cultura capitalista, que poderia levar ao desenvolvimento. Assim, a razão do subdesenvolvimento não deve ser procurada na condição neocolonial do país, mas no comportamento atrasado do povo e na "cultura nacional". O problema não é o sistema, o problema é o homem. Os brasileiros precisam mudar, ficar modernos.

Talvez a necessidade da modernização seja a contrapartida cultural do "ajuste estrutural" da economia a que a sociedade está sendo submetida. E como o ajuste estrutural, a modernização também poderia implicar na aceitação de que tudo piore... para melhorar — velhas estruturas, padrões e costumes, velhos modos de pensar e de viver devem ser desmantelados para que surja uma sociedade capitalista eficiente e verdadeira. Para os social-democratas e neoliberais, a crise brasileira não é fruto de uma força capitalista levada a produzir a ruptura do país para vencer; muito ao contrário, em seu entender, tal força ainda não é forte o suficiente — por isso tudo dá errado, e por isso é preciso contar com a energia e a adesão dos brasileiros para preencher o que falta. Em outras palavras: a obsessão do descompasso é uma eterna corrida entre dois polos: de um lado, a sociedade capitalista existente, cujos efeitos capitalistas são, no entanto, negados; de outro, uma sociedade capitalista avançada ideal e inatingível que poderia existir, mas não existe. E talvez seja precisamente esse o truque através do qual o capitalismo funciona, num país periférico como o Brasil: os efeitos ruptores objetivos se transformam numa deficiência subjetiva que só poderia ser superada através da adesão ao sistema. Como se os brasileiros fossem prisioneiros de um estado de paralisia que os força a repetir indefinidamente para si próprios: Nós somos o que não somos; e não somos o que somos.

* * *

A obsessão do descompasso parece ser a derradeira manifestação da mente colonizada, agudamente percebida por Franz Fanon e outros. Isso ficou evidente, uma vez mais, em maio último, quando o Congresso brasileiro votou a Lei das Patentes.

Presidindo um recente seminário sobre "Direitos de propriedade intelectual, culturas indígenas e conservação da biodiversidade",[2] Sir Crispin Tickell, personalidade influente da política ambiental em nível internacional, observou que os países ricos em espécies vegetais e animais deveriam estar tratando deste assunto com o maior cuidado, se não quiserem se encontrar em condição subordinada daqui a dez ou quinze anos. O comentário de Sir Crispin significava, evidentemente, que as nações industrializadas estão se preparando para assumir o controle dos recursos da biodiversidade que necessitam e não possuem. Mas as mentes colonizadas do país líder em megadiversidade não pensam assim.

A lei brasileira de Propriedade Industrial de 1971 não concedia direitos de patente para medicamentos, alimentos, químicos e ligas. Em meados da década de 70, a indústria de sementes multinacional tentou promover um projeto de lei de patenteamento de variedades vegetais, mas fracassou em 1977 quando, temendo a monopolização, agrônomos e professores desencadearam uma campanha contra o "Escândalo das sementes".[3] Dez anos depois, o con-

---

[2] Organizado pela Foundation for Ethnobiology e realizado no St. Anne's College, Oxford, 14/5/1993.

[3] A. D. Paschoal, "Patenteamento de sementes: uma lição da história", in J. Lutzenberger et al., *Política e meio ambiente*, Porto Alegre, Mercado Aberto/Fundação Wilson Pinheiro, 1986, pp. 43-7.

texto havia mudado consideravelmente e o Brasil estava mais vulnerável que nunca. Em contrapartida, as corporações farmacêuticas, agroquímicas e de petróleo, que haviam fortalecido seus laços para controlar a produção de fertilizantes e sementes, agora visavam o desenvolvimento da biotecnologia. Para dominar o biomercado emergente o sistema de patentes se revelara crucial. Assim, em 1987, atendendo a um pedido da indústria farmacêutica americana, Washington conclamou Brasília a reconsiderar a legislação de patentes; mas como prevaleceu a inércia e surgiram resistências, no ano seguinte os Estados Unidos impuseram sanções comerciais contras exportações brasileiras, que duraram até que a administração Collor prometeu fazer aprovar um Código de Propriedade Industrial "adequado", em 1989.[4]

Os Estados Unidos queriam a proteção de patentes para produtos e processos químicos e farmacêuticos. O presidente Collor enviou ao Congresso um projeto de lei propondo muito mais do que lhe havia sido pedido; mas o turbilhão político no qual o governo acabou caindo não deu ao Legislativo tempo, ou vontade, de aprová-lo. Em dezembro de 1992, sob a iminente ameaça de novas retaliações contra todo um conjunto de mercadorias tradicionalmente exportadas para os Estados Unidos, os dirigentes brasileiros remodelaram o projeto de lei e tentaram conciliar os interesses das corporações transnacionais com os da indústria local, afetados pela mudança.[5] Agora o Congresso tinha em mãos uma nova versão do projeto de lei, bem como a proposta anterior de Collor, rebatizada como projeto Ney Lopes depois de sucessivas modificações; enfim, os críticos das duas propostas reuniram-se numa ampla coalizão e formalizaram suas sugestões numa "Emenda da Salvação Nacional".

---

[4] P. Sotero, "EUA colocam o Brasil na lista negra", *O Estado de S. Paulo*, 1/5/1993, pp. 12-3.

[5] P. N. Batista, "Patentes: como chegar ao Primeiro Mundo", *Folha de S. Paulo*, 17/4/1993, p. 3.

Segundo algumas indicações, o projeto Ney Lopes teria sido escrito pela Interfarma, uma associação de laboratórios americanos e europeus cujo principal objetivo era a promoção do sistema de patentes no Brasil.[6] Ele assegurava todo tipo de direitos e privilégios aos interessados no sistema de patentes, incluía a biotecnologia na proteção, e concedia o monopólio de importação àqueles que houvessem patenteado um processo ou produto no exterior. As corporações transnacionais ficavam, portanto, liberadas da obrigação de investir no país se quisessem explorar uma patente.[7] O projeto governamental reconhecia o patenteamento de químicos, medicamentos e biotecnologia, mas excluía o monopólio de importação e acrescentava as noções de abuso de direito e do poder econômico e de não atendimento do mercado nacional.[8] A "Emenda da Salvação Nacional" rejeitava o patenteamento de medicamentos, químicos e alimentos em nome dos interesses da indústria nacional, se opunha ao patenteamento de seres vivos e reivindicava uma lei separada para a biotecnologia.[9]

A cena estava montada para o confronto. Em linhas gerais, a proposta governamental era apoiada pelos partidos políticos do centro-direita e pelos industriais. A coalizão da "Emenda da Salvação Nacional" reunia a esquerda (PT, PDT, PSB, PC do B), a conservadora associação de proprietários rurais UDR, as organizações não governamentais ambientais, a comunidade científica (através da SBPC) e algumas instituições de pesquisa estatais, como a Em-

---

[6] Aldo Rebelo, "Patentes: resistir a mais esta batalha", *Caderno 7: A lei de propriedade industrial em debate*, Campinas, Adunicamp, jul. 1992, p. 11.

[7] Ver "Carta de Campinas: manifesto popular pela liberdade do uso do conhecimento", *Caderno 7*, cit.; C. A. Joly, "O projeto de lei 824/91 e a universidade", *ibidem*; e J. W. B. Vidal, "Salto para o abismo", *ibidem*.

[8] Paulo Nogueira Batista, art. cit., p. 3.

[9] M. M. Alves, "Patentes de seres vivos", *O Estado de S. Paulo*, 15/4/1993, p. 2.

Tecnologia, natureza e a "redescoberta" do Brasil   53

brapa. O projeto Ney Lopes contava com o apoio do PFL, da Interfarma, da Câmara Americana de Comércio de São Paulo e, *last but not least*, da embaixada americana, bem como de grande parte da mídia brasileira.[10]

Evidentemente, a modernização foi o principal tema escolhido para lançar uma campanha em prol de uma lei de patentes permissiva. O presidente Collor havia feito da questão uma das principais prioridades de seu governo porque ela supostamente abriria as portas do exclusivo clube dos países do Primeiro Mundo. Aprovando a lei, os brasileiros teriam a oportunidade de mostrar à comunidade internacional sua vontade de romper com o passado e seu recente comprometimento com a modernização. O governo Collor caiu; entretanto, tal intuito permaneceu intacto: numa de suas primeiras entrevistas como novo ministro das Relações Exteriores, Fernando Henrique Cardoso declarou que a legislação das patentes era a prioridade número um: "Não podemos continuar agindo com mentalidade de subdesenvolvidos. Por exemplo, não vejo razão para não aprovarmos no Brasil uma legislação de patentes".[11]

Entretanto a importância da modernização como obsessão do descompasso só apareceu em sua plenitude quando o projeto de lei foi votado. A revista *Veja* deu o tom: o brasileiro tem a oportunidade única de ingressar no caminho do mundo civilizado e de desvencilhar-se do pirata que habita dentro dele. O brasileiro é subdesenvolvido porque é desonesto, irresponsável, e sempre determinado a levar vantagem em qualquer circunstância; por essa razão, não

---

[10] R. C. Leite, "Patentes e pressões norte-americanas", *Folha de S. Paulo*, abr. 1993; "Aliança contra o progresso", *O Estado de S. Paulo*, 15/4/1993, p. 3; M. M. Alves, art. cit.; "Câmara Americana pede tolerância", *O Estado de S. Paulo*, 1/5/1993, p. 13; "Qual futuro nos aguarda?", *Folha da Mata Virgem*, ano 2, nº 4, abr. 1993, p. 6; e E. Candotti, "De patentes e casca grossa", *Folha de S. Paulo*, 16/4/1993, p. 3.

[11] Entrevista a Josias de Souza e Gilberto Dimenstein, *Folha de S. Paulo*, 2/1/1993, p. 7.

queria pagar os direitos de propriedade intelectual. Mas agora o brasileiro pode redimir-se...[12]

O argumento soa quase infantil; funciona, no entanto, quando é retomado e repercutido por toda a mídia e se torna uma intensa ação de culpabilização. Nessa perspectiva, todo aquele que se opõe ao sistema de patentes é suspeito de atraso, de nacionalismo antiquado ou de conivência com a corrupção. A desinformação e a manipulação fazem parte, evidentemente, das regras habituais do jogo político; mas os métodos coercitivos empregados sugerem que havia muita incerteza: para garantir o máximo efeito possível, a campanha foi reforçada primeiro por novos rumores de sanções contra as tradicionais exportações brasileiras para os Estados Unidos, e em seguida pelo anúncio de que o Brasil havia sido incluído na temida "Priority country list" americana.

A pressão de Washington surtiu efeito. A 6 de maio de 1993, um acordo de líderes partidários aprovou a nova Lei de Propriedade Industrial. Medicamentos, alimentos, químicos e produtos e processos biotecnológicos agora podem ser patenteados; microrganismos fabricados e modificados só podem ser patenteados quando relacionados com um processo industrial específico concebido para um produto específico; o monopólio de importação foi rejeitado. Na semana seguinte, o ministro brasileiro das Relações Exteriores contou ao responsável pelo comércio exterior da Casa Branca, Mickey Kantor, que a nova lei "atende a 85% das exigências da comunidade internacional" e prometeu renegociar os pontos que pudessem ferir os interesses das empresas americanas.[13]

Dias antes, Paulo Nogueira Batista, embaixador brasileiro junto ao Gatt e à Organização Mundial de Propriedade Intelectual, diplomata respeitado por seus conhecimentos da questão ambiental e particularmente da biodiversidade, escreveu um artigo nos jornais

---

[12] "Uma lei para amansar piratas", *Veja*, 14/4/1993, pp. 76-83.

[13] C. E. L. Silva, "Fernando Henrique defende lei nos EUA", *Folha de S. Paulo*, 11/5/1993.

intitulado "Patentes: como chegar ao Primeiro Mundo". Batista questionava até que ponto a lei de patentes proposta por Collor constituía de fato instrumento de modernização e de inserção do Brasil na economia mundial. Em seu entender, a proteção patentária só deveria ser ampliada junto com o aumento dos deveres do patenteador de investir no país para explorar a própria patente ou de vender a tecnologia patenteada a firmas brasileiras. O embaixador visava principalmente a biotecnologia, cujas invenções poderiam partir de recursos nacionais. Seu último parágrafo advertia o leitor:

> "Na pressa de chegar ao Primeiro Mundo, é preciso ter cuidado para não legislarmos atabalhoadamente e enveredarmos por caminhos que possam nos condenar definitivamente ao Terceiro".[14]

* * *

O medo das ameaças americanas e a obsessão do descompasso levaram a mente colonizada à submissão e à inferioridade. Agora o país líder da megadiversidade pode ser integrado ao biomercado, de acordo com os desígnios do capitalismo global. O episódio todo tem um significado simbólico: a soberania brasileira foi seriamente ferida. Entretanto, é preciso enfatizar que o mais importante é a exposição da riqueza vital do país a um novo tipo de apropriação, através de novos métodos de predação. E tal possibilidade não concerne apenas aos brasileiros.

Em 1949, logo após a guerra, um filósofo japonês escreveu algumas palavras decisivas sobre o que deve ser feito em tempos de crise e ruptura:

> "Sem uma vontade voltada para o futuro, o confronto com o passado não pode ser realizado satisfatoriamente; nem há verdadeira vontade de futuro sem responsabilidade para com os ancestrais. Hoje, para nós, japoneses, recobrar

---

[14] P. N. Batista, art. cit., p. 3.

essa vontade primordial é nossa tarefa mais fundamental. [...] Eis nosso caminho para o futuro — a ocidentalização — e ao mesmo tempo nosso caminho para o passado — reconexão com a tradição. A questão é recobrar a criatividade que intermedeia o passado para o futuro e o futuro para o passado (mas *não* restaurar uma era que se foi)."[15]

As palavras de Keiji Nishitani são indicativas do caminho que conduz à verdadeira modernização: ocidentalização *e* reconexão com a tradição. Para a mente colonizada, contudo, tais palavras não fazem sentido. A mente colonizada abomina o passado, especialmente o passado não colonizado dos povos indígenas; mais ainda, a obsessão do descompasso impede-a de reconhecer o que é válido na tradição, pois ela está sempre partindo do que falta, e não do que realmente existe. Os olhos colonizados não podem ver valor algum no país — principalmente o valor de sua biodiversidade e de sua sociodiversidade. Num certo sentido, o Brasil ainda está para ser descoberto ou redescoberto... pelos brasileiros e, acima de tudo, por uma elite que parece não saber onde ele está.

O sentimento de que o Brasil ainda está para ser descoberto ou redescoberto emerge, por exemplo, quando se lê a esplêndida abertura do livro de Edward O. Wilson *The diversity of life*. O biólogo está imerso na escuridão da floresta amazônica durante uma noite de tempestade:

"Perto de mim eu sabia que morcegos haviam voado através das copas das árvores em busca de frutos, que cobras das palmeiras prontas para o bote haviam se enroscado nas raízes das orquídeas, que as onças haviam passado pela margem do rio; em torno deles lá estavam 800 espécies de árvores, mais do que as nativas em toda a América do Norte; e

---

[15] Keiji Nishitani, *The self-overcoming of nihilism*, trad. de G. Parkes e S. Aihara, Nova York, State University of New York Press, 1990, pp. 177 e 179.

mil espécies de borboletas, 6% de toda a fauna do mundo, esperavam a aurora. Das orquídeas do lugar sabíamos muito pouco. Dos mosquitos e besouros, quase nada, dos fungos, nada, da maior parte dos organismos, nada. Cinco mil tipos de bactérias poderiam ser encontrados num punhado de terra, e deles não sabíamos absolutamente nada. Isto era a selva no sentido quinhentista do termo, tal como deve ter se formado nas mentes dos exploradores portugueses, com seu interior ainda amplamente inexplorado e cheio de plantas e animais estranhos, geradores de mitos. De um lugar destes o piedoso naturalista enviaria longas e respeitosas cartas a seus protetores reais sobre as maravilhas do novo mundo como testemunho da glória de Deus. E eu pensei: ainda há tempo para ver esta terra desse modo".[16]

Assombrado com a riqueza da vida amazônica, Edward Wilson se vê como um homem do Renascimento descobrindo um novo mundo, cuja diversidade ainda está para ser conhecida e, mais importante, salva. Mas também é possível ser um renascentista num outro sentido, se lembrarmos que os homens do século XVI, além de serem impelidos para um mundo novo, eram compelidos a buscar uma reconexão com os Antigos, com suas origens. Nesse sentido, os brasileiros contemporâneos deveriam redescobrir o país; mas em vez de procurar suas origens num passado remoto, eles têm a sorte extraordinária de encontrá-las vivas aqui e agora: podem reatar o contato com a natureza e com os quase duzentos povos indígenas que ainda vivem no Brasil; podem descobrir que, nesta terra, tradição significa uma certa relação entre cultura e natureza.

A bio e a sociodiversidade estão inextricavelmente interligadas. Ambas continuam sob ameaça de extinção, muito embora esteja ficando cada vez mais evidente quão importantes elas são, não

---

[16] Edward O. Wilson, *The diversity of life*, Londres, Allen Lane/The Penguin Press, 1992, p. 7.

como sobrevivência de um passado remoto, mas como um legado crítico e precioso que a humanidade pode precisar se quiser ter um futuro. Por essa razão, em tempos de crescente crise ambiental global, aumenta a consciência da necessidade urgente de salvar a biodiversidade e, numa escala menor, a sociodiversidade. No entanto, a biodiversidade só pode ser salva caso a sociodiversidade também o seja. O antropólogo Eduardo Viveiros de Castro nos lembra que o destino da floresta não pode ser dissociado do que acontece com os povos da floresta.[17] Davi Yanomami completa o quadro quando adverte seus ouvintes no Senado:

"Não é só os ianomâmi que morrem. Todos vamos morrer juntos. Quando a fumaça encher o peito do céu ele vai ficar também morrendo, como um ianomâmi. [...] Nós queremos contar tudo isso para os brancos, mas eles não escutam. Eles são outra gente, e não entendem. Eu acho que eles não querem prestar atenção. Eles pensam: 'esta gente está simplesmente mentindo'. É assim que eles pensam. Mas nós não estamos mentindo. Eles não sabem destas coisas. Não há pajés entre os brancos, é por isso. É por isso que eles pensam assim...".[18]

Até mesmo por razões egoístas o homem moderno deveria estar interessado na preservação da biossociodiversidade brasileira. A questão transcende de muito o nível nacional. Mas precisamente porque adquiriu uma dimensão global, ela mostra como o país é único e por que os brasileiros poderiam encontrar no presente um potencial vital capaz de intermediar o passado para o futuro e o

---

[17] E. V. de Castro, "Prefácio...", in R. Arnt e S. Schwartzman, Um artifício orgânico: transição na Amazônia e ambientalismo, Rio de Janeiro, Rocco, 1992, pp. 13-23.

[18] Davi K. Yanomami, "Xawara: o ouro canibal e a queda do céu" (depoimento), in Yanomami: a todos os povos da terra, São Paulo, CCPY/Cedi/Cimi/NDI, Ação pela Cidadania, jul. 1990, pp. 11-2.

futuro para o passado. Nesse sentido, a questão da biossociodiversidade poderia ser o veículo para a ocidentalização *e* reconexão com a tradição.

Infelizmente essa questão central ficou totalmente excluída das discussões sobre a lei das patentes, que foram dominadas por considerações econômicas imediatistas estreitas ou irresponsáveis. Entretanto, alguns especialistas pensam que o sistema de patentes estabelece uma moldura legal que permite novas formas de desenvolvimento econômico, respeitando mais o meio ambiente e aqueles que sempre tomaram conta dele. Assim, o sistema de patentes poderia ajudar a proteger a biossociodiversidade de uma exploração predatória, na medida em que os recursos genéticos de plantas e animais seriam aproveitados em bases sustentáveis, e que o saber tradicional dos povos da floresta seria reconhecido e receberia justa compensação, quando empregados em produtos ou processos biotecnológicos.[19]

Tal abordagem é frequentemente reiterada nos círculos acadêmicos e ambientalistas quando se discute a relação entre biodiversidade e biotecnologia. Mas como poderia a biossociodiversidade ser salva através do sistema de patentes? Timothy Swanson, Diretor de Pesquisa de Economia Ambiental na Universidade de Cambridge, formula a mais ousada das propostas sobre o assunto.[20]

---

[19] Ver, por exemplo, D. Posey, "Intellectual property rights and just compensation for indigenous knowledge", *Anthropology Today*, vol. 6, n° 4, ago. 1990, pp. 13-6. Para um ponto de vista cético sobre o assunto, o interessante artigo de M.-A. Hermitte, "Les aborigènes, les 'chasseurs de gènes'... et le marché", *Le Monde Diplomatique*, n° 455, fev. 1992, p. 25. Para uma primeira avaliação da moldura legal internacional pós-Rio-92 com vistas à preservação da biodiversidade, ver C. Redgwell, "Has the Earth been saved? A legal evaluation of The 1992 United Nations Conference on Environment and Development", *Environmental Politics*, vol. 1, n° 4, Londres, Frank Cass & Co., inverno 1992, pp. 262-7.

[20] Timothy Swanson, "Economics of a Biodiversity Convention", *Ambio*, vol. XXI, n° 3 (special issue: Economics of Biodiversity Loss), Estocolmo, Royal Swedish Academy of Sciences, mai. 1992, pp. 250-7.

Swanson concebe o esgotamento da biodiversidade global como uma consequência de um processo de conversão no qual os diversos recursos biológicos são deslocados por outros que geram benefícios globais menores, mas benefícios privados maiores. Para promover tal conversão, as forças econômicas empregam três métodos principais: substituição, especialização e globalização; todos pressupõem a desvalorização sistemática dos recursos da biossociodiversidade. Em sua opinião, isto ocorre porque tanto o mercado quanto as políticas públicas não conseguem atribuir um valor apropriado para dois serviços essenciais que os diversos recursos realmente prestam: informação e segurança. Com efeito, para Swanson,

"um dos mais importantes serviços prestados pela diversidade é a informação. A presença da variação é informação, e a ausência de informação, uniformidade. A diversidade encontrada em organismos biológicos é, portanto, geradora de informação".[21]

A questão que se coloca é: Como o mercado lida com tal informação? Parece que ela pode ser "extremamente valiosa" para a indústria biotecnológica; mas, ao mesmo tempo, parece também ser muito difícil conferir valor de mercado à informação em sua forma mais pura, porque aqueles que desejam adquirir esse serviço são capazes de fazê-lo sem pagar por sua geração. Assim, a tarefa não pode ser deixada para as forças do mercado. O que dizer do Estado nacional? Swanson entrevê uma possibilidade que as políticas públicas deixaram de adotar... e ela concerne precisamente aos países que implantaram o sistema de patentes!

Antes de tudo, ele lembra que o propósito do sistema legal conhecido como Direitos de Propriedade Intelectual é proteger os investimentos geradores de informação; este vincula os investimentos na criação de informação aos fluxos de rendimentos obtidos do uso dessa informação. Swanson explica como funciona:

---

[21] *Ibidem*, p. 253.

"Especificamente, o governo concede o direito de monopólio para a comercialização de uma gama particular de bens tangíveis a fim de compensar uma pessoa pelos investimentos que foram evidentemente efetuados na geração de informação. Tais direitos de proteção de mercado [...] propiciam, portanto, uma base para compensar tanto os investimentos informacionais do passado, quanto os que serão feitos nessa área".[22]

Tal sistema é usado, por exemplo, para conferir um valor ao *software* dos computadores. Swanson, então, pergunta: Por que não recompensar a geração de informação da biodiversidade? O economista observa que para o legislador, pouco importa se a informação valiosa terá sido derivada de um conhecimento de plantas ou de computadores — afinal, as investigações sobre materiais biológicos podem ser tão úteis quanto as investigações sobre máquinas. Mas, principalmente, no entender de Swanson,

"Não há fundamento conceitual para a distinção que tem sido feita entre investimentos informacionais em recursos naturais e em recursos fabricados pelo homem. Como também não há nenhum fundamento prático para a distinção entre ambos. A criação e proteção de um sistema de direitos de propriedade intelectual para a utilidade descoberta em recursos que ocorrem naturalmente seria com certeza menos difícil de estabelecer do que as tentativas de se fazer o mesmo com o *software* dos computadores. O recurso básico — informação — é idêntico, e os recursos naturais são provavelmente mais facilmente definidos e contratualmente licenciados do que o produto *software*".[23]

---

[22] *Ibidem*, p. 254.

[23] *Ibidem*, p. 255.

Infelizmente a tendência econômica global não parece interessada no que Swanson denomina "patente de recursos", o equivalente natural dos direitos de propriedade intelectual. Através do International Board for Plant Genetic Research, os Estados nacionais estão até mesmo caminhando na direção oposta, aumentando, portanto, a distância entre os recursos naturais e os fabricados pelo homem. Nesse sentido, estão recusando a possibilidade de a biossociodiversidade ser reconhecida como gerador de informação valiosa.

* * *

Swanson é um economista que tenta integrar meio ambiente e economia, expandindo o sistema de patentes até o limite, e não deixando nada do lado de fora. Em sua proposta, a natureza e os povos indígenas entrariam completamente no sistema econômico global; mas parece que tal integração seria problemática para a economia porque ela poderia comprometer sua própria validade e seus princípios insustentáveis.

Suponhamos que a proposta de Swanson é aceitável: isto implicaria no reconhecimento da natureza como um processo de produção; mas se o fizermos, poderíamos exigir um cálculo dos custos da produção da natureza. Foi exatamente o que o inventor americano Richard Buckminster Fuller pediu a François de Chadénèdes. O famoso geólogo do petróleo escreveu então um texto intitulado "A produção de petróleo da natureza"; seu cenário demonstrava que esse processo envolvia tempo e energia cósmica que, se calculados do mesmo modo que se calcula o preço usual da eletricidade no varejo, estabeleceriam que o custo de um galão de petróleo seria superior a US$ 1 milhão. Fuller tirou a conclusão necessária:

"Junte tal informação à descoberta de que aproximadamente 60% das pessoas empregadas nos Estados Unidos estão trabalhando em tarefas que não estão produzindo nenhuma contribuição para a vida. [...] A maioria dos americanos vai trabalhar de automóvel, provavelmente gastando em média quatro galões por dia; desse modo, cada um está gastando quatro milhões de dólares do Universo cósmico-físico real por dia sem produzir nenhuma riqueza que contribua para a vida do Universo físico e que possa ser creditada no sistema de contabilidade expresso no metabolismo energia-tempo, governando eternamente a regeneração do Universo".[24]

Evidentemente, o exemplo do petróleo é extremo; no entanto ele revela os problemas que as sociedades capitalistas enfrentam no caso do esgotamento dos recursos. Além disso, talvez ele nos ajude a entender por que a proposta de Swanson de considerar a biossociodiversidade como análoga ao *software* dos computadores não poderia ser aceita pelas forças do mercado nem pelo Estado nacional. A analogia requer que abandonemos os conceitos dominantes de tecnologia, de natureza e da articulação entre tecnologia e natureza. Resumindo: a analogia exige a aceitação de uma mudança paradigmática que as forças do mercado não desejam. E isso fica evidente quando consideramos quão *desnaturadamente* elas tratam a tecnologia, e principalmente a biotecnologia.

Em seu clássico livro sobre a filosofia das técnicas, Gilbert Simondon explica a evolução do objeto técnico como um processo no qual ele se torna cada vez mais concreto, ocupando um lugar intermediário entre o objeto natural e a representação científica. Nesse sentido, o objeto técnico primitivo é abstrato, é a translação física de um sistema intelectual, enquanto que o objeto técnico concreto se aproxima do modo como os objetos naturais existem. "Através da evolução", escreve Simondon,

> "tal objeto perde seu caráter artificial: a artificialidade essencial de um objeto é devida ao fato de que o homem precisa intervir para manter o objeto existindo, protegendo-o contra o mundo natural e conferindo a ele uma condição de exis-

---

[24] Richard Buckminster Fuller, *Critical path*, Nova York, St. Martin's Press, 1981, pp. XXXIV e 262-3.

tência separada. A artificialidade não é uma característica que denota a origem fabricada do objeto por oposição à espontaneidade produtora da natureza; a artificialidade é o que existe dentro da ação artificializadora do homem, não importando se a ação intervém num objeto natural ou num objeto inteiramente fabricado".[25]

Simondon demonstra então como a artificialização de um objeto natural produz efeitos opostos aos da concretização técnica; através de sua análise, fica claro que o capitalismo está desenvolvendo a biotecnologia de um modo que perverte não só a vida natural, mas também o curso técnico. Em seu entender, uma flor criada em estufa, que só dá pétalas e não pode gerar um fruto, é a flor de uma planta artificializada — o homem desviou as funções dessa planta de sua realização coerente, e agora ela não pode ser reproduzida sem intervenção humana. O sistema primitivamente coerente de funcionamento biológico foi fracionado em funções independentes umas das outras, conectadas apenas pelos cuidados do jardineiro; a floração tornou-se floração pura, destacada, anômica; a planta floresce até esgotar-se, sem produzir sementes; ela perde sua capacidade inicial de resistir ao frio, à seca, à insolação; as regulações do objeto primitivamente natural tornam-se as regulações artificiais da estufa. Assim, a artificialização é um processo de abstração no objeto artificializado. Em contrapartida, através da concretização técnica, o objeto inicialmente artificial se torna cada vez mais similar ao objeto natural. De saída tal objeto precisava de um ambiente que o regulasse — um laboratório, uma oficina ou uma fábrica; gradualmente, porém, ele vai se concretizando até ser capaz de se liberar do ambiente artificial, porque sua coerência interna aumenta, seu funcionamento é cada vez mais organizado, e ele é capaz de incorporar dinamicamente às suas funções o laboratório ao qual se encon-

---

[25] Gilbert Simondon, *Du mode d'existence des objets techniques*, Paris, Aubier-Montaigne, 1969, pp. 46-7.

trava associado. Agora o objeto concreto é similar ao objeto produzido espontaneamente; é sua relação com os outros objetos, técnicos ou naturais, que se torna reguladora e permite a automanutenção das condições de funcionamento; tal objeto não está mais isolado — ele pode associar-se com outros objetos ou bastar-se a si mesmo, enquanto no início era isolado e heterônomo.

As consequências da análise de Simondon sobre os dois movimentos opostos — artificialização do objeto natural *versus* concretização do objeto técnico — são muito importantes. Porque revelam, antes de tudo, que a perversão da natureza através de procedimentos biotecnológicos não é um imperativo técnico: natureza e técnica são capturadas numa espiral de crescente abstração em virtude de motivações humanas, econômicas, de mercado. Assim, os economistas ambientalistas deveriam ser alertados de que a tecnologia também precisa ser salva, se quisermos salvar a biossociodiversidade. E é extremamente interessante observar que Simondon nos conclama a salvar o objeto técnico do estado de alienação em que ele é mantido pelo sistema econômico, numa entrevista em que salienta que os ecologistas estão tentando salvar o homem, mas não dão atenção à técnica.[26]

O apelo de Simondon para que se salve o objeto técnico pode soar estranho para os ambientalistas, cujas prioridades são a natureza e o homem. Mas talvez a salvação da natureza e da humanidade dependa de nossa capacidade de também salvar a técnica e a tecnologia. Na concepção do filósofo, o objeto técnico merece ser salvo porque tem valor intrínseco, que resulta de uma concretização originada no homem, mas destinada a se tornar um análogo dos objetos naturais. Com efeito, o objeto técnico é valioso porque é um processo de invenção; e só como tal pode ser pensado como uma analogia da criação natural. Entretanto analogia não significa identidade entre seres vivos e objetos técnicos autorregulados, como os

---

[26] Anita Kechickian, "Sauver l'objet technique — Entretien avec Gilbert Simondon", *Esprit*, nº 76, Paris, abr. 1983, pp. 147-52.

ciberneticistas costumavam inferir, e como Swanson parece aceitar, quando postula uma identidade entre recursos informacionais gerados pela natureza ou pelo homem; analogia não significa identidade porque os objetos naturais são *concretos* desde o início, enquanto os objetos técnicos *tendem à concretização*. Além disso, embora a informação seja um conceito-chave tanto para Simondon como para Swanson, a palavra não tem o mesmo sentido. O economista ambientalista recorre à definição de informação do físico e a aplica aos organismos biológicos, para dizer que a informação é um produto gerado pela biodiversidade, bem como pela atividade tecnológica humana; e é esse produto que Swanson quer avaliar e proteger através das patentes. Simondon também adota a definição de informação das ciências físicas, e também a aplica aos organismos biológicos; entretanto, não reduz o vital ao físico; para ele, em vez de um produto que resulta de um trabalho, a informação é uma semente através da qual objetos naturais e fabricados são inventados e se concretizam.

Como Swanson, Simondon também acolhe o paradigma tecnológico, desta vez para estudar a gênese do indivíduo físico e biológico. O filósofo escreve:

> "Seria preciso definir uma noção que fosse válida para pensar a individuação na natureza física tanto quanto na natureza viva, e em seguida para definir a diferenciação interna do ser vivo que prolonga sua individuação separando as funções vitais em fisiológicas e psíquicas. Ora, se retomamos o paradigma da tomada de forma tecnológica, encontramos uma noção que parece poder passar de uma ordem de realidade a outra, em razão de seu caráter puramente operatório, não vinculado a esta ou aquela matéria, e definindo-se unicamente em relação a um regime energético e estrutural: a noção de informação".[27]

---

[27] G. Simondon, *L'individu et sa génèse physico-biologique*, col. Épiméthée, Paris, Presses Universitaires de France, 1964, p. 250.

No entanto, Simondon não podia apoiar-se na noção de informação tal como ela havia sido desenvolvida por Norbert Wiener, pois esta concerne apenas à transmissão de um sinal através da modulação de energia. Ocorre que o sinal de informação não é exclusivamente o que deve ser transmitido, mas também *o que deve ser recebido*, isto é, adquire um sentido, tem alguma eficácia para um todo que tem seu próprio jeito de funcionar. Mas tal significado não pode ser encontrado nem na saída nem na chegada: a informação só existe quando o emissor e o receptor do sinal formam um sistema, ela existe *entre* as duas metades de um sistema díspar até então. A informação é essa aptidão de relacionar que fornece uma resolução, uma integração; é a singularidade real através da qual uma energia potencial se atualiza, através da qual uma incompatibilidade é superada; a informação é a instituição de uma comunicação que contém uma quantidade energética e uma qualidade estrutural.

O paradigma tecnológico e a noção de informação permitiram que Simondon pensasse a ontogênese da individuação nos campos da física, da biologia e da tecnologia. Em cada um desses campos a invenção se dá quando a informação atua nessa realidade pré-individual, intermediária, que o filósofo denomina "o centro consistente do ser", essa realidade natural pré-vital tanto quanto pré-física a partir da qual a vida e a matéria inerte são geradas e tornam-se consistentes. Em seu entender, podemos até assumir que, num certo sentido, a vida e a matéria inerte podem ser tratadas como duas velocidades da evolução da realidade: partindo do centro, uma individuação rápida e iterativa resulta na realidade física, enquanto uma individuação demorada, progressivamente organizada, resulta em seres vivos.[28]

Essa realidade natural fundamental, que testemunha uma certa continuidade entre o ser vivo e a matéria inerte, também está presente e atuante na operação técnica. Como afirma Simondon:

---

[28] *Ibidem*, p. 279. Ver também G. Simondon, *L'individuation psychique et collective*, Paris, Aubier, 1989, pp. 196-7.

"O objeto técnico, pensado e construído pelo homem, não se limita apenas a criar uma mediação entre o homem e a natureza; ele é um misto estável do humano e do natural, contém o humano e o natural; ele confere a seu conteúdo humano uma estrutura semelhante à dos objetos naturais, e permite a inserção no mundo das causas e dos efeitos naturais dessa realidade humana. [...] A atividade técnica [...] vincula o homem à natureza [...]".[29]

"O ser técnico só pode ser definido em termos de informação e de transformação das diferentes espécies de energia ou de informação, isto é, de um lado como veículo de uma ação que vai do homem ao universo, e de outro como veículo de uma informação que vai do universo ao homem."[30]

* * *

Se concentramos a atenção no trabalho de Simondon, foi porque ele é particularmente poderoso para pensarmos uma relação positiva entre a natureza e a tecnologia[31] e articular, em termos coerentes, a necessidade de salvar a biossociodiversidade com a necessidade de salvar, também, a tecnologia. E, finalmente, porque ele nos dá condições de descobrir que a própria salvação poderia ser uma invenção do homem e da natureza.

A salvação poderia ser o processo através do qual a natureza e a tecnologia, hoje aparentemente duas metades díspares e incompatíveis da realidade, efetuariam uma resolução, uma integração, e formariam um sistema. A salvação poderia ser a invenção cultural do humano acordando de seu sonho faustiano de dominação da natureza, e que realizaria a sua condição como um agente informa-

---

[29] G. Simondon, *Du mode...*, cit., p. 245.

[30] G. Simondon, *L'individuation...*, cit., p. 283.

[31] Para alguns belíssimos exemplos, ver G. Simondon, "Sur la techno-esthétique", *Papiers du Collège International de Philosophie*, nº 12, s.d.

cional que permite ao mundo e ao homem vir a ser. Em poucas palavras: a salvação poderia ser uma operação técnica. Mas ao mesmo tempo, e de modo bastante surpreendente, tal operação técnica também seria uma operação religiosa, se lembrarmos que o técnico habilitado para a tarefa é o descendente do remoto xamã. Com efeito, o primeiro técnico é o pajé, o *medicine man*, que surge na mais primitiva e originária fase da relação entre o homem e o mundo.[32] Como escreve Simondon:

> "Podemos denominar essa primeira fase *mágica*, tomando a palavra no sentido mais geral, e considerando o modo de existência mágico como aquele que é pré-técnico e pré-religioso, imediatamente acima de uma relação que seria simplesmente aquela do ser vivo com o seu meio".[33]

O que faz então o primeiro técnico? O filósofo revela que ele traz para sua comunidade um elemento novo e insubstituível produzido num diálogo direto com o mundo, um elemento escondido ou inacessível para a comunidade até então.[34]

O xamã é o primeiro técnico. E talvez um eco de sua façanha ainda ressoe quando nos contam que uma tribo da Nova Zelândia acredita que o avião foi criado por seus ancestrais,[35] e quando o

---

[32] Sobre o xamanismo e a importância do conhecimento curativo xamanístico, ver Mircea Eliade, *Le chamanisme et les techniques archaiques de l'extase*, 2ª ed., Paris, Payot, 1968; F. M. Cornford, *Principium sapientiae: the origins of Greek philosophical thought*, Cambridge, Cambridge University Press, 1952; E. R. Dodds, *The Greeks and the irrational*, Berkeley, University of Berkeley Press, 1966, particularmente o capítulo V; C. Guinzburg, "On the European (re)discovery of shamans", *Elementa*, vol. 1, Nova York, Harwooe Academic Publishers, 1993, pp. 23-39; e diversos artigos de B. Ribeiro (org.), *Suma Etnológica Brasileira, 1 Etnobiologia*, 2ª ed., Petrópolis, Finep/Vozes, 1987.

[33] G. Simondon, *Du mode...*, cit., p. 156.

[34] G. Simondon, *L'individuation...*, cit., pp. 261-2.

[35] A. Kechickian, "Sauver l'objet technique", art. cit., p. 152.

xavante José Luís Tsereté, ou ainda outros índios do Xingu proclamam que seus povos foram os verdadeiros inventores de toda sorte de objetos técnicos.³⁶ Diante de tal afirmação, o homem moderno sorri com desdém. Na verdade, é o sorriso do presunçoso e do ignorante. Para que o leitor tire suas próprias conclusões, convido-o a ouvir algumas palavras de Elias Canetti. O Prêmio Nobel está dizendo que vivemos num mundo cuja realidade se concretiza cada vez mais, um mundo de realidade *crescente*: hoje existem muito mais coisas — não só numericamente há mais pessoas e coisas, mas também há uma qualidade imensamente maior. Como afirma Canetti, o Velho, o Novo e o Outro afluem de toda parte. O Velho refere-se às culturas do passado sendo cada vez mais desenterradas e colocadas à nossa disposição; o Novo, é claro, refere-se à proliferação de aparelhos tecnológicos; finalmente, há o Outro:

> "Além do Velho e do Novo, mencionei ainda o Outro, que aflui de todos os lugares [...] A investigação de povos primitivos ainda existentes: seu modo de vida material, a organização de sua sociedade, as formas que assumem sua crença e seus ritos, seus mitos. Aquilo que existe de completamente Outro, como as ricas e instigantes descobertas dos etnólogos, é incomensurável e não pode de forma alguma — como em geral se assumia antigamente, e como alguns ainda hoje gostariam de assumir — ser reduzida a uns poucos achados. Para mim, pessoalmente, *esse* crescimento da realidade é o mais significativo, porque sua apropriação demanda mais esforço que a apropriação do banalmente Novo, evidente a todos; mas, talvez, também porque ele reduz saudavelmente nossa altivez, que se deixa insuflar indiscriminadamente com o Novo. Com efeito, reconhece-se, entre outras coisas, que tudo já fora preconcebido nos mitos: o que hoje, com desembara-

---

³⁶ Comunicação pessoal.

ço, tornamos realidade são ideias e desejos antiquíssimos. No entanto, no que toca nossa capacidade de inventar novos desejos e mitos, estamos deploravelmente mal servidos. Vasculhamos os antigos, como que a remoer ruidosamente preces, sem ao menos sabermos o que essas preces *mecânicas* significam. [...] Finalmente, não quero deixar de mencionar ainda que o Outro, que só agora experimentamos seriamente, não se refere apenas aos seres humanos. A vida, tal como foi sempre a dos animais, ganha para nós um outro sentido. O conhecimento crescente de seus ritos e jogos demonstra, por exemplo, que eles — a quem, três séculos atrás, declaramos oficialmente máquinas — possuem algo como uma civilidade que pode ser comparada à nossa."[37]

[37] Elias Canetti, "Realismo e nova realidade", *in A consciência das palavras*, trad. de Márcio Suzuki, São Paulo, Companhia das Letras, 1990, pp. 55-6.

3.
A NOVA COLONIZAÇÃO GENÉTICA
(ENTREVISTA COM VANDANA SHIVA)*

Depois que ouvi Vandana Shiva num seminário internacional sobre os riscos da engenharia genética e a necessidade de redefinir as ciências biológicas, a ela sobrepôs-se a imagem do guerreiro nômade cunhada por Deleuze e Guattari. Trata-se de uma figura que não ignora a inutilidade da violência, mas encontra-se próxima de uma máquina de guerra a ser reinventada, máquina de resposta ativa e revolucionária; uma figura trans-histórica, dizem eles, citando, que "não volta atrás para reconquistar o mito, mas encontra-o de novo, quando o tempo treme até as bases sob o império do perigo extremo".

Guerreira nômade, Vandana corre mundo para enunciar os grandes conflitos que estão se armando em torno do acesso e da apropriação dos recursos genéticos necessários à próxima revolução tecnológica. Por ser cientista *e* ambientalista, ela sabe que a linguagem aparentemente neutra e desengajada dos diplomatas e dos especialistas nas negociações internacionais prepara uma investida sobre a fonte mesma da vida e o assalto às formas tradicionais de conhecimento, até então desprezadas pela ciência e pela tecnologia modernas.

As delegações oficiais dos países do Primeiro Mundo e as ONGs do Norte e do Sul conhecem bem essa pequena indiana de sári, cujo espírito agudo desconstrói as soluções "técnicas" e arti-

---

* Entrevista publicada no Caderno Mais!, *Folha de S. Paulo*, 7/4/1966, p. 6.

cula-as com a destruição da bio e da sociodiversidade. Mas o ativismo de Vandana não se restringe à sua atuação internacional — envolvida com as questões comunitárias, comprometida com a defesa dos direitos de populações tradicionais, ela é figura-chave do Seed Satyagraha, movimento de agricultores indianos que em outubro de 1993 reuniu 500 mil manifestantes em Bangalore para protestar contra o patenteamento de sementes e a entrada das transnacionais na agricultura indiana. Agora sua passagem pela América Latina (Chile, Brasil, Colômbia) deve-se à percepção de que as regiões amazônica e andina, grandes reservatórios de patrimônio genético, se encontram sob enorme pressão externa para adotarem o regime de proteção intelectual do conhecimento e liberarem o acesso aos recursos.

Diretora da Research Foundation for Science, Technology and Natural Resource Policy de Nova Délhi, ela é autora de vários livros publicados em Délhi, Londres, Tóquio, Penang; entre eles *Monocultures of the mind: Biodiversity, biotechnology and agriculture*, *Ecology and the politics of survival*, e *Staying alive: Women, ecology and survival in India*. Figura trans-histórica, Vandana Shiva, como não poderia deixar de ser, foi agraciada em 1993 com o Prêmio Nobel da Paz Alternativo.

* * *

— *Nos anos 80, na onda da Revolução Informática, a inteligência artificial tornou-se a expressão máxima da ambição da ciência e da tecnologia modernas; nos anos 90, na onda da Revolução Biológica, a engenharia genética parece ter-lhe acrescentado a vida artificial. O que significa essa tendência?*

— Toda sociedade tem tecnologia — que significa, fundamentalmente, os meios que comunidades humanas usam para preencher suas necessidades e aspirações. Tecnologia é um meio. Valores humanos, um fim. Desde as revoluções científica e industrial que ocorreram na Europa, a tecnologia tem sido alçada de sua condição de meio para preencher necessidades humanas à de finalidade e objetivo da aspiração humana. Tal mudança também significou que a transformação tecnológica deixou de ser considerada e avaliada com base em valores humanos; ao contrário, a existência humana passou a ser considerada segundo o padrão da rápida mudança tecnológica. Já não se perguntava mais quais seriam os impactos sociais, culturais e ecológicos da introdução em larga escala de uma tecnologia específica, se ela era desejável ou imprópria. A tecnologia não precisava mais ser adaptada à sociedade e à natureza; passou-se a esperar que a sociedade e a natureza se adaptassem à tecnologia; e para essa adaptação impositiva e violenta, nenhum custo social e ecológico foi considerado excessivo.

É nesse contexto que as novas tecnologias estão surgindo. As novas tecnologias da informação criaram a linguagem da inteligência artificial, as novas biotecnologias criaram a linguagem dos "constructos genéticos", das "invenções biotecnológicas" ou vida artificial. Embora tais tendências tenham a pretensão e a arrogância de afirmar que o cientista está reconstituindo o mundo, superando a própria criação, a "inteligência artificial" e a "vida artificial" só podem substituir as funções de uma parte ínfima do espectro da inteligência e da vida em sua diversidade e complexidade; mas mesmo que a capacidade de "substituição" da vida artificial seja muito limitada, sua capacidade destrutiva é muito grande. Ainda não começamos a imaginar o impacto das novas tecnologias da informação e das novas biotecnologias no planeta e nas vidas das pessoas. Visto que as novas biotecnologias baseadas na engenharia genética lidam com a manipulação da própria vida, os impactos serão muito dramáticos e serão irreversíveis. Como diz o biólogo teórico Peter Wills, a engenharia genética é uma "embaralhada da árvore da vida".

— *Como a engenharia genética relaciona a vida artificial com a própria vida?*

— Embora a engenharia genética tenha o poder de mexer com os genes, não tem o poder de "produzir vida". As mudanças por ela introduzidas nas formas de vida provocam reações muito grandes; no entanto, seria um erro ontológico assumir que as formas de vida são feitas como os artefatos mecânicos e eletrônicos. A primeira patente de formas de vida geneticamente modificadas foi concedida em 1981 quando a General Electric e um de seus funcionários, Ananda Chakrabarty, requereram junto às autoridades americanas o patenteamento de uma bactéria *Pseudomonas* geneticamente modificada. Chakrabarty pegou plasmídeos de três tipos de bactérias e transplantou-os para uma quarta. Como ele mesmo explicou: "Eu simplesmente embaralhei os genes, mudando uma bactéria que já existia". Mas embora os engenheiros geneticistas não "produzam vida" no sentido em que um engenheiro mecânico produz um automóvel e outros artefatos, eles realmente manipulam a vida. Tal manipulação é artificial no sentido de que são quebradas e atravessadas as barreiras entre as espécies, estabelecidas pela evolução — eles inserem genes de galinhas em batatas, genes humanos em carneiros e salmões, genes de escorpião em repolhos. Essa vida artificial seria impossível sem a própria vida. No entanto, a indústria da engenharia genética afirma ter a capacidade de substituir a vida em sua diversidade pela "vida artificial". Manipular a vida com fins industriais e mercadológicos não pode substituir a complexidade e a riqueza da vida, que é mantida num delicado equilíbrio de interações dinâmicas. A falsa ideia de que a engenharia genética é a nova criação e de que os engenheiros geneticistas são os novos criadores extrapola demais o poder e a inteligência dos homens e exibe a mesma arrogância e a mesma ignorância que levaram à devastação ecológica do planeta.

— Por que você considera a engenharia genética um perigoso reducionismo na ciência e conclama a uma mudança de paradigma?

— O reducionismo da engenharia genética é perigoso porque falseia a base da vida e nos possibilita improvisações com ela de um modo irresponsável, dentro de uma ignorância total das consequências ecológicas da mudança de genes através das barreiras das espécies. O reducionismo em que se baseia a engenharia genética é epistemológica e socialmente perigoso. Epistemologicamente, porque cria um quadro muito simplificado "do que é a vida". A engenharia genética perpetua a visão mecanicista dos organismos biológicos, na qual os genes e o DNA são concebidos como átomos biológicos, os tijolos da vida. Presume-se que os genes são os únicos responsáveis pelas propriedades fisiológicas e morfológicas das formas de vida. No entanto, o DNA é uma molécula morta — ele não tem nenhum poder de reproduzir-se ou de determinar qualidades e características. O que é responsável pelo poder de reprodução dos organismos vivos e de suas distintas formas e características é sua capacidade de se organizarem em interação complexa, tanto internamente quanto externamente com o ambiente.

Em segundo lugar, ao excluir as interações e relações entre organismos e ambiente, e entre os próprios organismos, o paradigma reducionista exclui qualquer preocupação com as implicações ecológicas da engenharia genética. Assim, esta se torna ecologicamente perigosa e socialmente irresponsável, pois os impactos ecológicos são ignorados na própria construção do paradigma reducionista. Por outro lado, uma ciência que quisesse desenvolver prognósticos ecológicos dentro de tais parâmetros não conseguiria enfrentar os novos riscos introduzidos pelo lançamento em larga escala de organismos geneticamente modificados (OGMs) no ambiente, com propósitos comerciais. Temos de superar o reducionismo por um imperativo ecológico. Só um paradigma não reducionista pode apreender a complexidade dos sistemas biológicos e só ele pode antecipar e considerar o impacto ecológico do lançamento de OGMs.

— Em seu livro Monocultures of the mind *você demonstra que a biotecnologia é uma ameaça real para a biodiversidade, que podemos considerar como a própria diversidade da vida. Estamos portanto diante de um novo tipo de predação, uma predação* high tech *que torna a violência do industrialismo e do desenvolvimento algo antiquado e superado?*

— As novas tecnologias são, com certeza, uma nova forma de predação *high tech*. Elas predam a biodiversidade e a diversidade de culturas e de sistemas de conhecimento do mundo todo. O "valor agregado" pela biotecnologia tem por premissa a "destruição de valor" da riqueza intrínseca das espécies e a destruição do valor gerado de modos descentralizados e culturalmente plurais nas economias de povos que se baseiam na biodiversidade, pois suas comunidades locais utilizam e conservam a rica biodiversidade que herdaram e acentuaram. Os Direitos de Propriedade Intelectual (DPI) são um componente essencial para criar espaço e proteger a predação; por isso, na esfera das formas de vida, chamamos DPI "Direitos de Pirataria Intelectual". Em vez de canhoneiras em busca de terra e ouro, temos os bioprospectores buscando biodiversidade; em vez da bula papal de 1492, temos o regime de patentes ditado pela Organização Mundial de Comércio; em vez de Colombo, temos as corporações transnacionais. A nova pirataria é a segunda parte da "Descoberta" da América por Colombo. Os métodos são mais sofisticados. Os impactos não são menos brutais.

— *Tracy, a mulher-farmácia, e a exploração das linhagens de células e do sangue de povos indígenas pelo Projeto Diversidade do Genoma Humano são alguns exemplos do modo como a vida artificial está se tornando real. Você poderia falar um pouco sobre eles?*

— O traço distintivo da vida é sua capacidade de auto-organizar-se para sua própria manutenção e renovação. O traço distintivo da "vida artificial" é que as formas de vida são manipuladas para desempenharem uma função que não é intrinsecamente determinada pela sua forma, estrutura e auto-organização. Assim, Tracy, a ovelha geneticamente modificada, foi manipulada pela Protein Pharmaceuticals Ltd. para produzir uma proteína humana em seu leite. Ela foi "desenhada" e descrita como "biorreator mamífero". "Biorreatores mamíferos" compreendem mulheres que foram geneticamente modificadas para produzir medicamentos em seu leite.

No caso de povos indígenas como os Hagahai da Papua Nova Guiné ou os Guaymi do Panamá, a coleta de seu material genético através do Projeto Diversidade do Genoma Humano está levando ao que se pode chamar de "garimpagem genética" ou "biopirataria". E não são só os povos indígenas que estão tendo seu material genético garimpado. John Moore, um paciente com câncer, teve suas células removidas, patenteadas e vendidas para o laboratório Sandoz, que já faturou US$ 3 bilhões com sua linhagem de células "Mo".

Na nova colonização através da engenharia genética e do patenteamento da vida, todo ser vivo é uma colônia em potencial — dos micróbios ao homem.

— *Você é cientista e ecologista, mas também uma feminista cujo livro* Staying alive *relaciona a degradação da natureza com a degradação da mulher na sociedade contemporânea. Por outro lado, no ano passado, você organizou, com Ingunn Moser, o volume* Biopolitics: A feminist and ecological reader on biotechnology. *Como pode combinar a luta no* front *da ciência com as lutas no* front *do ambiente e do gênero?*

— A degradação da natureza e o aviltamento das mulheres estão ligados através de uma visão de mundo baseada na violência; nela, tanto a mulher quanto a natureza são tratadas como não tendo valor intrínseco, só possuindo valor instrumental. Seu valor é determinado exteriormente como valor para a indústria, e para as estruturas patriarcal e capitalista. As lutas feminista e ecológica constituem-se fundamentalmente como reivindicação do valor intrínseco das mulheres e da natureza. A natureza compreende a biodiversidade — e a luta ecológica pela proteção das diversas espécies funda-se no reconhecimento de um valor intrínseco de todas as espécies, independentemente do "valor" da espécie para a indústria de sementes, a indústria agroquímica, a indústria farmacêutica (que cada vez mais são uma só).

O movimento que reivindica valor intrínseco também é central para os movimentos indígenas que lutam para ter seus sistemas de conhecimento reconhecidos em termos de suas próprias culturas e visões de mundo. Portanto, o movimento em prol do valor intrínseco abrange diversos sistemas de conhecimento e conduz ao pluralismo epistemológico e à democracia do conhecimento. Essa luta intelectual baseada na diversidade é um modo de pensar, um modo de vida, e o modo como a natureza se encontra no coração dos debates sobre engenharia genética e patenteamento da vida.

— Alguns juristas franceses afirmam que a erosão não está minando apenas a biodiversidade, mas também os direitos... e até o próprio Direito. Será que poderemos ficar vivos com a vida artificial?

— Uma visão de mundo que empurra as espécies para a extinção ou as manipula para maximizar os lucros também destrói instituições sociais e valores éticos sobre os quais se baseia uma sociedade digna de ser vivida. A engenharia genética e o estabelecimento dos regimes de propriedade intelectual de estilo ocidental na esfera da vida significam uma negação da inteligência da natureza na evolução da diversidade e uma negação da inteligência nativa das diversas culturas para acentuar, manter e utilizar as diversas dádivas da natureza. Os Direitos de Propriedade Intelectual também significam uma erosão do arcabouço legal e das obrigações que têm protegido a biodiversidade e os direitos das comunidades locais, permitindo-lhes preencher suas necessidades básicas a partir de suas habilidades, conhecimento e recursos. Finalmente, o patenteamento da vida estabelece uma ordem imoral na qual tudo tem um preço, nada tem sacralidade e não há limites para a exploração e a manipulação.

Uma sociedade e uma economia fundadas na vida artificial exigem que as formas de vida se tornem "propriedade" e que todos os limites éticos e ecológicos sejam removidos. Em outras palavras, exigem o desmantelamento das condições da vida. Se tivermos que ficar vivos, a engenharia genética e as patentes precisam ser drasticamente restringidas e limitadas. *É preciso* pôr limites. Sejam quais forem, eles têm de ser baseados num amplo e extenso debate democrático em cada sociedade. Esse é o verdadeiro movimento pela democracia e a liberdade na era da vida artificial.

4.
A VIRTUALIZAÇÃO DA BIODIVERSIDADE*

Estamos passando por uma desmontagem de todo o referencial tradicional e moderno enquanto se começa a construir uma sociedade nova cuja dimensão é, paradoxalmente ao mesmo tempo, molecular e global. Molecular porque é no nível ínfimo e invisível, no nível da informação digital e/ou genética que se produzem suas maiores realizações; global porque cada transformação molecular operada está destinada a ser incorporada e repercutida por uma rede de valorização planetária.

Desregulamentação, desmaterialização, descodificação, desterritorialização, desreferenciação, desconstrução — parece que o prefixo "des" se impôs para marcar a tendência dominante de desfazer e desmontar não só as atividades nas mais diversas áreas, como também as disciplinas que as estudavam, e até mesmo o quadro conceitual. Em velocidade cada vez maior, que o inventor e teórico americano Richard Buckminster Fuller denominou "aceleração da aceleração tecnológica" em seu livro *Critical path*,[1] a tecnociência vem desqualificando os procedimentos modernos e a maneira de pensar correspondente — tornando obsoletos aparelhos, instrumen-

---

* Texto apresentado na mesa "Política, Ecologia e Globalização" do *Simpósio da Arrábida — 2000*, Convento da Arrábida, Portugal, em 26 de setembro de 2000. Parte dele foi publicada no artigo "Informação, recursos genéticos e conhecimento tradicional associado", em Cristina Maria do Amaral Azevedo e Fernando Nabais Furriela (orgs.), *Biodiversidade e propriedade intelectual*, São Paulo, Secretaria do Meio Ambiente, 2001, pp. 33-49.

[1] R. Buckminster Fuller, *Critical path*, Nova York, St. Martin's Press, 1981.

A virtualização da biodiversidade 81

tos e máquinas, modos de produzir e modos de trabalhar; alterando constantemente nossas relações com a segunda natureza (o universo da tecnosfera); artificializando cada vez mais, até ao absurdo, nossas relações com a natureza; favorecendo o surgimento de novas relações sociais, na medida em que suscita novas regras do jogo que vão produzir novas categorias de incluídos e excluídos.

Costuma-se identificar esse processo "des", como um processo negativo, uma crise; mas ao fazê-lo, na verdade talvez se perca o seu sentido afirmativo e seu caráter único. Ao designar o processo pelo que ele nega e deslegitima pode-se conhecer muita coisa a respeito de seu movimento, mas não a afirmação que a ruptura passa a esboçar e em nome da qual ela se justifica.

A questão é, portanto, mais delicada do que parece, pois no fundo as perguntas que se impõem são: Até que ponto e em que plano a tecnociência efetivamente rompe com o passado? Caso se trate de uma ruptura tão drástica a ponto de anular o quadro referencial a partir do qual organizávamos a nossa experiência, com que palavras, com que conceitos pensá-la em sua especificidade?

* * *

Os especialistas que acompanharam a evolução do desenvolvimento tecnocientífico no século XX e o papel central que este passou a ter na dinâmica do capital, a partir da década de 70, sabem que a sociedade ocidental contemporânea encontra-se em plena mutação. O domínio alcançou tamanha extensão e intensidade que hoje a natureza, antes temida, parece vencida, enquanto a própria natureza humana desponta como último território a ser conquistado. Por sua vez, a sociedade passa por um processo acelerado de tecnologização — à reordenação e reprogramação do processo de trabalho em todos os setores, tornada possível pela digitalização crescente dos circuitos de produção, circulação e consumo, veio associar-se a recombinação da vida, tornada possível pela decifração do código genético e os avanços da biotecnologia. Tudo se passa, então, como se uma nova era estivesse se abrindo, ou, mais do que isso, como se tudo fosse passível de questionamento; como se até mesmo a evolução natural das espécies, inclusive a humana, tivesse chegado a seu estado terminal e a história tivesse sido "zerada", tratando-se, agora, de reconstruir o mundo sobre novas bases. Fredric Jameson já havia observado, em *Postmodernism, or The cultural logic of late capitalism*,[2] que o capitalismo estava penetrando no inconsciente e na natureza e colonizando-os; mas agora ele parece investir sobre toda criação, inclusive a criação da vida; assim, a nova economia buscaria assenhorear-se da dimensão virtual da realidade e não apenas da dimensão da realidade virtual, do ciberespaço, como tem sido recentemente observado.

Como entender esse processo de colonização do virtual e de capitalização dessa dimensão da realidade? E o que teria ele a ver com a questão da biodiversidade? Dois exemplos emblemáticos, rapidamente evocados, permitem vislumbrar do que se trata.

Quando na década de 80 a crise ambiental tornou patente a acelerada extinção das espécies vegetais e animais no Terceiro Mundo, os países ricos, temendo o desaparecimento dos recursos genéticos tão preciosos para o desenvolvimento de sua nascente indústria biotecnológica, apressaram-se em constituir bancos *ex situ* que pudessem assegurar-lhes acesso à biodiversidade do planeta. Quando as possibilidades de terapia gênica começaram a se desenhar, o projeto de descodificação do genoma humano desdobrou-se no projeto Diversidade do Genoma Humano, que ambicionava coletar fragmentos do patrimônio genético de todos os povos indígenas e tradicionais do mundo em vias de desaparecimento, para futuras aplicações. Ainda não se sabia, e muitas vezes ainda não se sabe, o que fazer com os recursos coletados — o que importava, e importa, é a sua apropriação antecipada.

A lógica de tais operações parece ser: os seres biológicos — vegetais, animais e humanos — não têm valor em si, como existentes; o que conta é o seu potencial. Pois se os seres contassem, a inicia-

---

[2] Fredric Jameson, *Postmodernism, or The cultural logic of late capitalism*, 5ª ed., Durham, Duke University Press, 1994, p. 36.

tiva consistiria em tentar salvá-los da extinção, em preservá-los em sua integridade, em protegê-los e ao seu habitat. Mas não é essa a ideia: o foco não estava nos corpos, nos organismos, nos indivíduos, nos seres vivos, e sim nos seus componentes, nas suas virtualidades. A tecnociência e o capital global não estão interessados nos recursos biológicos — plantas, animais e humanos. O que conta é o seu potencial para reconstruir o mundo, porque potencial significa potência no processo de reprogramação e recombinação. Levando a instrumentalização ao extremo, tal estratégia considera tudo o que existe ou existiu como matéria-prima a ser processada por uma tecnologia que lhe agrega valor. Nesse sentido, a única "coisa" que conta na nova ordem é o que pode ser capturado da realidade e traduzido numa nova configuração. A única "coisa" que conta é a informação.

* * *

Desde Heidegger, provavelmente o primeiro a conceber a natureza como um sistema de informação, e os ciberneticistas, tal conceito vem sendo trabalhado por diferentes autores das mais diversas áreas: de Richard Buckminster Fuller, que pensou a natureza como um processo tecnológico, a Susan Oyama, que estudou a ontogênese da informação examinando as complexas relações entre o natural e o adquirido, e fazendo uma crítica instigante do reducionismo sobre o qual se assentam os pressupostos da genética e da biotecnologia; de James Lovelock, que estabeleceu a inextricabilidade entre os processos físicos e biológicos, quando formulou a hipótese de Gaia, a Hermínio Martins, que, no rastro de Serge Moscovici, nos fala do "estado de natureza cibernético" e do "estado de cultura cibernético", isto é, da natureza-como-informação e da cultura-como-informação.[3]

---

[3] Martin Heidegger, *The question concerning technology and other essays*, trad. de W. Lovitt, Nova York/Cambridge, Harper Torchbooks, Harper & Row, 1977; R. Buckminster Fuller, *Critical path*, cit.; S. Oyama, *The ontogeny of information*, Cambridge, Cambridge University Press, 1985; J. Lovelock, *Gaia: A new look of life on Earth*, 2ª ed., Oxford, Oxford University

Estudando a gênese do indivíduo físico e biológico, escreve, por exemplo, o filósofo da tecnologia Gilbert Simondon:

"Seria preciso definir uma noção que fosse válida para pensar a individuação na natureza física tanto quanto na natureza viva, e em seguida para definir a diferenciação interna do ser vivo que prolonga sua individuação separando as funções vitais em fisiológicas e psíquicas. Ora, se retomamos o paradigma da tomada de forma tecnológica, encontramos uma noção que parece poder passar de uma ordem de realidade a outra, em razão de seu caráter puramente operatório, não vinculado a esta ou aquela matéria, e definindo-se unicamente em relação a um regime energético e estrutural: a noção de informação".[4]

O filósofo seguia o rastro dos ciberneticistas. Entretanto, sua noção de informação se diferencia daquela desenvolvida por Norbert Wiener. Aqui, o sinal de informação não é exclusivamente o que deve ser transmitido, mas também *o que deve ser recebido*. Mas tal significado não pode ser encontrado nem na saída nem na chegada: a informação só existe quando o emissor e o receptor do sinal formam um sistema, ela existe *entre* as duas metades de um sistema díspar até então. A informação é portanto uma aptidão integradora, uma singularidade através da qual uma energia até então potencial se atualiza.

A análise de Simondon estabelece a informação como uma singularidade real que dá consistência à matéria inerte, ao ser vivo (planta, animal, homem), mas também ao objeto técnico. E não seria descabido aproximar a formulação do filósofo do luminoso enun-

---

Press, 1987, e *The ages of Gaia: A biography of our living Earth*, Oxford, Oxford University Press, 1991; H. Martins, "Tecnociência e arte", *in* Carlos Leone (org.), *Rumo ao cibermundo?*, Oeiras, Celta Editora, 2000.

[4] G. Simondon, *L'Individu et sa génèse physico-biologique*, col. Épiméthée, Paris, Presses Universitaires de France, 1964, p. 250.

A virtualização da biodiversidade

ciado de Gregory Bateson, que definiu a informação como "a diferença que faz a diferença".[5] Ora, é precisamente através da informação assim definida que a biotecnologia processa a vida e a informática processa o trabalho — o que, aliás, está se tornando ainda mais evidenciado com a fusão da informação genética com a informação digital. Por outro lado, ao apontar que a vida e a matéria inerte podem ser tratadas como duas velocidades da evolução de uma realidade natural fundamental e assinalar que essa realidade também atua na operação técnica, Simondon permite conceber de um outro ângulo a questão da aceleração tecnológica, que na verdade consistiria em interferir diretamente nas velocidades da evolução da vida e da matéria.

Tudo se passa então como se a biotecnologia, a informática e a nanotecnologia estivessem nos levando a passar para um outro plano — o plano da informação —, no qual é esta, e não mais o homem, que se torna a medida de todas as coisas. Antes de mais nada, essa transformação corrói o referencial do humanismo moderno: o homem não é mais a medida de todas as coisas, porque ao privilegiarmos o plano da informação, ao tomá-la como referência última, passamos a valorizar o molecular, o infraindividual, comprometendo a noção de indivíduo e questionando a de organismo. Quando nos damos conta que na ótica do biotecnólogo uma planta, um animal ou até mesmo o ser humano reduz-se a um pacote de informações — porque o que interessa é o agenciamento das suas informações genéticas — percebemos melhor a mudança de perspectiva. Por outro lado a noção de trabalho e até mesmo a de produção de conhecimento também são profundamente alteradas, agora não pela informação genética mas pela digital. O trabalho vai inscrever-se no *software* dos computadores, cuja capacidade de processar a diferença que faz a diferença na própria cadeia

---

[5] Gregory Bateson, "Men are Grass", *in* W. I. Thompson (org.), *Gaia — A way of knowing: Political implications of the New Biology*, Great Barrington (Ma), Lindisfarne Press, 1987, pp. 40-1.

da produção lhe confere uma flexibilidade até então desconhecida; finalmente, o próprio saber é transformado: cada vez mais é reelaboração, reprocessamento, reprogramação e recombinação de conhecimentos já existentes. Os mundos do trabalho, do saber e da vida passam a ser outros.

No plano que estamos considerando, e que tende a ser predominante, a informação é a medida de todas as coisas enquanto diferença que faz a diferença. Mas se Simondon e Bateson a consideraram, com razão, de um ponto de vista qualitativo, para o capital global a informação passou a ser a medida quantitativa de todas as coisas, a diferença que faz a diferença num sentido puramente quantitativo. E assim como o valor de um homem foi reduzido pelo capitalismo ao valor do trabalho abstrato transferido para a mercadoria, agora o valor da informação passa pela mesma redução, através dos diferentes sistemas de propriedade intelectual. Abrem-se assim um horizonte e um campo de atuação insuspeitados para a apropriação capitalista: o plano molecular do finito ilimitado no qual, lembrando Deleuze, um número finito de componentes produz uma diversidade praticamente ilimitada de combinações.

* * *

Gregory Bateson definiu informação como "a diferença que faz a diferença"; na concepção de Gilbert Simondon, ela é o germe que opera a passagem da dimensão virtual da realidade para a sua dimensão atual, possibilitando a individuação tanto da matéria quanto dos seres vivos e do objeto técnico. Se mantivermos isso em mente e entendermos que a questão do acesso aos recursos genéticos refere-se à informação genética e à informação digital, perceberemos que para a tecnociência e a nova economia o problema consiste em encontrar uma formulação jurídica que lhes permita assegurar o acesso e o controle da informação nos dois extremos, isto é, nos planos molecular e global.

Só para lembrar: em escala internacional, a questão da manipulação biotecnológica e da criação de *softwares* foram resolvidas através da proteção das inovações pelo regime de propriedade intelectual, tal como podemos ler nos acordos Gatt-Trips, da Organização Mundial de Comércio. Na era da informação, a inovação é entendida em termos de processamento e modulação de informações. A inovação ocorre no plano molecular, e consiste frequentemente numa reconfiguração de componentes digitais e genéticos, mas também numa "tradução" dos conhecimentos tradicionais e modernos num novo paradigma. Por isso mesmo, Trips, ao proteger a inovação contemporânea, protege o valor informacional dos produtos e processos manipulados pela biotecnologia e pela tecnologia da informação; mas não pode proteger outros valores, como os valores de uso modernos e tradicionais, e nem os valores ontológicos, porque eles não cabem no sistema.

A informação torna-se crucial a partir do momento em que a dimensão virtual da realidade começa a ser mais importante do ponto de vista econômico e tecnocientífico do que a sua dimensão atual. A lógica que preside a conduta da tecnociência e do capital com relação aos seres vivos, agora transformados em recursos genéticos, é a mesma que se explicita em toda parte: trata-se de privilegiar o virtual e de preparar o futuro para que ele já chegue apropriado, trata-se de um saque no futuro e do futuro. E aqui se encontra uma questão perturbadora. A modernidade instaurara, como princípio supremo, a ruptura com os valores do passado e a consagração do novo e do inédito. Nesse sentido, o mundo moderno significou a desvalorização dos outros tempos, sacrificando a história em benefício do presente — o interesse pelo novo, pela novidade, pelo aqui e agora, e o descarte do "velho", do tradicional manifestam-se em toda parte, e nem precisam ser sublinhados aqui. Mas a aceleração tecnológica e econômica contemporânea é tal que até mesmo o atual acaba sendo ultrapassado: em sua perspectiva, tudo o que é... já era. Assim, a aceleração tecnológica e econômica desloca o interesse pelo atual e pelo presente decretando, com tal deslocamento, o fim da modernidade. A atenção concentra-se não no que é, mas no vir a ser. O olhar se volta para o futuro; melhor dizendo: para a antecipação do futuro.

* * *

No plano molecular, a relação entre a tecnociência e o capital se institucionaliza através dos laços jurídicos que unem a invenção à propriedade intelectual. Mas para que isso ocorresse, foi preciso transferir para este terreno o regime de patentes, que vigorava na esfera industrial e selava as relações entre o direito e a ciência, protegendo a propriedade de artefatos e máquinas, isto é, das coisas que não existiam na natureza inanimada. Ora, tal transferência não se configura como continuação ou simples desdobramento de um monopólio temporário de exploração concedido aos inventores desde o século XIX; na verdade, ela é muito mais do que isso.

De onde viemos? Para onde vamos? pergunta-se Bernard Edelman:

"Até o primeiro terço do século XX, o direito estava em paz com as ciências e as técnicas e nada vinha perturbar esse idílio. A maneira pela qual considerava o 'ser vivo', fosse ele vegetal, animal ou humano, como uma totalidade não apropriável [...], correspondia idealmente ao modelo técnico-científico da natureza. Em outras palavras, as categorias jurídicas estavam ajustadas ao saber técnico. Se o homem era o senhor da natureza, ainda não era o seu 'possuidor' ou, mais precisamente, seu 'proprietário'. A técnica da patente exprimia perfeitamente o domínio do homem sobre uma natureza inanimada".[6]

Onde estamos e para onde vamos?

"A intrusão do ser vivo no campo da patente a partir dos anos 30 é uma revolução jurídica. E para entender direito tal revolução, é preciso destacar um duplo fenômeno: o da

---

[6] B. Edelman, *La personne en danger*, Paris, Presses Universitaires de France, 1999, p. 307.

modificação profunda do papel da patente e as condições jurídicas que permitiram que o ser vivo fosse patenteável".[7]

Não cabe aqui explorar o longo percurso percorrido por essa revolução, que começa com uma proteção jurídica específica para as plantas através do Plant Act de 1930 nos Estados Unidos, abarca os microrganismos em 1980 com o caso Chakrabarty, estende-se aos animais no final da mesma década e, finalmente, chega ao homem, com o caso Moore. Interessa, porém, sublinhar que, para o jurista, foi-se pouco a pouco elaborando um modelo jurídico que, partindo de uma concepção sagrada do ser vivo, desembocou numa concepção instrumental, e até mesmo industrial. O fato é que, a partir da decisão do caso Chakrabarty, que reconheceu o direito de se patentear uma bactéria geneticamente modificada, a vida torna-se um patrimônio genético suscetível de apropriação, e como tal, a última *enclosure*, na perspicaz análise de Jeremy Rifkin.[8] Afinal, no plano molecular dar-se-ia a "derradeira privatização" — para usar a expressão que o jornal *Financial Times* forjou ao tentar definir o objeto da disputa entre os laboratórios de biotecnologia que defendem o patenteamento de descobertas e os que pretendem patenteá-la embutida num processo ou produto industrial específico. Pois como indaga Leon Kass:

> "Em termos de princípio, qual é o limite a este início da extensão do campo da apropriação privada e do domínio sobre a natureza viva [...]? O princípio usado no caso Chakrabarty afirma que não há nada na natureza de um ser, nem mesmo no próprio patenteador humano, que o torne imune ao patenteamento".[9]

---

[7] *Ibidem*, p. 311.

[8] Jeremy Rifkin, *The biotech century*, Nova York, Jeremy P. Tarcher/Putnam, 1998, pp. 38-44.

[9] Citado por J. Rifkin, *op. cit.*, p. 44.

Se concordarmos com Deleuze e Guattari que "a propriedade é precisamente a relação desterritorializada do homem com a terra", podemos perceber a que grau de desterritorialização chegou a sociedade contemporânea com a instauração de um regime de propriedade intelectual que se pretende impor a todo o planeta para assegurar a apropriação e até mesmo a monopolização da informação genética, esteja ela onde estiver. Estamos longe, muito, muito longe dos povos indígenas e das comunidades tradicionais, cujos vínculos com a Terra são indissolúveis; e estamos até mesmo nos distanciando rapidamente da cultura moderna e do humanismo, que ainda consideravam a vida dos indivíduos, sobretudo a humana, como um valor.

Ora, a radicalidade do processo de colonização do virtual e de capitalização dos recursos genéticos e digitais parece escapar da percepção de muitos dos que ambicionam defender os interesses e os direitos dos povos indígenas e comunidades locais na questão do acesso aos recursos genéticos e ao conhecimento tradicional associado. Passa desapercebido o caráter intrinsecamente predatório de uma cultura e de uma sociedade que começaram a considerar legítimas e justas, tanto a redução dos seres vivos à condição de matéria-prima sem valor, quanto a pretensão do biotecnólogo de reivindicar para sua atividade "inventiva" a exclusividade da geração de valor. Passa desapercebida a desqualificação sumária do "trabalho" da natureza e de todo tipo de trabalho humano, em todas as culturas e sociedades, exceto o trabalho tecnocientífico.

Se assim não fosse, como entender as iniciativas que visam conciliar o regime de propriedade intelectual com a proteção dos recursos genéticos e conhecimento associado? Como entender as propostas de direitos coletivos de propriedade intelectual, e as acomodações para que os povos indígenas e comunidades tradicionais encontrem o seu nicho no mercado ou gozem de uma improbabilíssima repartição "justa e equitativa" dos benefícios? Optando pela estratégia da aceleração tecnológica e econômica total, pela colonização do virtual e pela capitalização da informação genética e digital, a sociedade ocidental contemporânea se volta para o futuro e parece condenar todas as outras à integração ao seu paradigma ou ao desaparecimento — como se não houvesse a possibilidade de uma convivência entre ela e outras culturas e formações sociais. Ora, se isso for verdade, a questão do acesso aos recursos genéticos de povos indígenas e comunidades tradicionais e ao conhecimento associado torna-se uma questão de resistência ao modelo dominante e de luta pelo mantimento da diversidade de culturas e de sociedades. Em outras palavras, luta pela possibilidade de outros devires, diferentes daquele concebido pela tecnociência e o capital global. Vale dizer: luta pela existência... e pela continuidade da existência.

* * *

Quem acompanha a questão do acesso a recursos genéticos no Brasil sabe que, até muito recentemente, tramitavam no Congresso Nacional três projetos de lei: o de número 306/98, de autoria da senadora Marina Silva, na forma do substitutivo do senador Osmar Dias; o de número 4.579/98, do deputado Jacques Wagner; e o de número 4.751/98, de autoria do Poder Executivo. Os dois primeiros, que manifestam uma preocupação fundamental com a dimensão socioambiental do acesso, compartilham de um mesmo espírito, voltado principalmente para a proteção da bio e da sociodiversidade. Já o projeto apresentado pelo Executivo privilegia as dimensões econômica e tecnocientífica, incorporando a lógica dominante nos países desenvolvidos e na indústria da biotecnologia.[10]

O projeto de acesso do Executivo vinha acompanhado de uma proposta de emenda constitucional que acresce o seguinte inciso ao art. 20 da Constituição: "XII — o patrimônio genético, exceto o humano, cabendo à lei definir as formas de acesso e de explora-

---

[10] Projeto de Lei Substitutivo 4.571/98, que regulamenta o inciso II do par. 1º e o par. 4º art. 225 da Constituição, os arts. 1, 8, alínea "j", 10, alínea "e" e 15 da Convenção Sobre Diversidade Biológica, dispõe sobre o Acesso ao Patrimônio Genético e ao Conhecimento Tradicional Associado, sobre a repartição de benefícios derivados de sua utilização, e dá outras providências. O projeto era acompanhado de uma Mensagem de nº 978 datada de 20 de agosto de 1998, bem como de uma Proposta de Emenda Constitucional.

ção". Na justificação dos motivos que acompanha a proposta, o Grupo Interministerial de Acesso aos Recursos Genéticos (GIARG) esclarece que tal emenda

"pretende incluir entre os bens da União o patrimônio genético à semelhança do que já acontece com os recursos minerais e os recursos naturais da plataforma continental e da zona econômica exclusiva",

com a finalidade de permitir ao Estado cumprir o que determina o seu art. 225, parágrafo 1º, inciso II: "Preservar a diversidade e a integridade do patrimônio genético do País e fiscalizar as entidades dedicadas à pesquisa e manipulação de material genético".

De saída, portanto, e em consonância com o texto da Convenção sobre Diversidade Biológica que estabelece a soberania nacional sobre os recursos biológicos, pretende-se equiparar o patrimônio genético com as riquezas do subsolo, isto é, transformá-lo em bem da União. Ora, como observou com muita propriedade Carlos Marés numa reunião do Instituto Socioambiental que discutia a primeira versão do PL governamental, em setembro de 1999, a proposta de emenda tem como objetivo abrir a possibilidade de acesso e exploração econômica do patrimônio genético, hipótese antes dificultada por esse mesmo inciso II, que determina a obrigação de preservar a sua integridade! Com a emenda resolve-se, portanto, o problema de uma lei que correria o risco de colidir com o art. 225 da Constituição. Mas a questão não cessa aí: a inclusão do patrimônio genético no art. 20 justifica-se pelo intuito de preservá-lo; contudo, quando se lê a proposta de lei que a acompanha, vê-se que ela não trata do patrimônio e sim de seus componentes. É que, como comentou ainda o jurista naquela ocasião, o problema a se resolver é o de acessar legalmente os componentes, isto é, assegurar o uso de algo que está fora da proteção do Direito. A intenção, concluiu Carlos Marés, é criar um novo direito.

Vê-se que estamos muito perto de um momento-chave — como na decisão do caso Chakrabarty, estamos prestes a autorizar, aqui, a apropriação do patrimônio genético através de sua normatização jurídica. A bem da verdade, no Brasil as portas já estavam entreabertas desde que a nova Lei de Patentes reconheceu o direito de propriedade intelectual sobre microrganismos geneticamente modificados; mas agora, no PL do Executivo, a possibilidade de apropriação se amplia muito. Vejamos como se dá tal expansão.

Através da proposta de emenda constitucional resolve-se a questão do art. 225, inciso II, e, ao mesmo tempo, transforma-se a biodiversidade brasileira em patrimônio genético da União. Mas é preciso entender que os próprios seres biológicos — plantas, animais e microrganismos — não se tornam um bem nas mãos do Estado. A própria justificação dos motivos da emenda salienta que é preciso tomar o cuidado

> "de não confundir com os direitos já estabelecidos pela legislação brasileira sobre a propriedade material e imaterial dos recursos biológicos, que são comumente utilizados nas atividades que envolvem sua exploração econômica como a agropecuária, a agroindústria ou o agronegócio em geral".

Com efeito, a União torna-se titular de direitos "apenas" sobre o patrimônio genético. Ora, o que é patrimônio genético?

No capítulo "Das Definições" do projeto, lê-se:

> "I — Patrimônio Genético: informação de origem genética, contida no todo ou em parte de espécime vegetal, inclusive domesticada ou semidomesticada, microbiano ou animal, em substâncias provenientes do metabolismo destes seres vivos e de extratos obtidos destes organismos vivos ou mortos, encontrados em condições *in situ* ou mantidos em coleções *ex situ*, desde que coletados em condições *in situ*, no território nacional, na plataforma continental, no mar territorial ou na zona econômica exclusiva".

A definição adotada merece algumas observações. Em primeiro lugar, destaca-se a redução de toda a biodiversidade à sua dimensão molecular — o patrimônio genético é considerado como um estoque de informações (ou componentes, como está escrito no resto do texto). Além disso, tal redução evoca o comentário de Bernard Edelman a respeito do modo como a Suprema Corte americana projetou o modelo de invenção industrial sobre a bactéria: lá, como aqui, há uma ausência total da noção de ser vivo, e por outro lado a matéria é exclusivamente entendida como matéria-prima, como meio para uma transformação biotecnológica. Finalmente, se o patrimônio genético é um estoque de informações, de unidades discretas, isto significa que a União é titular de um bem virtual! Mas por que o Estado brasileiro reivindicaria para si a titularidade desse bem? Se lembrarmos que as informações genéticas são equiparadas aos minérios que se encontram no subsolo, encontraremos rapidamente a resposta. O patrimônio só é nacional até a sua apropriação; como já argumentou Carlos Marés, "o patrimônio nacional é a ideia dele na natureza". Uma vez transferida a sua titularidade para outrem, este poderá atualizar as informações virtuais, modificá-las, patenteá-las e explorá-las no mercado global.

O projeto de acesso se configurava, portanto, como uma formulação jurídica que inscreveria no direito brasileiro a passagem para o plano molecular, o plano da informação genética. Sofisticada e *up-to-date*, tal formulação deixa de lado o valor de uso dos recursos genéticos para abrir para a tecnociência e as empresas a possibilidade de explorarem o seu valor informacional, segundo a distinção estabelecida por Timothy Swanson.[11] Regulando o que ainda não tem atualidade, criando um direito novo, a lei trataria de um bem que não se confunde com nenhum outro bem regulamentado, seja ele tangível ou intangível. Por tratar do acesso a componentes virtuais passíveis de valorização, o PL pode se dar ao luxo de afirmar, logo em seu art. 1º, parágrafo 2º, que serão respeitados os direitos de propriedade material ou imaterial que incidam sobre

---

[11] *Apud* "International Conference on Biotechnology in the Global Economy", Harvard, Cambridge (Mass.), 2-3/9/1999, P. Bettelli, N. Megateli, L. L. Rajamani, D. Davenport, *Sustainable Developments*, vol. 30, nº 1, 6/9/1999 (enb@iisd.org).

o componente acessado ou sobre o local de sua ocorrência relativos: aos recursos naturais; às terras indígenas (assegurando inclusive a posse permanente e o usufruto exclusivo das comunidades indígenas sobre as riquezas naturais nelas existentes); aos conhecimentos tradicionais das comunidades indígenas ou locais associados aos recursos genéticos ou produtos derivados; à coleção privada de recursos; aos cultivos agrícolas domesticados e semidomesticados no Brasil. Regulando a titularidade da informação, isto é, da terceira dimensão da matéria depois da massa e da energia, segundo a formulação aguda de Paul Virilio, a lei seria perversa: aparentemente todos os bens e todos os direitos adquiridos permanecem intocados; na prática, porém, os bens serão desvalorizados e os direitos diminuídos, mas isso só se tornará perceptível quando a valorização dos processos e produtos biotecnológicos evidenciar que valor de troca e valor informacional agora são sinônimos e quando o direito de propriedade intelectual tiver tornado explícito de que modo interfere na efetivação dos outros direitos.

Procurando conformar-se à Convenção sobre Diversidade Biológica, o projeto de lei do Executivo afirmava ainda "que será garantida, na forma desta Lei, a repartição justa e equitativa dos benefícios derivados do acesso ao patrimônio genético e produtos derivados" (art. 1º, par. 3º). Mas na verdade, não se sabe o que a União entende por "justa e equitativa", posto que o capítulo "Da Repartição de Benefícios" limita-se a dizer que ela consiste "em percentual a ser definido em regulamento" (art. 14), quando o componente genético for coletado em terras indígenas, em área de propriedade de Estado, de Município, de particular ou de comunidade local. Assim, cabe ao Estado definir o valor da matéria-prima informacional que será "transferida" com a titularidade do direito. Por outro lado, os benefícios "a serem repartidos com a União, de forma justa e equitativa" (art. 15), poderão constituir-se de divisão de lucros e *royalties*, transferência de tecnologia, licenciamento de processos e produtos e capacitação de recursos humanos. Tais benefícios iriam para um fundo estatal criado para este fim, talvez uma Biobras, como já sugeriram ironicamente alguns.

Uma leitura atenta do projeto de lei do Executivo mostra, portanto, que o Estado entende o exercício da soberania sobre os recursos genéticos como a prerrogativa de decidir sozinho como e em que condições vai vender as informações virtuais de que será titular, caso seja aprovada a sua proposta. Equiparando os recursos genéticos aos minerais, o projeto de lei do Executivo tenta subtrair aos ditames da Constituição de 1988 os animais, plantas e microrganismos que se encontram em terras indígenas. Como vimos, o PL garante que o usufruto exclusivo das comunidades indígenas sobre as riquezas naturais nelas existentes será respeitado porque está garantido nos termos do art. 231, par. 2º, da Constituição. Mas como não se trata de riquezas naturais, mas sim daquilo que se encontra virtualmente dentro delas, a aprovação do projeto proposto parece implicar na exclusão dos componentes genéticos do usufruto exclusivo.

* * *

Os projetos de lei se arrastavam há anos no Congresso porque o governo brasileiro não parecia ter pressa em regulamentar a questão do acesso aos recursos genéticos e ao conhecimento associado. Até que, no final de maio de 2000, estourou o escândalo do acordo de bioprospecção firmado entre a multinacional suíça Novartis e a organização social BioAmazônia, criada pelo Estado brasileiro para implementar o Programa de Ecologia Molecular para o Uso Sustentável da Biodiversidade da Amazônia (Probem), isto é, para fomentar o desenvolvimento da bioindústria.

O escândalo explodiu e foi crescendo à medida que se tornavam conhecidos os termos da parceria, considerados lesivos pela oposição, por parcela considerável da comunidade científica brasileira, pela imprensa. Criticado até mesmo por parte do Ministério do Meio Ambiente e de membros do Conselho da BioAmazônia, que desconheciam o teor das negociações, o acordo chegou a ter sua validade questionada pelo próprio ministro do Meio Ambiente: para ele, a BioAmazônia não estava autorizada a realizar acordos ou contratos de bioprospecção.

O "acordo de cooperação", que, ao que parece, não pôde ser chamado de contrato porque, se assim o fosse, teria que ser aprovado pelo Conselho de Administração da BioAmazônia, versava sobre a coleta e fornecimento de linhagens e extratos por um período de três anos e previa um projeto suplementar referente ao isolamento de compostos naturais purificados de plantas, fungos ou microrganismos. Num artigo de grande repercussão, o presidente da Fundação Butantã resume as razões da recepção negativa. Depois de salientar que o maior valor da biodiversidade são os microrganismos, Isaías Raw espanta-se que a BioAmazônia ache razoável isolar, caracterizar e vender cepas de bactérias brasileiras a 100 FS [francos suíços] até o limite máximo de R$ 1 milhão, cifra que em seu entender é inferior ao custo de manutenção do escritório da associação, em São Paulo. E acrescenta:

> "A BioAmazônia assina acordo onde a Novartis tem direito exclusivo de requerer e manter a proteção de patente para fazer, produzir, usar e vender compostos diretos e compostos derivados no Território (que o contrato define como Mundo!). Para isto oferece, e a BioAmazônia aceita, 500 mil francos suíços, quando a Novartis declarar que está fazendo um estudo clínico com um produto derivado da biodiversidade brasileira, e mais 2.250.000 FS até o lançamento do produto. No meio do tempo, a Novartis nos ensinará a ser seus técnicos, colhendo microrganismo, fermentando e analisando a presença de produtos interessantes. Depois teríamos a importante função de mandar os extratos e os compostos isolados e finalmente mandar as cepas. Por apenas 100 FS por cepa, a BioAmazônia terá que montar uma máquina para mandar 10 mil culturas para a Novartis!".[12]

---

[12] Isaías Raw, "BioAmazônia, Novartis e o Brasil", *Jornal da Ciência E-Mail*, 8/6/2000.

Pelo acordo, a BioAmazônia detém os direitos de patente de todas as cepas escolhidas. Mas na verdade, no Brasil, as cepas não são patenteáveis! Em contrapartida, a Novartis detém uma licença exclusiva para trabalhar com essas mesmas cepas, tornando-se, depois, proprietária de todas as invenções que resultem desse trabalho. Os compostos originais são de propriedade conjunta dos contratantes; mas, como observa Isaías Raw, é óbvio que eles não serão os produtos comercializados. Além disso, pergunta o cientista:

"Como a BioAmazônia descobrirá que um novo composto lançado pela Novartis tem origem num produto da biodiversidade brasileira? De que valem cepas originais das quais é possível modificar e mesmo transferir genes por clonagem (a BioAmazônia irá sequenciar cada cepa antes de transferi-la?). O que acontecerá com produtos que forem desenvolvidos depois dos dois anos de vigência do contrato? (Usualmente leva dez anos entre a descoberta de um composto e o seu uso)".[13]

Haveria muitos outros pontos polêmicos a assinalar nesse acordo de cooperação que na verdade se resume à venda barata do acesso à matéria-prima genética para a indústria biotecnológica. O acordo tem a pretensão, por exemplo, de respeitar e cumprir as cláusulas da Convenção sobre Diversidade Biológica. Mas tudo que na convenção se refere à conservação e uso sustentável da biodiversidade, à transferência de tecnologia, à repartição justa e equitativa dos benefícios foi na verdade posto entre parênteses. Por isso mesmo, muitas vozes ecoaram as palavras duras de Isaías Raw, que terminava seu artigo qualificando a parceria de "acordo espúrio que transforma a Amazônia no quintal das empresas multinacionais".

A oposição ao acordo cresceu. Em meados de junho a senadora Marina Silva pediu à Procuradoria da República que investi-

---

[13] *Ibidem.*

gasse a sua legalidade. Por outro lado, vieram à tona notícias de outros contratos de bioprospecção, como o firmado entre a Glaxo Wellcome e a Extracta, em julho de 1999, enquanto a Câmara instituía uma comissão para apressar a votação da lei de acesso e o governo cogitava a criação de um código de conduta para reger os contratos. Mas ao mesmo tempo, apesar de todo o barulho em torno da reação do Ministério do Meio Ambiente, começaram a surgir sinais de que o Executivo pretendia convalidar o acordo feito com a Novartis, editando uma medida provisória preparada pela Casa Civil da Presidência da República e inspirada no projeto de lei governamental.

As notícias da edição da "medida provisória da Novartis", como acabou conhecida a regulamentação do acesso, provocaram protestos das ongs, que apontaram o caráter antidemocrático da iniciativa, a desconsideração pelo Legislativo e pela sociedade civil, que estavam sendo atropelados no processo, e a insegurança jurídica que o texto regulador criaria, visto que as medidas provisórias podem ser alteradas a cada reedição, sofrendo a influência de interesses específicos. E na iminência de uma decisão governamental, 32 entidades e fóruns de entidades ambientalistas enviaram um apelo ao presidente da República, com argumentos jurídicos contrários à edição da medida provisória e pedidos para tratar a matéria através de projeto de lei.

* * *

De nada adiantou toda essa movimentação: a 30 de junho de 2000 o governo editou a MP n° 2.052, concebida na Casa Civil. Uma leitura atenta desta permite constatar que se trata de uma versão corrigida do projeto do Executivo. Logo no art. 1° pode-se ler:

> "Esta Medida Provisória dispõe sobre os bens, os direitos e as obrigações relativos ao acesso a componente do patrimônio genético [...], ao conhecimento tradicional a ele associado [...], à integridade do patrimônio genético do País, à utilização de seus componentes e à repartição justa e equi-

tativa dos benefícios derivados de sua exploração, e sobre o acesso à tecnologia e transferência de tecnologia para a conservação e utilização da diversidade biológica".

O texto não explicita que a União detém a titularidade do patrimônio genético, apenas a reconhece tacitamente, evitando abordar a controversa questão da natureza jurídica desse patrimônio; entretanto, o exercício da soberania sobre os recursos se expressa no art. 2°, onde é reivindicada a competência exclusiva da União sobre o assunto. Por outro lado, mantêm-se no art. 7° as definições que permitem a virtualização da biodiversidade para sua posterior atualização como bem privado;[14] e confirma-se no art. 28 a possibilidade de patenteamento da vida, graças à distinção entre recur-

---

[14] A transformação da biodiversidade em patrimônio genético, isto é, em bens virtuais da União, nem sempre é entendida e por isso está paralisando as atividades de centros de pesquisa e de universidades. Dia 18 de agosto de 2000, vários curadores de coleções científicas do Instituto Nacional de Pesquisas da Amazônia (INPA) divulgaram uma mensagem eletrônica destinada às autoridades governamentais manifestando sua preocupação com a suspensão das autorizações para coleta/transporte e para expedições científicas, que está causando estagnação do desenvolvimento de projetos e do intercâmbio científico. Por sua vez, a 9 de setembro, o diretor do Museu Nacional/UFRJ enviou mensagem às autoridades criticando a MP por "criar sérias dificuldades para a pesquisa brasileira em biodiversidade, em decorrência da definição do patrimônio genético e sua abrangência". Finalmente, uma troca de e-mails entre Olaf Mielke, da Sociedade Brasileira de Zoologia, e Braulio Dias, Diretor de Biodiversidade e Estudos Genéticos do Ministério do Meio Ambiente, ilustra bem a falta de clareza quanto ao objeto da medida provisória. Com efeito, desejando informar-se sobre a abrangência da lei, o primeiro pergunta: "Ela se aplica somente a estudos de genética ou também de zoologia em geral?". Ao que o segundo esclarece: "A MP visa combater a biopirataria e estabelecer as regras do jogo para orientar os trabalhos de bioprospecção. Esta nova legislação afeta, portanto, apenas as coletas de amostras biológicas destinadas à pesquisa, com ou sem finalidade comercial, de componentes do patrimônio genético brasileiro, isto é, as moléculas e informação de origem genética contidas nas amostras biológicas".

so genético e recurso biológico. Mas o pior de tudo é a violação dos direitos dos povos indígenas, assegurados pela Constituição.

Tentando aparentar que respeita e implementa todas as preocupações expressas na Convenção sobre Diversidade Biológica com relação à proteção do conhecimento tradicional, a medida provisória dedica-lhe todo o seu capítulo III. O Estado reconhece o direito que as comunidades indígenas e locais têm para decidir sobre o uso de seus conhecimentos tradicionais associados ao patrimônio genético do país (art. 8º, par. 1º). Entretanto, no mesmo artigo esse direito começa a ser corroído: no parágrafo 4º afirma-se que a proteção não poderá ser interpretada de modo a obstar a sua utilização; e no parágrafo 5º, que a proteção não poderá afetar, prejudicar ou limitar qualquer outra forma de direitos relativos à propriedade intelectual. Por sua vez, o art. 10º da medida provisória concede o perdão aos biopiratas, ao estabelecer que

"à pessoa de boa-fé que, até 30 de junho de 2000, utilizava ou explorava economicamente qualquer conhecimento tradicional no país, será assegurado o direito de continuar a utilização ou exploração [...]".

Finalmente, o art. 9º afeta a possibilidade das comunidades indígenas e locais de impedirem a utilização não autorizada de seus conhecimentos tradicionais; mas como o art. 9º não especifica de que modo elas podem impedir a ação de terceiros e como o parágrafo 5º protege a propriedade intelectual, o capítulo inteiro dedicado à proteção do conhecimento tradicional é esvaziado.

Como se não bastasse, outros artigos da medida provisória vão mais longe. O art. 14º afirma que

"em casos de relevante interesse público, assim caracterizado pela autoridade competente, o ingresso em terra indígena, área pública ou privada para acesso a recursos genéticos dispensará prévia anuência das comunidades indígenas e locais e de proprietários [...]".

Juristas eminentes, como Carlos Marés e o procurador da República Aurélio Rios, assinalam que tal artigo abre a brecha de um acesso independente da vontade dos índios e das comunidades tradicionais, pois o consentimento prévio e informado recomendado pela Convenção sobre Diversidade Biológica é ignorado. Além disso, o artigo comporta uma dupla inconstitucionalidade.[15] Em primeiro lugar, afrontaria o art. 231 da Constituição que estabelece o usufruto exclusivo dos índios sobre os recursos naturais existentes em suas terras — já vimos, entretanto, que tal interpretação pode ser contestada, se considerarmos que não se trata de recursos naturais, mas de virtualidades que neles se encontram. Em segundo lugar, a Constituição determina que o interesse público deve ser regido por lei complementar; ora, o art. 14º da MP caracteriza um abuso: a alegação de dispensa em casos de relevante interesse público é absurda porque em princípio não existe interesse público irrelevante; e como não são especificados nem os casos relevantes nem a autoridade competente que o define, pode ser qualquer uma! Ou melhor: ao que parece, um conselho interministerial formado a partir da Casa Civil, longe, portanto, dos setores da sociedade civil e das entidades envolvidas diretamente com a questão. Finalmente, o art. 14º da MP esvazia totalmente as condições de negociação dos povos indígenas quanto à repartição de benefícios, tratada no art. 21º: se os índios não forem "razoáveis" no momento da negociação, o

---

[15] Nesse sentido, em agosto de 2000 a Confederação Nacional dos Trabalhadores na Agricultura (Contag) entrou com uma Ação Direta de Inconstitucionalidade no Supremo Tribunal Federal contra a MP 2.052-1, que permite o acesso aos recursos genéticos sem prévio acordo das comunidades indígenas e locais. Para a Contag, isso é inconstitucional porque fere o direito de propriedade. Por outro lado, em audiência pública da Comissão Especial do Patrimônio Genético no dia 13 de setembro de 2000, a presidente da Comissão de Direito Ambiental da Ordem dos Advogados do Brasil, seção do Distrito Federal, Gisela Alencar, anunciou que a OAB também vai contestar a MP no Supremo Tribunal Federal, por meio de uma Ação Direta de Inconstitucionalidade.

representante do Estado sempre pode invocar o "relevante interesse público" para enquadrá-los... ou excluí-los dela.

Na verdade as autoridades, que se mostram tão liberais quando negociam com a Novartis, endurecem quando se trata dos provedores dos recursos. O art. 21º estabelece que os benefícios resultantes da exploração econômica de produto ou processo desenvolvido a partir de amostra de componente do patrimônio genético "serão repartidos de forma justa e equitativa entre a União e as partes contratantes, conforme dispuser o regulamento". Mas como não se sabe o que se entende por repartição justa e equitativa, muito menos qual seria o percentual dos benefícios que caberia à comunidade indígena, fica-se à mercê do critério arbitrário dos governantes.

A pá de cal nos direitos indígenas sobre seus recursos e seus conhecimentos é colocada no art. 28º, que libera totalmente o seu patenteamento, uma vez que a concessão de direito de propriedade industrial sobre processo ou produto obtido a partir de amostra de componente do patrimônio genético só exige a obrigação de informar a origem do material e do conhecimento tradicional coletados.

Como se vê, a medida provisória 2.052 viola os direitos dos povos indígenas em vários de seus artigos. Entretanto, o mais grave não é nenhum dos pontos arrolados, mas sim aquele que abre as portas para que tudo isso possa acontecer: o capítulo "Das Definições", que além de reduzir a vida à informação genética, transforma também as culturas dos povos indígenas e das comunidades tradicionais em *bits* de informação que podem ser comercializados. Com efeito, em meu entender, a maior violência contra o reconhecimento do direito ao conhecimento associado é a sua própria definição no art. 7º, inciso II:

"Conhecimento tradicional associado: informação ou prática individual ou coletiva de comunidade indígena ou comunidade local, com valor real ou potencial, associada ao patrimônio genético".

Tal definição é, por si só, o atestado da apropriação predatória das outras culturas pela cultura tecnocientífica. Para formulá-

-la, é preciso desconhecer: 1º) que o conhecimento tradicional difere fundamentalmente do conhecimento tecnocientífico moderno, por integrar uma outra cultura; 2º) que não é e nunca foi concebido como propriedade de alguém, não podendo portanto ser alienado; 3º) que por ser coletivo, tanto sincrônica quanto diacronicamente, só pode ser protegido através de um direito coletivo; 4º) que por ser de outra natureza, inalienável e coletivo, deve ser regido por um regime jurídico *sui generis* e não pela propriedade intelectual; 5º) que seu valor não se reduz à dimensão econômica, conservando ainda as dimensões social, cultural, ambiental, técnica... cosmológica; 6º) que não tendo valor exclusivamente econômico, não pode ser referido apenas a uma questão de repartição de benefícios dele decorrentes; 7º) que a sua proteção é imprescindível para a conservação da bio e da sociodiversidade; 8º) que em virtude de seu caráter específico e de sua fragilidade perante o conhecimento tecnocientífico moderno, só pode ser preservado se os povos que o detêm puderem mantê-lo e desenvolvê-lo, negando inclusive o acesso aos recursos a ele associados quando julgarem necessário; 9º) que o conhecimento tradicional não pode ser reduzido à condição de matéria-prima disponível para a valorização do conhecimento e do trabalho biotecnológicos.

* * *

É claro que a medida provisória já está sendo combatida em todas as frentes. Entretanto, é importante perceber que não há incompatibilidade absoluta entre o plano molecular da informação e o conhecimento tradicional. Não é impossível conceber uma relação positiva entre a cultura contemporânea e as culturas tradicionais, como também não é impossível postular uma conversão da relação de dominação que a tecnociência exerce sobre a natureza. Em suma, não é preciso negar a descoberta contemporânea da informação como diferença que faz a diferença e ensaiar um caminho de volta. O valor informacional dos recursos genéticos e do conhecimento associado não deve e não pode ser descartado porque expressaria a concretização dos próprios processos de individuação dos seres vivos, da matéria inerte e dos objetos técnicos (tradicionais ou modernos), como ensinava Gilbert Simondon. O que não se pode aceitar é o reducionismo primário e apressado de um pensamento ansioso "por colocar um preço no valor", como bem disse uma camponesa colombiana, ao manifestar por que resistia.

TECNOLOGIA
E SOCIEDADE

5.
CONSIDERAÇÕES SOBRE
A REALIDADE VIRTUAL*

Esta mesa sobre realidade virtual se inscreve num seminário que tenta pensar a sociologia no horizonte do século XXI. Para tentar ser fiel a ela e ao seminário, creio que talvez fosse preciso invocar a sociologia da tecnologia, isto é, a sociologia do universo das máquinas contemporâneas que intermedeiam as relações dos homens contemporâneos entre si e a natureza, universo tão abrangente e presente que chegou a ser chamado de segunda natureza. Mas para indagar como a sociologia da tecnologia pode abordar a realidade virtual no horizonte do século XXI, talvez seja melhor começar perguntando se o aparecimento de tal realidade tecnológica não afeta a própria noção de horizonte. Antes mesmo que uma disciplina procure compreender essa realidade no campo do saber, parece-me que deveríamos tentar perceber como a realidade virtual irrompe na realidade, deslocando horizontes.

Todos sabem que a realidade virtual é o resultado, já não tão experimental, da interação homem-computador. Como diz John Walker:

"Estamos no limiar da próxima revolução na interação usuário-computador: uma tecnologia que levará o usuário

---

* Texto apresentado na mesa-redonda "A Realidade Virtual", do Seminário "A Sociologia no horizonte do século XXI", no Instituto de Filosofia e Ciências Humanas da Unicamp, em 3 de maio de 1995, e publicado em Leila C. Ferreira (org.), *A sociologia no horizonte do século XXI*, São Paulo, Boitempo, 1997, pp. 113-21.

através da tela para o mundo 'dentro' do computador — um mundo no qual o usuário pode interagir com objetos tridimensionais cuja fidelidade vai aumentar à medida que cresce a potência da computação e progride a tecnologia de visualização. Esse mundo virtual pode ser tudo que o *designer* fizer".[1]

A realidade virtual é, portanto, a geração de um mundo a partir de uma relação homem-máquina, um mundo criado artificialmente, que o usuário, depois, pode "habitar". No início, "apenas" mentalmente... e visualmente; mas a meta é envolver todos os sentidos — como na relação sexual virtual que, há dois ou três anos, uniu Timothy Leary a uma japonesa num coito eletrônico em que Timothy se encontrava na Califórnia e sua parceira em Tóquio. A meta é permitir que nesse mundo criado artificialmente se possa gozar, sofrer, amar, sonhar, além de pensar. Um mundo alternativo.

O mundo de Mariko Ito, de 32 anos, moradora de Tóquio, usuária de Habitat, essa cidade japonesa de 10 mil habitantes, que não se encontra no mapa, porque é uma cidade virtual fabricada pela Fujitsu e lançada na rede Nifty-Serve, em 1990.[2] Mariko Ito "vai" à Habitat ciberespacial, por uma ou duas horas, todos os dias, porque, diz ela, "é fantástico, lá posso ser outra pessoa". Lá, Mariko pode escolher sua roupa, sua aparência e seu sexo, optando entre os 1.100 rostos possíveis, depois de ter se registrado como avatar, ou residente.

Atravessando o espelho da tela e entrando, do outro lado, num mundo ciberespacial, Mariko torna-se um avatar, isto é, uma reencarnação, ou uma metamorfose. Parece ficção, mas é realidade virtual. Com que parâmetros, então, considerar tudo isso?

---

[1] John Walker, "Through the looking glass", *in* B. Laurel (org.), *The art of human-computer interface design*, Reading, Addison-Wesley, 1990, citado por B. Laurel, *Computer theatre*, Reading, Addison-Wesley, 1993, p. 186.

[2] S. Koizumi, "Cidade surge na tela do micro", *World Media — Folha de S. Paulo*, Especial 1, 13/4/1995, p. 17.

A ficção científica pode ser de grande valia para entender o que se passa no mundo da realidade virtual, se lembrarmos do que diz Philip K. Dick. Num texto instigante, intitulado "Minha definição de ficção científica",[3] o mestre do gênero se pergunta sobre o que ela pode ser:

"Antes de tudo, temos um mundo fictício: uma sociedade que não existe de fato, mas que é decorrente de nossa conhecida sociedade — isto é, nossa conhecida sociedade atual como ponto de partida para ela; de certo modo, a sociedade evolui a partir de nós mesmos, talvez ortogonalmente, como ocorre na história ou novela do mundo alternativo. É o nosso mundo deslocado por algum tipo de esforço mental do autor, nosso mundo transformado naquilo que não é ou ainda não é. Tal mundo deve diferir de algum modo do mundo dado, e esse modo precisa poder suscitar acontecimentos que não ocorreriam em nossa sociedade — ou em nenhuma sociedade conhecida do presente e do passado. Deve haver uma ideia coerente envolvida no deslocamento; isto é, o deslocamento deve ser conceitual, não trivial ou estranho — essa é a essência da ficção científica, aquele deslocamento conceitual dentro da sociedade que faz com que uma nova sociedade seja gerada na mente do autor, transferida para o papel, e, a partir do papel, se dê como um choque convulsivo na mente do leitor, o choque do desreconhecimento".

O leitor que me perdoe tão longa citação, mas ela pareceu-me indispensável para nomear a operação que a existência da realidade virtual nos leva a fazer. Definindo a ficção científica, Philip K. Dick descreveu um processo muito semelhante ao da criação do mundo da realidade virtual; e, ao mesmo tempo, ao explicar por que

---

[3] Philip K. Dick, "My definition of science fiction", in *The shifting realities of Philip K. Dick: Selected literary and philosophical writings*, organização e introdução de Lawrence Sutin, Nova York, Pantheon Books, 1995, p. 99.

o deslocamento conceitual é a essência da ficção científica, ensinou como captar esse mundo: registrando o *choque do desreconhecimento* e atentando para a diferença entre o nosso mundo e o mundo ciberespacial. A realidade virtual existe como uma espécie de mundo alternativo povoado por avatares. Aceitar tal premissa já é sentir o impacto, o choque do desreconhecimento: de repente, é como se tivéssemos voltado a ser homens primitivos, acreditando em mundos paralelos. O superego reage, insistindo que isso é alienação; mas se nos submetêssemos à injunção do superego, e desqualificássemos nossa percepção, perderíamos a oportunidade de explorar o mundo ciberespacial em sua diferença. Assim, em vez de descartar o estranhamento, talvez seja melhor suspender o julgamento e se entregar ao deslocamento conceitual.

Suponhamos, então, que o mundo da realidade virtual é um mundo da ficção científica que está se concretizando como mundo paralelo dentro do nosso. O que isto pode significar? Primeiro, que a boa ficção científica pode, na verdade, ser literatura de antecipação; e, segundo, que a antecipação na ficção científica corresponde ao modo como o processo tecnológico se dá inicialmente durante a fase de invenção, antes de se concretizar de todo e passar a se incorporar enquanto realidade incontornável. Com efeito, tudo se passa como se a invenção literária da ficção científica e a invenção tecnológica da realidade virtual obedecessem a dinamismos análogos de antecipação, só se diferenciando em seus modos de expressão — pois ambas realizam um condicionamento do presente pelo futuro, pelo que ainda não existe, ambas operam uma influência do virtual sobre o atual. Como afirma o filósofo de técnicas Gilbert Simondon: "A invenção é uma apropriação do sistema da atualidade pelo sistema das virtualidades, a criação de um sistema único e a partir desses dois sistemas".[4]

---

[4] G. Simondon, *Du mode d'existence des objets techniques*, Paris, Aubier-Montaigne, 1969, p. 58.

O mundo alternativo da realidade virtual não é, no entanto, o primeiro mundo fictício inventado pela tecnologia. Comentando o impacto sobre a sociedade contemporânea, Gianni Vattimo, em *A sociedade transparente*, observa que a proliferação de fantasmagorias pelo cinema, TV, rádio e vídeo suscitou uma tal erosão do próprio "princípio de realidade" que hoje, para nós, a realidade é mais o resultado do cruzamento, da contaminação das imagens, das interpretações, das múltiplas reconstruções que a mídia distribui.[5] Portanto, antes mesmo que o mundo alternativo da realidade virtual adviesse, o princípio de realidade entrara em crise — como se fosse necessário primeiro explodir a visão do mundo em múltiplas visões de mundo; e só num segundo momento fazer surgir a realidade virtual como uma ampliação da realidade.

O fato é que, como o mundo fictício da mídia, o mundo alternativo da realidade virtual está se instalando no mundo, e se infiltrando entre nós e o mundo. Mas em vez de ele aterrissar em nosso espaço, como imagens de televisão, muito ao contrário, parece que somos nós que nos alçamos até ele, o ciberespaço. Parece que somos nós que mudamos de dimensão... e, ao mudarmos, mutamos. Por enquanto, são só uns poucos privilegiados, como os usuários da Internet e os frequentadores dos cafés da moda, em Paris, que se encontram para partir em "viagem" virtual a bordo de seus visores; mas quando milhões de consumidores no mundo inteiro tiverem acesso a essa tecnologia, a mutação deixará de se constituir como exceção, para tornar-se norma. E a realidade virtual vai tornar-se uma realidade para muita gente. A pergunta que se coloca, então, é: como vai ficar a nossa velha realidade, a realidade de nosso espaço habitual, em permanente contato com a realidade virtual, a realidade do ciberespaço?

O escritor de ficção científica William Gibson, que inclusive cunhou a expressão *ciberespaço*, mostra, em *Neuromancer* e *Vir-*

---

[5] Gianni Vattimo, *La societé transparente*, Paris, Desclée de Brouwer, 1990, pp. 14-8.

tual Light, a profusão de espaços e de tempos que se sucedem e se alternam quando a mente e o corpo passam a experimentar a mudança de dimensão. A relatividade do espaço-tempo se impõe na experiência cotidiana e, com ela, uma grande mudança de perspectivas. Se podemos ser "outra pessoa", como diz Mariko Ito, e se podemos ser tantas outras pessoas quantas quisermos, teremos perspectivas diferentes. E quem poderá afirmar que uma delas é mais adequada para a apreensão da realidade? Quem poderá garantir que esta é mais *realista* do que outra? Em nome de quê?

A apropriação do presente pelo futuro está nos transportando para um espaço-tempo relativo, espaço-tempo da invenção. Agora já em diferentes dimensões. A realidade ampliada desloca nossa realidade habitual, relativiza-a, abrindo-nos possibilidades novas — que podem ser boas ou ruins, mas serão certamente diferentes do que já experimentamos.

A relatividade do espaço-tempo da experiência cotidiana mina as nossas certezas a respeito da validade dos critérios a partir dos quais nos guiamos. O mundo atual passa a ser tão real quanto o mundo virtual? Ou é o mundo virtual que passa a ser tão real quanto o atual? A questão nos encerraria numa reflexão infinita, tão infinita quanto a imagem de dois espelhos colocados frente a frente. A questão está mal colocada, porque polariza os mundos, e só os diferencia negativamente, subordinando a realidade de um ou de outro. Na verdade, se pensarmos que mundo atual e mundo virtual são como dois tempos diferentes que se tornam contemporâneos, encontraremos um novo prisma a partir do qual procurar entender o advento da realidade virtual: *entre* o presente e o futuro. Nesse intervalo, a partir dele, talvez seja possível captar o sentido da transformação.

Tudo se passa como se, graças ao fantástico desenvolvimento da tecnologia, nosso velho mundo atual estivesse sendo progressivamente abandonado em troca do mundo da realidade virtual. A crônica das aplicações da eletrônica, da informática e das telecomunicações é um registro dessa espécie de transferência que setores inteiros da produção e da vida social estão empreendendo rumo ao ciberespaço. Cada vez mais empresas e indivíduos lidam com dados, informações e imagens que circulam pelas redes e fazem disso a sua atividade principal. Mas, excluindo-se os militares, nenhum setor da sociedade instalou-se tão intensamente no ciberespaço quanto o setor financeiro. A própria unificação dos mercados num mercado global não poderia ter ocorrido sem o desenvolvimento das tecnologias da informação.

O sistema financeiro internacional mudou-se para o ciberespaço, e talvez seja por isso que o mundo esteja sofrendo de grande instabilidade financeira. Diversos indícios apontam nessa direção.

Antes de mais nada, cabe salientar que a transferência se manifesta mais visivelmente como desinteresse pela produção material e desistência do investimento produtivo: em cada 70 dólares que trocam de mãos nos mercados cambiais globais, *só um* paga por um comércio de bens ou serviços; muitas das maiores transações são especulativas:[6] é que os investidores tentam tirar vantagem de pequenas diferenças nas taxas de câmbio ou de pequenos diferenciais nas taxas de juros, medidos em frações de percentagem. Por isso, há especialistas pensando que a circulação do chamado *hot money* 24 horas por dia nas redes digitais determina muito mais o valor das moedas nacionais do que desequilíbrios comerciais.

Um outro indício a assinalar a transferência do sistema financeiro para o ciberespaço é a contratação de doutores em matemática e até astrofísicos que chegam a ganhar US$ 1 milhão por ano[7] para produzirem os chamados derivativos, produtos financeiros vendidos nos mercados futuros por bancos, fundos e corretoras, que especulam com moedas, bônus e ações. Na verdade, como observa John Plender, os derivativos não são comercializados num mercado real: "Não há mercado real. Há em seu lugar complexas valo-

---

[6] Cf. "The power of global finance", *Resurgence*, nº 55, The Third World Network, Penang, mar. 1995, p. 18.

[7] J. Gapper, "Rocket scientist with a billion-dollar brain", *Financial Times*, 21-22/5/1994, p. 8.

rações feitas por computador baseadas em conjecturas sobre probabilidade, volatilidade e custos futuros".[8]

O megaespeculador George Soros, que em 1992 ganhou US$ 1 bilhão apostando contra a libra, explica em seu livro *The alchemy of finance: Reading the mind of the market*[9] como concebe o mercado financeiro e por que tem tanto sucesso nele:

"[...] minha abordagem tem mais êxito na lida com os mercados financeiros do que com o mundo real. A razão se explica por si própria: os mercados financeiros funcionam imperfeitamente como um mecanismo para a predição de acontecimentos no mundo real. Sempre há uma divergência entre as expectativas prevalecentes e o curso real dos acontecimentos. O sucesso financeiro depende da habilidade de antecipar as expectativas prevalecentes e não os desenvolvimentos do mundo real. Mas [...] minha abordagem raramente produz predições firmes até mesmo sobre o curso futuro dos mercados financeiros: ela é só uma moldura para entender o curso dos acontecimentos quando eles se desdobram. Se ela tem alguma validade, é porque a moldura teórica corresponde ao modo como alguns mercados financeiros operam. Isso significa que os próprios mercados podem ser considerados como quem formula hipóteses sobre o futuro e depois as submete ao teste do curso real dos acontecimentos. As hipóteses que sobrevivem ao teste são reforçadas; as que fracassam, são descartadas. A principal diferença entre mim e os mercados é que os mercados parecem se engajar num processo de ensaio e erro sem que os participantes tenham entendido completamente o que está ocorren-

---

[8] John Plender, "Through a market, darkly", *Financial Times*, 17/5/1994, p. 15.

[9] George Soros, *The alchemy of finance: Reading the mind of the market*, 2ª ed., Nova York, John Woley & Sons, 1994, p. 304.

do, enquanto eu o faço conscientemente. Talvez seja por isso que minha *performance* é melhor do que a do mercado".

O comentário de Soros deixa evidente o descolamento do sistema financeiro e a transformação do mercado financeiro global num gigantesco cassino, onde quem ganha não é quem consegue prever o que vai acontecer, mas sim antecipar as expectativas que vão prevalecer diante do desenrolar dos acontecimentos. Por isso, a indústria dos derivativos é o reino dos modelos e das simulações, cujas arquiteturas são tão complexas que às vezes nem mesmo o *designer* tem completa certeza dos riscos envolvidos para o comprador ou o vendedor.[10] Um exemplo do grau que essa complexidade pode alcançar é o invocado pelo brasileiro Flávio Bartmann, uma das estrelas da corretora Merrill Lynch em Londres: o ponto alto de sua carreira até agora foi justamente a elaboração de uma proposta recomendando a uma outra instituição financeira a criação de uma unidade para negociar derivativos. A proposta, que procurava demonstrar por meio de gráficos, regressões e fórmulas matemáticas os riscos de diferentes portfólios em diferentes cenários, foi executada por uma rede de 32 computadores trabalhando durante uma semana para fazer cálculos.[11] Capital, quadros e tecnologia não faltam para a elaboração de modelos, simulações e cenários da indústria de derivativos; como diz Leo Melamed, o pai fundador dos mercados financeiros futuros de Chicago: "Fora das trocas formais o espaço para crescer só é limitado pela imaginação".[12]

A indústria de derivativos se desenvolveu na década de 1980, em resposta a dois dos maiores problemas dos bancos: a perda de clientes das grandes corporações depois da crise da dívida do Ter-

---

[10] Cf. "How derivatives work: a primer", *The New York Times*, 14/4/1994, p. 6.

[11] J. Gapper, *op. cit.*, p. 8.

[12] *Ibidem*, p. 15.

ceiro Mundo e o golpe na lucratividade de seus negócios tradicionais, em virtude da globalização dos mercados, da rápida mudança tecnológica e da desregulamentação financeira em todo o mundo. É o que dizem os especialistas, esquecendo-se, porém, de acrescentar que a fusão da informática com as telecomunicações viabilizou a unificação e a homogeneização do espaço econômico global, e que só a partir de então foi possível esquadrinhar eletronicamente esse espaço e nele rastrear riscos e recursos que possam gerar valor.

Por meio da indústria de derivativos, o sistema financeiro global despede-se do mundo atual e ruma para o mundo virtual, o mundo do futuro, da invenção e da antecipação. Como se a riqueza estivesse abandonando a matéria e a energia, passando a valorizar eminentemente a informação, que deve ajudar a decifrar o futuro dos mercados e, em consequência, contribuir para a tomada de decisões no presente. Como escreve Mckenzie Wark:

> "De modo significativo, os mercados futuros se desenvolveram primeiro para mercadorias agrícolas, e mais recentemente para instrumentos financeiros e títulos. O primeiro é o produto da natureza transformado num fluxo de mercadorias abstratas, quantificadas, o segundo é o produto do capital transformado num fluxo de informação abstrata, quantificada. O primeiro ocorre quando o mapeamento do mercado chega a cobrir o território, o segundo quando o mapeamento suplanta o território e o subordina ao mapa".[13]

É interessante notar que essa transferência para o ciberespaço coincide com a crise da dívida do Terceiro Mundo. Parece até que esta favoreceu o surgimento da indústria de derivativos. Com efeito, a crise da dívida foi "resolvida" convertendo-a em um novo tipo de mercadoria, uma *commodity* abstrata que pode ser negociada sob a forma de papéis, cuja existência de certo modo independe de suas

---

[13] Mckenzie Wark, *Virtual geography*, Bloomington/Indianapolis, Indiana University Press, 1994, p. 217.

conexões com projetos e ativos da esfera econômica. Mas não era só a dívida que poderia ser "securitarizada", para usar o jargão dos especialistas: no limite, qualquer forma de crédito pode sê-lo porque qualquer forma de crédito é uma antecipação de um processo por vir. Sob a forma de títulos, que os anglo-saxões denominam "seguranças", *securities*, a antecipação da dívida e do futuro passou, então, a ser negociada.

Ora, como observa Mckenzie Wark, um título desses é, num certo sentido, a mais abstrata, a mais desmaterializada das mercadorias. Seu grau de abstração, e daí sua utilidade, repousa por um lado em seu caráter negociável, e por outro em sua segurança. Esta é sua estranha tensão: a *security* deve ser ancorada ao máximo em ativos tangíveis da esfera econômica e, ao mesmo tempo, negociável ao máximo na esfera ciberespacial. Quanto mais líquida e segura é a *security*, mais prontamente negociável nos mercados; quanto mais líquida e segura, maior é o seu valor de uso, o valor de uso particularmente abstrato da segurança e da permutabilidade. Wark conclui:

> "Pode-se dizer que esta é a mercadoria pós-moderna por excelência, pois sua utilidade consiste apenas em sua possibilidade de ser negociada por alguma outra coisa. Uma mercadoria cujo derradeiro valor é ser um outro valor...".[14]

Nas telas dos computadores, as posições dos derivativos mudam a cada minuto, o futuro modelando o presente. A evolução dos valores reflete evidentemente os riscos e recursos que transitam no espaço econômico, no mundo das mercadorias; mas reflete tanto, ou mais, o que se passa nas redes digitais, porque estas produzem *uma imagem* dos mercados em constante mutação, imagem que, por sua vez, afeta os valores dos papéis, ao permitir a imediata comparação da *performance* de cada um com a de todos os outros, suscitando reavaliações, depreciações e valorizações.

---

[14] *Ibidem*, p. 200.

Nas telas dos computadores a imagem dos mercados vai estampando a contínua construção de uma outra espécie de mercado, o mercado ciberespacial, que atrai cada vez mais os capitais do mundo inteiro, lá onde tudo se organiza em função das exigências da imagem. De tal modo que o mercado não é mais aquele espaço onde valores foram criados e negociados, é este outro espaço no qual os valores foram transferidos de uma percepção para outra. Como escreve Wark:

"É propriedade privada numa forma mais pura, destacada da substância tangível, sensível, material — propriedade sem propriedades. É a propriedade privada mais fácil de ser privatizada porque lhe falta a forma substancial natural ou feita pela máquina."[15]

Soros, portanto, está certo ao concentrar seu olhar arguto sobre as expectativas que vão prevalecer, quando as telas dos computadores desenrolarem a imagem da evolução do mundo econômico real. Para ganhar, o especulador tem de ser especulativo, tem de interrogar a imagem e compreender o ponto de vista que ela suscita em relação ao real — método que Soros denomina "Teoria da Reflexividade".

Os valores foram transferidos de uma percepção para outra. Doravante, é preciso compreender essa transferência. O capitalismo passa a privilegiar o imaterial e o que é simbólico — como se diz, torna-se economia do sublime. E isso faz toda a diferença. Não é à toa que a característica principal do mercado financeiro global é a volatilidade, por todos reconhecida e temida, e da qual já deram mostras o *crash* das Bolsas de 1987, a evaporação de mais de US$ 6 bilhões no ano passado [1994]... e agora a crise do México. Na transferência dos valores de uma percepção para outra, a riqueza se volatilizou ao passar a ser informação.

---

[15] *Ibidem*, p. 191.

É preciso ir a Nova York, a Londres ou a Tóquio para se ter uma ideia de como a volatilização da riqueza afeta a vida das pessoas e as cidades. Quem nelas mora, trabalhando ou não (porque o desemprego e o subemprego são crescentes), vive nesse intervalo entre futuro e presente, entre espaço virtual e espaço real, por onde circula a riqueza em vias de volatilização. Vive-se no intervalo, mas de modo diferente, segundo se está em Wall Street ou debaixo da ponte do Brooklyn. *The Global City*, o livro de Saskia Sassen, sobre a ruptura que está se operando nessas três cidades a partir da hegemonia do mercado financeiro global, é um ótimo registro da precariedade que está tomando conta do mundo do trabalho, ao mesmo tempo em que a instabilidade toma conta do mundo do capital.

Embora começasse considerando o processo sob uma perspectiva urbana, Sassen logo percebeu que a ótica deveria ser, no mínimo, interurbana, isto é, que procurasse enfocar a questão não do ponto de vista do chão mas do satélite, ou melhor ainda, da rede digital. Vistas de lá, Nova York, Londres e Tóquio se mostram de modo muito diferente, como cidades que tendem a se transformar na Cidade Global. Nesta, cada uma das cidades se especializa num dos três momentos que pontuam a realização dos investimentos globais: Tóquio emergiu como principal centro de exportação de capital; Londres, como o principal centro de seu processamento por meio dos Euromarkets e de sua vasta rede de bancos internacionais, ligando a cidade à maioria dos países; e, finalmente, Nova York emergiu como principal receptor de capital, centralizando as decisões de investimento e a produção de inovações que podem maximizar a lucratividade.[16] A Cidade Global é, portanto, uma cidade no ciberespaço, e não no espaço geográfico; e, como tal, vive num espaço-tempo relativo no qual o que acontece no horário comercial local é sempre referido ao que acontece no horário comercial

---

[16] Saskia Sassen, *The Global City: New York, London, Tokyo*, Princeton, Princeton University Press, 1991, p. 327.

dos outros dois centros, fazendo com que o capital, como as informações, gire e se transforme 24 horas por dia.

Nosso velho mundo atual está sendo progressivamente abandonado pelo mundo da realidade virtual. Transferindo os valores de uma percepção para outra, o sistema financeiro global mostrou que se transferiu para o ciberespaço. Os demais setores já procuram acompanhar, tentando acessar o mundo alternativo. Quando não só nossas mentes, mas também nossos corpos começarem a experimentar cotidianamente a mudança de dimensão, talvez descubramos que, sem perceber, já estávamos vivendo numa outra sociedade.

6.
CONSUMINDO O FUTURO[*]

Há poucos dias, o Caderno Mais! publicou, entre as *Cartas para as futuras gerações* que a Unesco encomendou a personalidades mundiais, um texto de Nadine Gordimer intitulado "A face humana da globalização". Nele, a questão do consumo encontra-se no cerne das preocupações da escritora sul-africana, e de sua argumentação. É que, em seu entender, a globalização só seria efetivamente global se o desequilíbrio do consumo fosse corrigido, favorecendo o desenvolvimento sustentável para todos os habitantes do planeta.

Escreve Gordimer:

"O consumo descontrolado no mundo desenvolvido erodiu os recursos renováveis, a exemplo dos combustíveis fósseis, florestas e áreas de pesca, poluiu o ambiente local e global e se curvou à promoção da necessidade de exibir conspicuamente o que se tem, em lugar de atender às necessidades legítimas da vida. Enquanto aqueles de nós que fizeram parte dessas imensas gerações de consumidores precisam consumir menos, para mais de 1 bilhão de pessoas consumir mais é uma questão de vida ou morte e um direito básico — o direito de libertar-se da carência".[1]

---

[*] Palestra realizada no Ciclo "Cotidiano/Arte: O Consumo", do Centro Cultural Itaú, São Paulo, em 3 de janeiro de 2000, e publicada no Caderno Mais!, *Folha de S. Paulo*, 27/2/2000, pp. 4-8.

[1] Nadine Gordimer, "A face humana da globalização", Caderno Mais!, *Folha de S. Paulo*, 30/1/2000, p. 10.

Consumindo o futuro 123

Assim expressa a escritora o desequilíbrio básico que quase ninguém mais desconhece: o fato de 20% da população mundial consumir 80% dos recursos produzidos no planeta, enquanto o restante, composto por aqueles que o subcomandante Marcos qualifica de "descartáveis", sobrevive com as migalhas. O interesse de seu argumento, porém, consiste em vincular o consumo descontrolado à carência, unindo o destino de ricos e pobres em torno do excesso e da falta. Sua *démarche* lembrou-me o itinerário exemplar do militante socioambientalista Alan Durning, que começou estudando as razões que impelem os pobres do Terceiro Mundo a destruírem o ambiente e depois, remontando as conexões, acabou descobrindo que o problema do esgotamento dos recursos do planeta se encontrava no desperdício das camadas privilegiadas dos países do Norte. Num livro que interroga as razões e os limites da insaciabilidade consumista dos desenvolvidos, Durning escreve:

> "No início dos anos 90, os americanos médios consumiam, direta ou indiretamente, 52 quilos de materiais básicos por dia — 18 quilos de petróleo e carvão, 13 de outros minerais, 12 de produtos agrícolas, e 9 de produtos florestais. O consumo diário nesses níveis traduz-se em impactos globais que se equiparam às forças da natureza. Em 1990, as minas que exploram a crosta terrestre para suprir a classe consumista moveram mais terra e rocha do que todos os rios do mundo juntos. A indústria química produziu milhões de toneladas de substâncias sintéticas — mais de 70 mil variedades —, muitas das quais mostraram-se impossíveis de serem isoladas do ambiente natural. Os cientistas que estudam a neve da Antártida, os peixes de mares profundos e as águas subterrâneas encontram resíduos químicos feitos pelo homem".[2]

---

[2] Alan Durning, *How much is enough? The consumer society and the future of the Earth*, Worldwatch environmental alert series, Londres, Earthscan, 1992, pp. 92-3.

Os especialistas sabem que não se pode resolver a questão no polo da carência sem tocar no do excesso porque já está demonstrado que o *american way of life* não pode se universalizar, pela simples razão de que não há recursos renováveis para tanto e nem o planeta aguenta. Até no Banco Mundial já se discutiu que o modelo é insustentável, e no entanto sua dinâmica prossegue mais atuante do que nunca. Nadine Gordimer lança um apelo às futuras gerações para que enfrentem o crônico problema do desequilíbrio da distribuição; no entanto, fica a pergunta: Será que faz sentido acreditar nessa possibilidade, e apostar numa globalização "com face humana"?

* * *

A globalização parece ser a consagração máxima do capitalismo, a sua expansão tanto no plano macro quanto no micro a níveis até então inimagináveis. Ora, desde o início da década de 70,[3] Deleuze e Guattari já advertiam que o capitalismo vive da carência, que a falta é constitutiva do seu sistema de produção e consumo. Mas eles não estavam se referindo à carência por necessidade, que escraviza os pobres, e sim à carência no âmbito do desejo, que move o impulso do consumidor ocidental. Como se à miséria material dos pobres correspondesse a miséria libidinal dos ricos, habilmente manipulada pelas forças do mercado. Se isso é verdade, dada a penetração ao mesmo tempo global e molecular do capitalismo contemporâneo, faz sentido então pensar que a carência atinge agora uma dimensão gigantesca — buraco tanto maior na medida em que a crise ambiental dos anos 80 explicitou para as consciências os limites da exploração da natureza, e com eles, a insustentabilidade do crescimento econômico. Instaurou-se, assim, como que uma espécie de situação exasperante: pois no momento mesmo em que as forças do capitalismo penetravam em toda parte suscitando novas demandas, abrindo e aprofundando carências reais e imagi-

---

[3] Gilles Deleuze e Félix Guattari, *L'anti-Œdipe*, Paris, Minuit, 1972.

nárias, ficava evidente que o sistema passara a ser excludente por não poder incorporar a todos no universo dos consumidores. O que, evidentemente, teve um grande efeito tanto nos que ficavam de fora quanto nos de dentro.

As promessas de que o desenvolvimento tecnocientífico iria permitir a inclusão progressiva de todos numa sociedade moderna esfumaram-se e só se mantêm no ar graças ao assédio permanente que as mídias e a publicidade fazem à mente dos espectadores. Ao fim da utopia socialista correspondeu o fim da tríade liberdade-igualdade-fraternidade que embasava política e ideologicamente a sociedade capitalista, tornando a integração na vida econômica e a ascensão social cada vez mais problemáticas. O progresso tecnocientífico, que no entender de Buckminster Fuller permitiria a definitiva superação do "*ou* eu *ou* você" pelo "eu *e* você", ampliou em vez de diminuir as distâncias entre as classes e entre os países. A lógica da sobrevivência se aguçou mais do que nunca com o acirramento da competição pelos recursos, pelo desenvolvimento tecnológico, pelos postos de trabalho, que a reestruturação produtiva foi tornando cada vez mais escassos. O darwinismo social legitimou e naturalizou o "ou eu ou você" intensificando a luta pela sobrevivência, agora ainda mais perversa com a introdução da questão da competência tecnológica. Com efeito, à "classe mundial" e à "classe virtual" passou-se a atribuir uma superioridade incontestável, que lhes confere ares de uma outra humanidade — o que, aliás, prepara o terreno para o melhoramento genético das elites, que inauguraria uma segunda linha de evolução da espécie humana, tal como é preconizado pelos entusiastas da biotecnologia e até mesmo por geneticistas respeitáveis.

* * *

Mas deixemos de lado os excluídos — o que, no Brasil, sempre é bom lembrar, significa mais ou menos uns 70% da população —, pois embora imersos na carência criada pelo capitalismo, não participam do universo do consumo. Fiquemos apenas com a sociedade dos incluídos. O que se passa com eles?

Antes de mais nada, cabe ressaltar que com a consagração da aliança entre a tecnociência e a economia, e com o fim da política que dela decorre, os incluídos viram cada vez mais sua condição de cidadãos ser reduzida à de consumidores. A erosão dos direitos e do Direito corrói suas prerrogativas a ponto de atingir até mesmo o sacrossanto direito ligado ao consumo — pois como observou certa vez Walnice Galvão, o que sobrou foi o direito de consumir, não o direito do consumidor. Subordinada aos ditames do mercado, a cidadania só é concedida e reconhecida para aqueles que se encontram inseridos nos circuitos de produção e consumo; os outros passam a ser exilados no *no man's land*, engrossando a categoria dos *sem*: sem-terra, sem-teto, não-pessoas sociais, sujeitos monetários sem dinheiro, para usar a expressão de Robert Kurz. Socialmente, portanto, o direito de existir passa a coincidir com o direito de consumir.

Consumir não mais por necessidade, mas por ansiedade. Com efeito, se a identidade social de cada um se afirma na esfera do consumo e se paira no ar a incerteza quanto ao futuro e a ameaça de exclusão, como não vincular a estratégia do consumo à estratégia da sobrevivência? Consumir e sobreviver reforçam-se mutuamente. Pois tanto o consumo quanto a sobrevivência dependem do grau de inserção do sujeito na dinâmica acelerada imposta pela união da tecnociência e do capital global. Para sobreviver, bem como para consumir, é preciso correr contra a crescente obsolescência programada que as ondas tecnológicas e a altíssima rotatividade do capital reservam para pessoas, processos e produtos. Para sobreviver, bem como para consumir, é preciso se antecipar.

E aqui se encontra uma questão que talvez valha a pena considerar. A modernidade instaurara, como princípio supremo, a ruptura com os valores do passado e a consagração do novo e do inédito. Nesse sentido, o mundo moderno significou a desvalorização dos outros tempos, sacrificando a história em benefício do presente. O interesse pelo novo, pela novidade, pelo aqui e agora, e o descarte do "velho", do tradicional manifestam-se em toda parte e nem precisam ser sublinhados. Mas a aceleração tecnológica e econômica é tal que até mesmo o atual acaba sendo ultrapassado: tudo o que é... já era. Nessas condições, como saciar o desejo de consumo, como preencher a falta se o que falta se furta à nossa satisfação, qualificando-se e desqualificando-se numa velocidade sobre-humana? A aceleração tecnológica e econômica desloca o interesse pelo atual e pelo presente decretando, com tal deslocamento, o fim da modernidade. A atenção concentra-se não no que é mas no vir a ser. O olhar se volta para o futuro; melhor dizendo: para a antecipação do futuro. Quando na década de 80 a crise ambiental tornou patente a acelerada extinção das espécies vegetais e animais no Terceiro Mundo, os países ricos, temendo o desaparecimento dos recursos genéticos tão preciosos para o desenvolvimento de sua nascente indústria biotecnológica, apressaram-se em constituir bancos genéticos *ex situ* que pudessem assegurar-lhes acesso à biodiversidade do planeta. Quando as possibilidades de terapia gênica começaram a despontar, o projeto de descodificação do genoma humano desdobrou-se no projeto Diversidade do Genoma Humano, que ambicionava coletar fragmentos do patrimônio genético de todos os povos indígenas e tradicionais do mundo em vias de desaparecimento, para futuras aplicações farmacêuticas. Ainda não se sabia, e muitas vezes ainda não se sabe, o que fazer com tais recursos genéticos. O que importava, e importa, é a sua apropriação antecipada. A lógica de tais operações é a seguinte: os seres biológicos — vegetais, animais e humanos — não têm valor em si, como existentes; o que conta é o seu potencial.

 A lógica que preside a conduta da tecnociência e do capital com relação aos seres vivos, agora transformados em recursos genéticos, é a mesma que se explicita em toda parte. Trata-se de privilegiar o virtual, de fazer o futuro chegar em condições que permitam a sua apropriação, trata-se de um saque no futuro e do futuro, como bem mostram essas novas operações com derivativos, produtos financeiros vendidos nos mercados futuros por bancos, fundos e corretoras que especulam com moedas, bônus e ações. "Não há mercado real", explica John Plender, no *Financial Times*, com respeito às transações de derivativos. "Há em seu lugar complexas valorações feitas por computador, baseadas em conjecturas sobre probabilidade, volatilidade e custos futuros."[4]

O deslocamento do atual para o virtual é fruto da extensa tecnologização da sociedade e da intensa digitalização de todos os setores e ramos de atividade. A "nova economia", economia do universo da informação, parece considerar tudo o que existe na natureza e na cultura — inclusive na cultura moderna — como matéria-prima sem valor intrínseco, passível de valorização apenas através da reprogramação e da recombinação. É como se a evolução natural tivesse chegado a seu estado terminal e a história tivesse sido "zerada", e se tratasse, agora, de reconstruir o mundo através da capitalização do virtual. Fredric Jameson já havia observado, em *Postmodernism, or The cultural logic of late capitalism*, que o capitalismo estava penetrando no inconsciente e na natureza e colonizando-os; mas agora ele parece investir sobre toda criação, inclusive a criação da vida; assim, a nova economia buscaria assenhorear-se não apenas da dimensão da realidade virtual, do ciberespaço, como tem sido observado, mas também e principalmente, da dimensão virtual da realidade.

* * *

Que papel tem o consumidor no processo de capitalização do virtual? Em vez do consumidor soberano moderno, sujeito de uma ação consciente que consuma a realização da mercadoria através da compra, encontramos o próprio consumidor transformado em mercadoria virtual. Isso mesmo: o sujeito tornou-se objeto; mas como foi dito antes, não um objeto presente, atual, e sim um objeto potencial cuja reação futura aos estímulos da rede agrega valor.

Como se dá essa fantástica operação? Bernard Spitz explica no *Le Monde* o que se passa:

---

[4] John Plender, "Through a market, darkly", *Financial Times*, 17/5/1994, p. 15.

"No passado os programas mais gerais, como os filmes de grande público e os principais acontecimentos esportivos, permitiam que os canais de TV atraíssem a audiência e portanto vendessem mais caro seus espaços publicitários, e em seguida, num segundo momento, explorassem a notoriedade desses programas vendendo produtos derivados. Agora, na economia da Net, a questão que se coloca para eles é captar o maior número de consumidores através da televisão ou de seu portal e oferecer uma vasta gama de serviços associados e de produtos sobre os quais poderão embolsar comissões. Assim, o campeão de futebol ou o herói de sitcom, não servem mais só para *vender audiência*, mas para serem o fator de diferenciação que vai atrair o cliente para outras formas de consumo. [...] Toda a questão da estratégia consiste em apostar na valorização do assinante; administrando o seu consumo, aprende-se a controlar as alavancas da demanda. O que é um assinante senão um cliente que tornou-se fiel a uma marca?".[5]

Apostar na valorização do assinante-consumidor e, administrando o seu consumo, controlar as alavancas da demanda — é exatamente isso que estão fazendo as *"dot-com"*, as empresas da Internet que estão colonizando o ciberespaço e capitalizando o virtual através do conceito de marca. Em 1999, a *"dot-com mania"* tomou conta de Wall Street e a valorização das ações das empresas que vendem consumidores cativos foi mais do que espetacular. Candice Carpenter, presidente da *dot-com* iVillage, tornou-se multimilionária no dia em que sua empresa teve seus papéis lançados na bolsa. A estrategista de *marketing* vende mulheres consumidoras de 25 a 54 anos em seu *site* na rede.

Sylvie Kauffmann, jornalista do *Le Monde*, conta a saga de Candice Carpenter numa série de artigos que escreveu sobre "a nova

---

[5] Bernard Spitz, "Nouvelle économie: la strátegie des contenus", *Le Monde*, 18/1/2000, p. 14.

economia americana". Carpenter trabalhava na America Online no início da Internet comercial, em 1994. Nessa época descobriu as comunidades minoritárias que se comunicavam através da rede; mas descobriu também que só 8% dos cibernautas eram mulheres. Convencida de que a participação feminina iria aumentar, decidiu criar um ambiente de marcas voltado para os setores que mais importam às mulheres: a família, o trabalho e a saúde. A iVillage foi criada em 1995; de lá para cá o *site* foi construindo parcerias estratégicas, incorporando comércio eletrônico, serviços financeiros, de viagem, de beleza, de maternidade, de gestão profissional, de saúde. Em setembro de 1999 a iVillage era líder em sua categoria, com 2,7 milhões de membros, 6 milhões de visitantes e um crescimento de tráfego de 14%.[6]

Na nova economia o futuro consumidor é uma mercadoria virtual. Mas uma mercadoria especial: não mais mercadoria que produz mercadorias, como nos tempos do velho Marx, mas sim mercadoria que consome mercadorias materiais e imateriais, tanto atuais quanto virtuais. Administrar o consumidor cativo, controlar as alavancas da demanda é, portanto, a quintessência da estratégia de *marketing* e a ambição máxima de quem deseja direcionar o futuro, antecipando a sua realização. Não foi à toa que Deleuze escreveu, em seu profético texto "Post-scriptum sobre as sociedades de controle":

> "O serviço de vendas tornou-se o centro ou a 'alma' da empresa. Informam-nos que as empresas têm uma alma, o que é efetivamente a notícia mais aterradora do mundo. O *marketing* é agora o instrumento de controle social, e forma a raça impudente de nossos senhores".[7]

---

[6] Sylvie Kauffmann, "Candice Carpenter, l'entrepreneur '.com'", *Le Monde*, 27/1/2000, p. 12.

[7] Gilles Deleuze, *Conversações*, trad. de Peter Pál Pelbart, São Paulo, Editora 34, 1992, p. 224.

* * *

Estaríamos nós condenados à condição de consumidores cativos? Se não, a que corresponderia, no campo dos incluídos, o direito de libertar-se da carência de que fala Gordimer, a respeito dos despossuídos? Parece-me que tanto numa ponta quanto na outra já não se trata mais de esperar pelo reconhecimento e a efetivação de direitos, visto que a própria evolução do capitalismo contemporâneo está se encarregando de destituir a cidadania em todas as frentes. No campo dos incluídos, a libertação da carência talvez não seja uma questão jurídico-política: não há como voltar para trás para restaurar a cidadania perdida, nem como almejar a sua construção, lá onde ela foi interrompida. Tanto os incluídos quanto os descartáveis encontram-se nus, face ao futuro. Como vimos, para uns e outros, o capitalismo contemporâneo reserva um futuro de carência, de falta, de ansiedade e de antecipação. Mas por mais intensa que seja a sua devoração do tempo, o capitalismo não dá conta de controlar todo o futuro, de abarcar todos os devires. O jogo não acabou.

No livro *Finite and infinite games*, James Carse diz o seguinte sobre o jogo:

> "Há pelo menos dois tipos de jogos. Um pode ser chamado de finito, o outro de infinito. Um jogo finito é jogado com o propósito de se ganhar, mas joga-se um jogo infinito com o propósito de continuar o jogo. [...] Um jogador finito é adestrado não só para antecipar cada possibilidade futura, mas para controlar o futuro, para impedir que este altere o passado. O jogador infinito joga esperando ser surpreendido. Se não há mais surpresa, todo o jogo acaba. A surpresa causa o fim do jogo finito e, ao contrário, é a razão pela qual o jogo infinito continua. Considerando que os jogadores finitos são adestrados a impedir que o futuro altere o passado, devem esconder seus lances. Mas como o jogador infinito está apto a ser surpreendido pelo futuro, joga em completa abertura. Abertura, aqui, não significa candura, mas sim

vulnerabilidade (fragilidade). Não se trata de expor a sua identidade imutável, de expor o verdadeiro *self*, mas sim de expor-se a um crescimento contínuo, de expor o *self* dinâmico que ainda não é *self*. O jogador infinito não se limita a comprazer-se com a surpresa, mas sim espera ser transformado. Estar preparado contra a surpresa significa ser adestrado. Estar preparado para a surpresa significa ser educado. Não existem regras que obriguem a obedecer as regras. Se assim fosse, então deveria existir uma regra para essas regras e assim por diante".[8]

O jogo não acabou, não acaba nunca — continua em outro plano, em outro paradigma, em outro espaço-tempo. Não há por que deixar-se deprimir com as novas regras da sociedade de controle e da "nova economia"; talvez seja melhor descobrir como, no jogo infinito, elas podem ser desreguladas.

---

[8] James Carse, *Finite and infinite games*, Nova York, Ballantine Books, 1986. Citado por Franco Berardi ("Bifo"), *Exit: Il nostro contributo all'estinzione della civiltà*, Milão, Costa & Nolan, 1997, pp. 155-6.

7.
LIMITES E RUPTURAS
NA ESFERA DA INFORMAÇÃO*

No dia 1º de julho último, o jornal *Los Angeles Daily News* publicou um artigo de David Bloom intitulado: "Internet oferece voyeurismo em tempo integral". Nele o jornalista relata como a vida privada pode hoje não ser simplesmente vivida, mas exposta e encenada para um público de telespectadores que não se contenta mais com os programas de realidade na televisão, nem com o sexo ao vivo dos *sites* de pornografia, mas quer agora poder assistir à vida em tempo real.[1]

Aprendemos então que há vários *sites* de *Lifecam*, com nomes sugestivos: AspiringActresses.com, Crushedplanet.com, TheRealHouse.com, CoupleTV.com, FirstApartment.com. Neles, jovens que querem sair do anonimato, exibicionistas, gente em busca de uma experiência diferente, estudantes, aceitam viver suas vidas para as câmeras da web e interagir com os fãs em troca de parte da renda paga por assinantes mensalistas, dividida com os proprietários dos *sites*. Dá para pagar algumas contas e não precisar "ter que ser garçonete sete noites por semana" — declara Lisa Nowicki, cujo coti-

---

* Conferência apresentada na 52ª Reunião da SBPC, realizada na Universidade Nacional de Brasília, dia 13 de julho de 2000, e publicada no número sobre Ciência e Tecnologia da revista *São Paulo em Perspectiva*, vol. 14, nº 3, São Paulo, Fundação Seade, 2001, pp. 32-9.

[1] David Bloom, "Internet oferece voyeurismo em tempo integral", *Los Angeles Daily News*, 1/7/2000, The New York Times News Service em português (www.uol.com.br), trad. de Déborah Weinberg.

diano é bisbilhotado diariamente por cerca de 4 mil espectadores de todo o mundo que, segundo o proprietário do *site*, mantêm uma janela aberta em seus computadores para monitorar o que está acontecendo na vida dela, enquanto vivem as suas próprias.

À experiência de Lisa e de tantos outros exibicionistas da rede, valeria a pena acrescentar a de June Houston, relatada pelo jornal *Le Monde* (em 18 de novembro de 1997) e analisada por Paul Virilio em *La bombe informatique*. Como conta o pensador das tecnologias, essa americana de 25 anos instalou catorze câmeras em pontos estratégicos de sua casa para lutar contra os fantasmas que parecem assombrá-la. Tais câmeras estão ligadas e conectadas à rede para captar e transmitir aos visitantes do *site* Fly Vision as *aparições* que porventura vierem a se manifestar. Graças a uma janela interativa, os "espreitadores de fantasmas" podem alertar por e-mail a presença de algum "ectoplasma". "É como se os internautas se tornassem meus vizinhos, testemunhas do que acontece comigo", diz June Houston, acrescentando: "Não quero que as pessoas venham fisicamente ao meu espaço. Não podia portanto receber ajuda externa, até que compreendi o potencial da Internet".[2]

É evidente que, aqui, não se trata de transformar o lar num palco para a encenação da vida privada; mas sim, como bem percebeu Paul Virilio, de torná-lo objeto de uma televigilância diferente daquela a que estamos habituados. Com efeito, diz o pensador da tecnologia, não se trata mais de se precaver contra a intrusão de ladrões, mas de compartilhar as angústias e os medos com toda uma rede graças à superexposição do local onde se vive. Na verdade, segundo Virilio, estamos diante da emergência de um novo tipo de TELE-VISÃO cujo objetivo não é mais informar ou divertir a massa de telespectadores, mas expor e invadir o espaço doméstico com uma nova iluminação capaz de revolucionar a noção de vizinhança. "Graças a esta iluminação em 'tempo real'", escreve Virilio,

---

[2] Paul Virilio, *La bombe informatique*, Paris, Galilée, 1998, p. 70.

"o espaço-tempo do apartamento de cada um torna-se potencialmente comunicante com todos os outros, e o medo de expor sua intimidade cotidiana dá lugar ao desejo de a superexpor aos olhares de todos, fazendo com que a tão temida vinda dos 'fantasmas' seja para June Houston apenas um pretexto para a invasão de seu domicílio pela 'comunidade virtual' dos inspetores, dos investigadores furtivos da Internet."[3]

Virilio vê nessa espécie de luz indireta, que devassa todos os cantos da vida cotidiana de June Houston e de todos os exibicionistas da Internet, a expressão de um processo mais amplo, generalizado, de superexposição de todo tipo de atividade, no mercado global. Como se tudo precisasse ser mostrado e propagandeado incessantemente, como se tudo pudesse ser observado e comparado a todo momento. "Hoje", comenta Virilio,

"o *controle do ambiente* suplanta [...] em larga medida o *controle social* do estado de direito e, para tanto, deve instaurar um novo tipo de transparência: *a transparência das aparências instantaneamente transmitidas a distância...*"[4]

A nova tele-vigilância e esse novo tipo de transparência não se exercem porém unicamente através da transmissão de imagens digitalizadas das pessoas e de seu ambiente doméstico, controlados a distância. Há um modo muito mais sutil e perverso da vigilância eletrônica violar a privacidade, método que prescinde da instalação de câmeras no espaço domiciliar e até mesmo do consentimento do vigiado que se encontra superexposto. Trata-se do cruzamento e processamento dos dados que cada um de nós gera ao entrar, sair e transitar nos diversos sistemas informatizados e nas diversas redes que compõem a vida social contemporânea.

---

[3] *Ibidem*, p. 70.

[4] *Ibidem*, p. 72.

Diferentemente dos exemplos mencionados anteriormente, o que será invocado agora para explicitar esse controle a distância foi extraído de *Idoru*, o último livro de ficção científica de William Gibson. A escolha desse exemplo fictício é proposital: o que interessa é perceber através de um caso-limite a lógica de um processo que se encontra em franca, e aparentemente irrefreável, expansão. Colin Laney, o personagem central de *Idoru*, é um internauta que gosta de ver a si mesmo como pesquisador. Mas não é um *voyeur*. O narrador descreve-o da seguinte maneira:

> "Tinha uma aptidão peculiar para a arquitetura de compilação de dados e um déficit de atenção documentado medicamente que ele conseguiu transformar, sob certas condições, num estado de hiperfocalização patológica. Isso fazia dele [...] um pesquisador extremamente competente. [...] O dado relevante [...] era o fato de ele ser um pescador intuitivo de padrões de informação: do tipo de assinatura que um indivíduo inadvertidamente cria na rede na medida em que vai dando seguimento ao ofício mundano e, no entanto, infinitamente multiplex, de viver numa sociedade digital. O déficit de atenção de Laney, pequeno demais para ser registrado em algumas escalas, fazia dele um zapeador natural de canais, indo de programa a programa, de um banco de dados a outro, de plataforma a plataforma, de um modo, *bem...* intuitivo".[5]

Laney é, portanto, mais do que um navegador competente; ele conjuga seu conhecimento dos processos informacionais a um déficit de atenção que na verdade é um ganho. Assim como o psicanalista, que ouve seu paciente com a atenção flutuante e por isso mesmo capta intuitivamente na trama da fala a falha de seu discurso e a irrupção do desejo, Laney, zapeando na esfera digital, foca-

---

[5] William Gibson, *Idoru*, trad. de Leila de Souza Mendes, São Paulo, Conrad, 1999, p. 32.

liza no cruzamento dos padrões e na teia dos dados uma peculiaridade informacional, a diferença qualitativa que confere novo relevo ao conjunto e conduz o investigador a túneis de informação "que poderiam ser seguidos até um outro tipo de verdade, outro modo de saber, bem no fundo de minas de informação". A tais singularidades, o internauta chama "pontos nodais".

É importante sublinhar que Laney trabalha para um programa na rede, um certo tipo de noticiário que faz e desfaz celebridades para um público perpetuamente faminto da sua vida íntima; na verdade, uma versão hiper *high-tech* dessa imprensa sensacionalista que está crescendo e proliferando no Brasil. Ali o internauta integra a equipe que se dedica aos aspectos mais privados das vidas dos ricos e famosos; e no exercício de sua função, uma coisa começa a ficar clara para Laney: a mulher que ele televigia descobre que está sendo controlada. Escreve o narrador:

> "Alison Shires *sabia*, de alguma forma, que ele estava lá, observando. Como se ela pudesse senti-lo olhando para o mar de dados que eram um reflexo da sua vida: sua superfície feita de todos os pedaços que formavam o registro diário de sua vida à medida que ficava registrada na tessitura digital do mundo. Laney viu um ponto nodal começando a se formar a partir do reflexo de Alison Shires. Ela ia cometer suicídio".[6]

O trecho acima merece algumas considerações. Em primeiro lugar, convém notar que Laney não vê diretamente nem a imagem nem a *performance* de Alison Shires, mas sim o diagrama, isto é, as linhas de força e as tendências que se desenham a partir do processamento dos dados que ela vai gerando enquanto vive. Laney faz uma leitura desse diagrama, que torna a vida de Shires transparente para o internauta. Escreve o narrador:

---

[6] *Ibidem*, p. 46.

"Ele nunca a havia encontrado, ou falado com ela, mas acabara conhecendo-a, ele achava, melhor do que alguém já a conhecera ou conheceria. Maridos não conheciam suas esposas deste jeito, ou esposas a seus maridos. Espreitadores podiam aspirar a conhecer os objetos de suas obsessões desse modo, mas nunca conseguiam".[7]

A vida de Shires tornara-se transparente, mas segundo esse novo tipo de transparência apontado por Virilio: *a transparência das aparências instantaneamente transmitidas à distância*. Laney olha o mar de dados que refletem a vida de Shires, olha essas aparências que são instantaneamente transmitidas a distância, à medida que vão sendo registradas na tessitura digital do mundo. Laney olha e lê — e é a leitura que faz das aparências transparência, é a leitura que torna cristalina a evolução de uma vida, é a leitura que anuncia através de um ponto nodal a inflexão dessa vida rumo à morte.

Para entender melhor o que estou querendo dizer, talvez convenha reproduzir as palavras do narrador quando descreve como Laney trabalha:

"O ponto nodal estava diferente, embora ele não tivesse linguagem adequada para descrever a mudança. Peneirou os incontáveis fragmentos que haviam se aglutinado ao redor de Alison Shires em sua ausência, procurando a fonte de sua convicção anterior. Baixou as músicas que Alison havia acessado enquanto ele estivera no México, tocando cada música na ordem em que ela as havia selecionado. Descobriu que as escolhas haviam ficado mais positivas; ela havia mudado para um novo provedor, Upful Groupvine, cujo produto incansavelmente positivo era o equivalente musical do *Good News Channel*. Cruzando as despesas dela com os registros de sua

---

[7] *Ibidem*, pp. 53-4.

financeira e seus clientes varejistas, obteve uma lista de tudo o que havia comprado na última semana".[8]

Combinando intuição e análise dos padrões informacionais gerados nas compras, no consumo de músicas ou na mudança de provedor, Laney capta mínimas mudanças na conduta e no estado de espírito da mulher que observa. É claro que estamos diante de um caso-limite. Mas talvez não fosse exagerado afirmar que esse é o horizonte almejado e pouco a pouco construído pela crescente colonização das redes e a acelerada integração dos bancos de dados.

* * *

Alison Shires intui que está sendo observada; e Laney intui que ela intui. Mas quantos são como ela? A inocência do usuário do ciberespaço, e principalmente do usuário brasileiro, que frequentemente nem sabe da existência dos *cookies*, esses pequenos *bits* de *software* plantados em seu computador para coletar parte de seus dados pessoais, só encontra paralelo na ignorância generalizada sobre a relação estreita que se estabelece entre o controle do acesso à esfera digital e o controle do acesso às informações do usuário.

Todos sabem que o capitalismo passa por uma verdadeira mutação, em virtude da aceleração tecnocientífica e econômica que tomou conta do planeta e se converteu em estratégia de dominação, em escala global. Diversos termos tentam enunciar essa passagem e capturar os sinais dos novos tempos: era da informação, sociedade pós-industrial, pós-modernidade, revolução eletrônica, sociedade do espetáculo, globalização etc. Por outro lado, todos pressentem que a cultura contemporânea está sendo rapidamente desmaterializada, isto é, digitalizada e reelaborada na esfera da informação. Analisando o processo no campo artístico, Mark Dery, por exemplo, considera que a cibercultura está prestes a atingir a "velocidade de escape", essa velocidade em que um corpo vence a atração

---

[8] *Ibidem*, p. 53.

gravitacional de outro corpo, como por exemplo uma nave espacial quando abandona a Terra. Em outras palavras: Dery pensa que a cibercultura está prestes a romper o limite que a prende ao mundo geográfico, mundo da matéria. Como se o mundo virtual se desprendesse do mundo atual, ganhando dinâmica própria.[9]

Entre as muitas propostas de leitura do que está ocorrendo, há uma, recentíssima, que busca compreender o impacto da aceleração econômica e tecnocientífica na relação fundamental da sociedade capitalista moderna: a relação de propriedade. Trata-se do livro de Jeremy Rifkin, *The age of access*, que explora as tendências suscitadas pelo processo de digitalização no que está sendo chamado de "nova economia".

Rifkin descobre que o papel da propriedade está mudando radicalmente e considera que as implicações de tal mudança para a sociedade são enormes e de longo alcance. No seu entender,

"A propriedade é uma instituição lenta demais para ajustar-se à velocidade quase aberrante da cultura do nanossegundo. A propriedade se baseia na ideia de que a posse de um bem físico ou de parte de uma possessão num extenso período de tempo tem valor. 'Ter', 'manter', e 'acumular' são conceitos cultivados. Agora, entretanto, a velocidade da aceleração tecnológica e o ritmo vertiginoso da atividade econômica frequentemente tornam a noção de propriedade problemática. Num mundo de produção flexível, de contínuas inovações e *upgrades*, e de ciclos de vida da produção cada vez mais curtos, tudo se torna quase imediatamente ultrapassado. Faz cada vez menos sentido ter, manter e acumular numa economia em que a mudança é a única constante".[10]

---

[9] Mark Dery, *Velocidad de escape: La cibercultura en el final del siglo*, trad. de Ramón Montoya Vozmediano, Madri, Siruela, 1998.

[10] Jeremy Rifkin, *The age of access: The new culture of hypercapitalism, where all of life is a paid-for experience*, Nova York, Jeremy P. Tarcher/Putnam, 2000, p. 6.

Limites e rupturas na esfera da informação

Na estratégia da aceleração parece que não vale mais a pena possuir. Com efeito, observando a *performance* das empresas e a conduta dos consumidores, Rifkin percebeu que tanto as primeiras quanto os últimos tendem cada vez mais a substituir a propriedade pelo acesso, a substituir a relação de compra e venda pela relação de fornecimento e uso. Isto não significa, porém, que a propriedade seja questionada, ou abolida, na nova era que Rifkin anuncia, a Era do Acesso: a propriedade continua existindo, mas é muito menos provável que seja trocada em mercados. Em vez disso os fornecedores, ou provedores, como se diz na nova economia, mantêm a propriedade e alugam, fazem *leasing* ou cobram uma taxa de admissão, uma assinatura, uma mensalidade para o seu uso no curto prazo. A transferência de propriedade entre vendedores e compradores dá então lugar ao acesso, a curto prazo, entre provedores e clientes operando numa relação de rede.[11]

Rifkin define os novos tempos da seguinte maneira:

"A Era do Acesso é definida, acima de tudo, pela crescente transformação de toda experiência humana em mercadoria. Redes comerciais de toda forma ou tipo tecem uma teia em torno da totalidade da vida humana, reduzindo cada momento da experiência vivida à condição de mercadoria. Na era do capitalismo proprietário, a ênfase recaía na venda de bens e serviços. Na economia do ciberespaço, a transformação de bens e serviços em mercadorias torna-se secundária face à transformação das relações humanas em mercadorias. Numa nova e acelerada economia de rede em permanente mudança, prender a atenção dos clientes e consumidores significa controlar o máximo possível do seu tempo. Passando das unitárias transações de mercado, que são limitadas no tempo e no espaço, para a mercantilização de relações que se estendem abertamente no tempo, a nova esfera comercial

---

[11] *Ibidem*, pp. 4-5.

garante que parcelas cada vez maiores da vida diária fiquem presas no final da linha".[12]

Com a Era do Acesso ocorre, portanto, uma mudança de perspectiva que traz para o centro da atividade econômica o controle do tempo do consumidor. O consumidor não é mais um alvo do mercado, ele torna-se o próprio mercado, cujo potencial é preciso conhecer, prospectar e processar. Pois como argumentam os consultores de *marketing* Don Peppers e Martha Rogers, não se trata mais de tentar vender um único produto para o maior número possível de consumidores, mas sim de tentar vender para um único consumidor o maior número possível de produtos, durante um longo período de tempo. Em outras palavras, é preciso poder acessar o consumidor e torná-lo cativo.[13]

Tendo em vista a nova perspectiva que se abria, os economistas e marqueteiros começaram a calcular a existência do consumidor, concebendo-a em termos de experiências de vida traduzíveis em potenciais experiências de consumo. É o que denominam "valor do tempo de vida", uma medida teórica de quanto vale um ser humano se cada momento de sua vida for transformado em mercadoria de uma ou outra maneira. Visando calcular o valor do tempo de vida de um consumidor, projeta-se então o valor presente de todas as futuras compras contra os custos de *marketing* e de atendimento investidos para criar e manter uma relação duradoura. Assim, estima-se, por exemplo, que a fidelidade de um consumidor médio de um supermercado norte-americano vale mais de US$ 3.600 por ano. Otimizar o potencial valor do tempo de vida do consumidor passa então a ser a prioridade máxima. Ora, é aqui que a informação torna-se uma arma fundamental. Pois como escreve Rifkin,

---

[12] *Ibidem*, p. 97.

[13] Citado por J. Rifkin, *op. cit.*, p. 98.

"as novas tecnologias de informação e de telecomunicações da economia de rede tornam possível determinar o valor do tempo de vida de uma pessoa. O *feedback* eletrônico e o código de barras permitem que as empresas recebam continuamente informação atualizada sobre as compras dos clientes, fornecendo perfis detalhados dos estilos de vida dos consumidores — suas preferências alimentícias, guarda-roupa, estado de saúde, opções de lazer, padrão de suas viagens. Através de apropriadas técnicas de modelização computadorizada, é possível utilizar essa massa de dados brutos de cada indivíduo para antecipar futuros desejos e necessidades e mapear campanhas direcionadas para engajar os consumidores em relações comerciais de longo prazo".[14]

* * *

Controlar os consumidores e, principalmente, monitorar as potencialidades de cada uma das dimensões de suas vidas tornam-se uma exigência do próprio processo, impondo a coleta e o tratamento de informações. Ora, se lembrarmos que uma parcela cada vez maior da vida e das atividades do homem contemporâneo tende a passar pelas redes, quem mais bem colocado para acessar os seus dados senão os provedores de acesso ao ciberespaço? Como observa Emilio Pucci, é preciso ter em mente que, se por um lado as redes oferecem um enorme fluxo de informações no sentido provedor-usuário, por outro, preciosíssimos fluxos partem deste último para o gestor do serviço, compostos sobretudo de dados relativos aos hábitos e à identidade dos utilizadores.[15] Por outro lado, se acessar e processar as informações dos usuários é quase uma

---

[14] *Ibidem*, p. 99.

[15] Emilio Pucci, "Il mercato dell'interattività", *in* Franco Berardi ("Bifo") (org.), *Cibernauti: Internet e il futuro della comunicazione*, Roma, Castelvecchi, 1995, p. 48.

decorrência natural das atividades dos provedores, a recíproca não é verdadeira: é muito difícil que o internauta comum tenha meios de acessar as informações das empresas que não estão destinadas à divulgação. Desde que se explicitou a estreita relação entre acesso ao ciberespaço e acesso aos dados do usuário, temos assistido a um duplo movimento. No plano econômico instaurou-se a corrida do capital global pelo controle e colonização das redes, estratégia que consistiu num primeiro momento em promover a privatização das telecomunicações para, numa segunda fase, assegurar a privatização de todo o campo eletromagnético, o que está em vias de acontecer. Mas por outro lado, no plano jurídico-político, a possibilidade de extensa e intensa exploração das informações relativas ao usuário colocou em questão o impacto das novas tecnologias sobre a cidadania e a democracia, na medida em que ficaram abalados o direito à privacidade e a liberdade de informação.

Alguns atribuem à ameaça da cidadania e da democracia a responsabilidade pelas discussões sobre a criptografia, o *clipper chip* e a assinatura eletrônica; outros acreditam que a questão da segurança, do sigilo e da proteção dos dados no ciberespaço interessa principalmente às empresas, porque transações confiáveis com o dinheiro eletrônico exigiriam um "sujeito virtual autêntico".[16]

Qual é a vulnerabilidade do cidadão brasileiro diante do poder das grandes corporações e do Estado de acessarem e manipularem seus dados capturados nas redes digitais?

O artigo 5º da Constituição protege a privacidade e a liberdade de informação: o inciso X declara invioláveis a intimidade, a vida privada, a honra e a imagem das pessoas; o XI, sua casa; o XII, o sigilo de sua correspondência, das comunicações telegráficas, de dados e das comunicações telefônicas; o XIV assegura a

---

[16] Cf. Oscar Marchisio, "*Cyberbucks* e identità", *in* Franco Berardi (org.), *Cibernauti: Tecnologia, comunicazione, democrazia*, Roma, Castelvecchi, 1996, pp. 143 ss.

todos o acesso à informação e resguarda o sigilo da fonte, quando necessário ao exercício profissional; o XXXIII garante a todos o direito a receber dos órgãos públicos informações de seu interesse particular, ou de interesse coletivo ou geral, ressalvadas aquelas cujo sigilo seja imprescindível à segurança da sociedade e do Estado. Por sua vez, a Declaração Universal dos Direitos do Homem afirma em seu artigo 12:

> "Ninguém será sujeito a interferência na sua vida privada, na sua família, no seu lar ou na sua correspondência, nem a ataque à sua honra e reputação. Todo homem tem direito à proteção da lei contra tais interferências ou ataques".

Finalmente, seu art. 19 enuncia:

> "Todo homem tem direito à liberdade de opinião e expressão; este direito inclui a liberdade de, sem interferência, ter opiniões e de procurar, receber ou transmitir informações e ideias por quaisquer meios e independentemente de fronteiras".

A estes dispositivos legais, veio acrescentar-se, em julho de 1996, uma lei que regulamenta o inciso XII do artigo 5º da Constituição, mais especificamente a interceptação de comunicações telefônicas, de informática ou telemática. Mas tal lei, que visava principalmente a questão da escuta telefônica, nada diz sobre todas as ações e práticas que são objeto de nossa atenção nesta conferência. Na verdade, como a proteção constitucional à privacidade antecedeu as possibilidades técnicas de acesso e manipulação dos dados a partir das redes digitais, há um evidente vazio legal que aparentemente deixa os internautas brasileiros indefesos. Desde 1996, porém, tramitaram tanto no Senado quanto na Câmara Federal projetos de lei visando regular a prestação de serviço por redes de computadores, assegurar a privacidade dos usuários, combater os delitos informáticos e normatizar a veiculação da pornografia. Entretanto, sua leitura sugere muito mais uma preocupação em proteger o Estado e as empresas contra os *hackers* do que a inviolabilidade do cidadão comum. Tanto assim que um deles, o projeto de lei nº 84, de 1999, do deputado Luiz Piauhylino, propõe, no art. 16:

"Nos crimes definidos nesta lei somente se procede mediante representação do ofendido, salvo se cometidos contra o interesse da União, Estado, Distrito Federal, Município, órgão ou entidade de administração direta ou indireta, empresa concessionária de serviços públicos, fundações instituídas ou mantidas pelo poder público, serviços sociais autônomos, instituições financeiras ou empresas que explorem ramo de atividade controlada pelo poder público, casos em que a ação é pública incondicionada".[17]

Ora, pode-se imaginar que o cidadão comum dificilmente terá sequer a possibilidade de descobrir que foi ofendido...

Suponhamos por exemplo que um grande banco privado brasileiro se associe a um provedor global de acesso à Internet. A parceria será evidentemente anunciada como um ganho para os clientes, que poderão contar com serviços mais ágeis, tecnologias mais avançadas etc. Mas como não pensar que os milhões de clientes do banco são um ativo interessantíssimo para um provedor que acaba de aportar no país? Como não pensar na potencial sinergia do cruzamento de seus cadastros com o banco de dados do provedor? Como não imaginar que essa soma de 1 + 1 é igual a 3, dada a proliferação de novos negócios que ela pode propiciar? E como acreditar que tanto os clientes do banco quanto os usuários do provedor ficarão sabendo, caso seus dados pessoais sejam usados sem seu prévio consentimento?

Num país de capitalismo selvagem como o nosso, no qual a cidadania nem chegou a ser plena e já está em vias de desmanche, é de se suspeitar que nossa vulnerabilidade é grande e será ainda maior. Basta evocar um exemplo, colhido sem esforço: o jornalista Josias

---

[17] Projeto de Lei nº 84, de 1999 (http://infojur.ccj.ufsc.br/arquivos/Informatica_Juridica/Normas/Projeto_de_Lei_84.html).

de Souza publicou recentemente, na *Folha de S. Paulo*, que no início deste ano era possível comprar em São Paulo, por apenas R$ 4 mil, o banco de dados da Receita Federal de 1996, contendo as informações sigilosas de 11,5 milhões de brasileiros — 7,6 milhões de pessoas físicas e 3,9 milhões de empresas! Renda, faturamento, ocupação, ramo de atividade, patrimônio, endereços, números de telefones, tudo vendido em CDs, para festa do *marketing* e da mala direta. O banco havia sido roubado no início de 1997 dentro da própria Serpro, e ao que tudo indica por funcionários graúdos da empresa.[18] Quem acredita ser possível responsabilizar o Estado por essa gigantesca violação, que em qualquer país sério teria no mínimo provocado uma crise política e o corte de algumas cabeças? Podem os contribuintes exigir um ressarcimento por danos que eles não têm condições de comprovar e muito menos contabilizar, mesmo quando desconfiarem que suas informações estão sendo criminosamente utilizadas?

* * *

O problema é muito mais complexo do que parece e comporta muitas dimensões. Não é só o cidadão que, reduzido à condição de consumidor cativo, fica superexposto e tem a sua privacidade violada. Na verdade, na nova economia a própria existência do indivíduo é posta em questão. Aqueles que processam a sua vida descendo a níveis microscópicos não o concebem mais como sujeitos, mas sim como geradores de padrões informacionais que é preciso manipular; aos olhos de quem opera com o valor do tempo de vida, o indivíduo dissolve-se em fluxos de dados. Entretanto, não é só no plano da informação digital que o indivíduo desaparece — também no plano da genética assistimos à sua desintegração. Pois como observa Paul Virilio, o *individuum*, literalmente o que é *indivisível*, deixa de sê-lo no plano molecular.

---

[18] Josias de Souza, "Dados sigilosos da Receita vazaram do Serpro", *Folha de S. Paulo*, 2/7/2000, p. A-13.

Basta lembrar o caso Moore, estudado por Bernard Edelman em *La personne en danger*. Como se sabe, em 1976, John Moore soube que era portador de um tipo raro de leucemia e foi se tratar no centro médico da Universidade da Califórnia; lá lhe tiraram o baço e, sem seu consentimento, extraíram do material removido uma linhagem de células que foi imortalizada, porque estas continham uma verdadeira mina de ouro para a pesquisa sobre determinadas formas de câncer. Em 1984 as informações genéticas foram evidentemente patenteadas pela equipe médica e em seguida vendidas para o laboratório suíço Sandoz; em 1990, seu valor chegava a algo perto de US$ 3 bilhões. Descobrindo o que ocorrera, Moore abriu um processo reivindicando o direito às suas células; isto é: reivindicando a "legítima propriedade" sobre seus "bens corporais".

Os advogados dos médicos argumentaram que o DNA das células de Moore não era uma parte sua sobre a qual ele tivesse o poder extremo de dispor durante a sua vida. Comentando o argumento, o jurista francês observa:

"Isto significa que do ponto de vista microbiológico, quer dizer do ponto de vista dos componentes do gene, não haveria mais indivíduo enquanto tal. Para dizer as coisas cruamente, a pessoa humana não existiria nos segredos de suas células. Vejamos o deslocamento: não se trata mais de saber se uma pessoa tem ou não um direito sobre suas células, mas de sustentar que ela não tem existência em suas células. Assim, por um lado, nada se oporia a que elas sejam postas à venda, e por outro, uma vez desprovidas de qualquer personalidade, 'elas não teriam mais proprietário'".

"Na lógica do direito de propriedade", continua Bernard Edelman,

"tal argumento pesava pouco. Com efeito, pouco importava que Moore existisse ou não em suas células, já que era proprietário delas. O direito de propriedade não quer saber se o objeto sobre o qual ele se aplica é o suporte da identidade do proprietário! Pensando bem, esse expediente até tendia mais no sentido do direito de propriedade: pois se no DNA não há nada de humano, é porque a célula é uma coisa e, consequentemente, pode ser objeto de propriedade. Portanto, teria sido lógico que o tribunal descartasse esse argumento fazendo valer, precisamente, que o poder extremo de dispor é o direito do proprietário. E no entanto, muito curiosamente, ele recuou diante dessa lógica".[19]

O tribunal considerou que o homem possui o direito imprescritível à sua identidade e pouco importa que esse direito seja protegido pela noção de *privacy* (direito de personalidade), de *property* (direito de propriedade) ou de *publicity* (direito de tirar proveito dos "atributos" da personalidade: voz, imagem etc.) desde que a proteção seja efetiva. No caso Moore o tribunal concluiu que

"um paciente deve ter o poder extremo de controlar o que vai ser de seus tecidos. Admitir o contrário abriria a porta a uma invasão maciça de sua *privacy* e de sua dignidade em nome do progresso médico".

Mas como bem observa Bernard Edelman, tal conclusão, ao reconhecer o direito de personalidade, parece entrar em contradição com o direito de propriedade: "Na lógica da propriedade", escreve o jurista,

"as células são coisas, 'bens mobiliários corporais'. Não é de se espantar então que se possa negociá-las, transferi-las, lucrar com elas. Mas na lógica da *privacy*, as células exprimem a identidade da pessoa. Ora, o homem não pode se vender, sob pena de reduzir-se ao estado do escravo, e as células deveriam ficar fora do comércio jurídico. No entanto, o tribunal parece não ter tido dificuldade alguma em combi-

---

[19] Bernard Edelman, *La personne en danger*, col. Doctrine Juridique, Paris, Presses Universitaires de France, 1999, pp. 298-9.

nar o direito de propriedade com o *right of privacy*. Como compreender essa conciliação?".[20]

Edelman demonstra que a possível contradição foi resolvida através do direito de publicidade; este confere ao indivíduo a possibilidade de explorar sua imagem, seu personagem, e permite que seus atributos possam adquirir o valor de um "bem", como uma marca ou uma grife, por exemplo. Em outras palavras: a imagem do indivíduo torna-se um produto relativamente independente da pessoa que ela representa: de um lado, conserva algo de sua origem, de outro, leva sua vida comercial de modo independente. Assim, o tribunal tratou as informações genéticas de Moore como a imagem — suas células são ao mesmo tempo a pessoa enquanto *privacy* e a pessoa enquanto *publicity*, isto é, enquanto pessoa que pode ser comercializada. Por isso Edelman concluirá que o tribunal resolve a contradição denegando-a:

> "O direito de propriedade sobre os produtos de seu corpo constitui o corpo como escravo; em contrapartida, a pessoa não é senão o que permite ao sujeito colocar-se em regime de exploração. O *right of publicity* está prestes a absorver o *right of privacy*; o mercado absorve a subjetividade".[21]

* * *

Traduzido em informação digital e genética, o indivíduo torna-se divisível, ou, para usar o termo empregado por Gilles Deleuze, "dividual". O sujeito não é mais modelado de uma vez por todas, mas sim permanentemente modulado, segundo uma nova lógica de dominação que nos faz passar da sociedade disciplinar para a sociedade de controle, segundo a expressão cunhada por William Burroughs e emprestada por Deleuze.

---

[20] *Ibidem*, pp. 299-300.

[21] *Ibidem*, p. 302.

É interessante observar como para o filósofo a passagem de uma sociedade a outra se expressa como crise dos espaços fechados, inclusive o espaço doméstico e a "interioridade" do indivíduo, como abertura dos grandes meios de confinamento que haviam sido estudados por Foucault, e a sua substituição por novas formas de controle aberto. "As sociedades disciplinares", escreve Deleuze,

"têm dois polos: a assinatura que indica o *indivíduo*, e o número de matrícula que indica sua posição numa *massa*. É que as disciplinas nunca viram incompatibilidade entre os dois, e é ao mesmo tempo que o poder é massificante e individuante, isto é, constitui num corpo único aqueles sobre os quais se exerce, e molda a individualidade de cada membro do corpo [...]. Nas sociedades de controle, ao contrário, o essencial não é mais uma assinatura nem um número, mas uma cifra: a cifra é uma *senha*, ao passo que as sociedades disciplinares são reguladas por *palavras de ordem* (tanto do ponto de vista da integração quanto da resistência). A linguagem numérica do controle é feita de cifras, que marcam o acesso à informação, ou a rejeição. Não se está mais diante do par massa-indivíduo. Os indivíduos tornaram-se 'dividuais', divisíveis, e as massas tornaram-se amostras, dados, mercados ou 'bancos'".[22]

Esta conferência teve por título "Limites e rupturas na esfera da informação". Mas agora, terminando de escrevê-la, dou-me conta que este é impróprio. Diversas rupturas operadas na esfera da informação foram aqui apontadas; entretanto, não posso dizer o mesmo dos limites. Muito ao contrário, creio que o poder de intervenção da tecnociência e da economia sobre o corpo e a mente do indivíduo, e até mesmo sobre a própria natureza humana, parece ilimitado.

---

[22] Gilles Deleuze, *Conversações*, trad. de Peter Pál Pelbart, São Paulo, Editora 34, 1992, p. 222.

8.
MODERNIDADE, PÓS-MODERNIDADE E METAMORFOSE DA PERCEPÇÃO*

A primeira figura da esperança é o medo, a primeira aparição do novo é o assombro — assim terminava a deslumbrante contribuição do poeta e dramaturgo Heiner Müller para uma discussão sobre o pós-modernismo em Nova York, em 1979. Por esta frase é preciso começar um texto que tem não a pretensão, mas o desejo de captar o que mudou em nossa percepção da era moderna aos tempos pós-modernos. A frase parece apropriada porque essa mudança em nossa percepção decorre da introdução de novas tecnologias que despertam em nós, como primeira figura, o medo, e como primeira aparição, o assombro.[1]

Fiel a uma expressão de Walter Benjamin — o primeiro, que eu saiba, a falar de metamorfose da percepção em virtude do impacto da tecnologia moderna — busco neste texto apreender como três pensadores, concentrando o foco de sua atenção no que estava mudando, nos oferecem com suas reflexões a oportunidade de problematizar nossa experiência.

O primeiro deles é, como se poderia esperar, o próprio Benjamin. Muito se escreveu (e se escreve cada vez mais) sobre a riqueza e a fecundidade de sua reflexão para o entendimento do século XX. Aqui, o que interessa de sua *démarche* é que ela parece dar conta do modo como se opera a transformação da visão no homem mo-

---

* Texto inédito.

[1] Heiner Müller, "L'effroi, la première apparition du nouveau", in *Erreurs choisies*, Paris, L'Arche, 1988, p. 21.

derno. Não é por acaso que a "Pequena história da fotografia" e "A obra de arte na era de sua reprodutibilidade técnica" tornaram-se textos seminais da nossa cultura.[2] Nesses textos foi formulada a síntese da experiência de ver moderna. Por isso, sentindo a força e a propriedade de tal formulação, muitos se sentem compelidos a voltar a ela, como a uma matriz.

Benjamin precisava marcar a diferença moderna no plano da percepção. E o fez através da oposição entre dois valores conferidos à obra de arte: o de culto e o de exposição. O valor de culto se refere ao modo como o homem percebe a imagem artística, desde o paleolítico até o final do *Ancien Régime*: presença mágica, dotada de aura, a imagem é cultuada porque se constitui acima de tudo como o secreto vetor de acesso a uma realidade transcendente, a uma suprarrealidade; nesse sentido, o que o homem percebe e contempla através dela é, literalmente, a existência de um outro mundo, de um outro plano de realidade, raramente visto ou entrevisto. Já o valor de exposição predomina nos tempos modernos; agora a arte foi refuncionalizada e o homem percebe um outro tipo de imagem: fotográfica e cinematográfica, ela é uma presença dessacralizada que se expõe porque se constitui como instrumento de acesso a este mundo, a uma realidade imanente e continuamente transformada pela técnica, que o homem precisa descobrir como uma segunda natureza, e nem sempre é visível a olho nu.

Muitos dos comentadores desses textos veem no conflito entre a reprodutibilidade técnica e o caráter único das obras de arte a razão da destruição da aura. Parece-me, entretanto, não ser esta a questão fundamental, o que não significa, evidentemente, minimizar a importância do conflito. É que a sutileza de Benjamin — ora valorizando o que se perde, ora saudando o que se ganha com a substituição do culto pela exposição — não facilita muito as coisas para

---

[2] Walter Benjamin, *Magia e técnica, arte e política — Obras escolhidas*, vol. 1, trad. de Sergio Paulo Rouanet, pref. de Jeanne Marie Gagnebin, São Paulo, Brasiliense, 1985.

o leitor. Pois tomando claramente partido pela ruptura que se dá, não deixa de ter sempre em mente o alcance da liquidação do valor tradicional do patrimônio da cultura, "essa grande liquidação" que se legitima em nome da renovação da humanidade. A questão central desses textos é que neles se avalia a perda da realidade transcendente e o ganho da realidade imanente; isto é: perde-se o acesso ao outro mundo para se aceder a um outro mundo, até então desconhecido, que paradoxalmente é o nosso próprio mundo. *Exit* a religião e a magia, soou a hora da ciência e da tecnologia.

É sintomático que Benjamin considere o retrato fotográfico do rosto humano a última trincheira do valor de culto, conquistada pelo valor de exposição quando em torno de 1900, com Atget, o homem se retira da fotografia. Benjamin retoma a observação feita por outrem de que ele fotografa as ruas como quem fotografa o local de um crime, por causa dos indícios que este contém; mas dá à observação um sentido maior: "Com Atget, as fotos se transformam em autos no processo da história".[3]

Assim, para Benjamin, Atget inaugura a mudança no plano da percepção visual, ao suscitar o entendimento da fotografia como uma nova possibilidade de leitura do mundo e de investigação da realidade, e não como possibilidade de contemplação. Com Atget a realidade se abre para a câmera e esta, por sua vez, só pode captá-la por também se encontrar exposta a ela. É essa mútua exposição que permite o acontecimento, ou melhor o duplo acontecimento de uma realidade revelando-se e de um aparelho registrando essa revelação. Tudo se passa como se estivéssemos diante de uma revelação profana, que em vez de exigir a intervenção do sacerdote ou do xamã, reclama a decifração do especialista versado em imagens.

A fotografia de Atget parece ocupar um papel central na reflexão de Benjamin. A "Pequena história" se conclui com ela e com a referência ao surgimento de um novo tipo de analfabeto, os "anal-

---

[3] W. Benjamin, "A obra de arte na era de sua reprodutibilidade técnica", in *op. cit.*, p. 174.

fabetos da imagem", aqueles que são incapazes de ler o acontecimento através de indícios, traços, vestígios. Alguns anos depois, quando Benjamin reescreve e amplia o ensaio, a imagem de Atget como o fotógrafo do crime retorna, para esclarecer a passagem de um modo de percepção a outro. Por que a realidade revelada pela imagem fotográfica de Atget configura o local de um crime? É que através dela, descobrimos que a natureza que se dirige à câmera não é a mesma que se dirige ao olhar. "A diferença", escreve Benjamin,

"está principalmente no fato de que o espaço em que o homem age conscientemente é substituído por outro em que sua ação é inconsciente. Se podemos perceber o caminhar de uma pessoa, por exemplo, ainda que em grandes traços, nada sabemos, em compensação, sobre sua atitude precisa na fração de segundo em que ela dá um passo. O gesto de pegar um isqueiro ou uma colher nos é aproximadamente familiar, mas nada sabemos sobre o que se passa verdadeiramente entre a mão e o metal, e muito menos sobre as alterações provocadas nesse gesto pelos nossos vários estados de espírito. Aqui intervém a câmera com seus inúmeros recursos auxiliares, suas imersões e emersões, suas interrupções e isolamentos, suas extensões e suas acelerações, suas ampliações e suas miniaturizações. Ela nos abre, pela primeira vez, a experiência do inconsciente ótico, do mesmo modo que a psicanálise nos abre a experiência do inconsciente pulsional. De resto, existem entre os dois inconscientes as relações mais estreitas. Pois os múltiplos aspectos que o aparelho pode registrar da realidade situam-se em grande parte *fora* do espectro de uma percepção sensível normal".[4]

Ainda que longa, a citação precisava ser reproduzida para que o movimento do pensamento de Benjamin se expressasse por intei-

---

[4] *Ibidem*, p. 189. Grifo do autor.

ro. Agora fica claro que a realidade que se expõe para a câmera é uma outra cena, mais real do que o real, que aflora para a consciência: uma realidade sem disfarce, normalmente recalcada, imperceptível. A técnica fotográfica que vai captá-la assemelha-se à escuta psicanalítica e, como esta, pertence ao domínio da ciência. Se as fotografias de Atget devem ser lidas como o local de um crime, é porque o especialista em imagens precisa investigar os indícios, os vestígios, como o psicanalista acede à realidade do inconsciente através do lapso, do trocadilho, do *mot d'esprit*. Na mesma linha, *Blow up*, de Antonioni, expressa com perfeição a revelação da realidade na revelação da imagem fotográfica. O crime registrado inconscientemente pelo fotógrafo de moda no parque surge na ampliação dos detalhes, precipitando a crise de Thomas e da realidade de fachada da *swinging London*, e conduzindo à sua transformação.[5]

O procedimento técnico e científico que a câmera opera para descobrir e intervir nessa espécie de realidade última aproxima o fotógrafo do psicanalista. A aproximação é reforçada por uma outra comparação que Benjamin constrói, opondo o mágico e o cirurgião, antes de opor o pintor ao cinegrafista. O mágico coloca as mãos sobre o paciente para curá-lo, o cirurgião intervém em seu corpo; o primeiro preserva a distância natural entre ele e o doente, mantendo a relação homem-homem; o segundo renuncia a relacionar-se com o paciente de homem a homem. Benjamin, então, prossegue:

> "O mágico e o cirurgião estão entre si como o pintor e o cinegrafista. O pintor observa em seu trabalho uma distância natural entre a realidade dada e ele próprio, ao passo que o cinegrafista penetra profundamente as vísceras dessa realidade. As imagens que cada um produz são, por isso, essencialmente diferentes. A imagem do pintor é total, a do operador é composta de inúmeros fragmentos, que se recompõem

---

[5] William Arrowsmith, *Antonioni: The poet of images*, Nova York/Oxford, Oxford University Press, 1995. Introdução e notas de Ted Perry, pp. 106-26.

segundo novas leis. Assim, a descrição cinematográfica da realidade é para o homem moderno infinitamente mais significativa que a pictórica, porque ela lhe oferece o que temos o direito de exigir da arte: um aspecto da realidade livre de qualquer manipulação pelos aparelhos, precisamente graças ao procedimento de penetrar, com os aparelhos, no âmago da realidade".[6]

É interessante observar que, através das comparações benjaminianas, a técnica fotográfica e cinematográfica parece expor à percepção do homem moderno a realidade última, em suas dimensões tanto psíquica quanto física, graças à desconstrução das aparências e ao acesso controlado a um mundo reconstruído por uma perspectiva objetiva, enquanto dado. Nesse sentido, a técnica da fotografia e do cinema é instrumento de conhecimento, isto é, de poder, e como tal deve ser utilizada politicamente.

Assim, a fotografia e o cinema devem incumbir-se de substituir a percepção mágica e religiosa do mundo por uma percepção política, fundada na ciência e na técnica. E é aqui, entre o valor de culto e o valor de exposição, que Benjamin propõe uma terapia de choque. A pista lhe é fornecida pelos dadaístas, que haviam convertido a obra de arte num tiro para atingir o espectador devoto, romper o seu recolhimento e arrancar sua consciência da contemplação. Distraindo o espectador, escandalizando-o, desviando a sua atenção, o dadaísmo sugere na arte o que o cinema pode fazer de modo muito mais completo: abrir seus olhos para uma nova visão do mundo e da realidade em que vive.

"Compare-se a tela em que se projeta o filme com a tela em que se encontra o quadro" — escreve Benjamin.

"Na primeira a imagem se move, mas na segunda, não. Esta convida o espectador à contemplação; diante dela, ele

---

[6] Walter Benjamin, "A obra de arte...", *in op. cit.*, p. 187.

pode abandonar-se às suas associações. Diante do filme, isso não é mais possível. Mal o espectador percebe uma imagem, ela não é mais a mesma. Ela não pode ser fixada, nem como um quadro nem como algo real. A associação de ideias do espectador é interrompida imediatamente, com a mudança da imagem. Nisso se baseia o efeito de choque provocado pelo cinema, que, como qualquer outro choque, precisa ser interceptado por uma atenção aguda. O *cinema é a forma de arte correspondente aos perigos existenciais mais intensos com os quais se confronta o homem contemporâneo.* Ele corresponde a metamorfoses profundas do aparelho perceptivo, como as que experimenta o passante, numa escala individual, quando enfrenta o tráfego, e como as experimenta, numa escala histórica, todo aquele que combate a ordem social vigente."[7]

A necessária politização da percepção consiste, portanto, numa terapia de choque. Esta, para ser produtiva, deve ser intensa e envolver o espectador tão profundamente a ponto de transformar seus hábitos e, sobretudo, seus hábitos perceptivos. Daí o interesse de Benjamin pela recepção tátil que, segundo ele, se efetuaria menos pela percepção que pelo uso, menos pela atenção que pelo hábito. Em poucas palavras: a reestruturação do sistema perceptivo consistiria em distrair deliberadamente o homem moderno, habituando-o a expor-se ao tratamento de choque exercido pelo cinema sobre a sua visão do mundo e da realidade. No cinema o homem moderno faria o aprendizado da vida na nova sociedade.

"Mas nada revela mais claramente as violentas tensões do nosso tempo que o fato de que essa dominante tátil prevalece no próprio universo da ótica. É justamente o que acontece no cinema, através do efeito de choque de suas sequências de imagens. O cinema se revela, assim, também desse

---

[7] *Ibidem*, p. 192. Grifo do autor.

ponto de vista, o objeto atualmente mais importante daquela ciência da percepção que os gregos chamavam de estética."[8]

Levada às últimas consequências, a metamorfose da percepção operada pela fotografia e pelo cinema conduziria o homem moderno não só a romper resolutamente com a tradição mas também e sobretudo a construir uma nova sociedade a partir de uma nova visão do mundo e da realidade. O homem inteiramente moderno seria o homem novo, prefigurado pelos futuristas soviéticos entusiasmados com a Revolução de 1917. Com efeito, é incrível a convergência da reflexão de Benjamin com as ideias cinematográficas de Dziga Vertov — como se *Cine-olho* e *O homem da câmera* antecipassem os textos da "Pequena história..." e de "A obra de arte...".

Duas citações de Vertov bastam para mostrar a ressonância entre suas *démarches*:

"1918. Me mudei para a Rua Gnezdinikovsky nº 7. Dei um salto perigoso para uma câmera em câmera lenta. Não reconheci minha face na tela. Meus pensamentos estavam estampados na minha face — irresolução, vacilação e firmeza (uma luta dentro de mim mesmo) e, mais uma vez, a alegria da vitória. Primeira ideia do cine-olho como um mundo percebido sem uma máscara, como um mundo da verdade nua (que não pode ser escondida)".[9]

"Nós elevamos nossos protestos contra a colusão do diretor como feiticeiro com o público submetido ao feitiço. Somente a consciência pode lutar contra o domínio da magia. Somente a consciência pode formar um homem de opinião firme e sólida convicção. Nós precisamos de homens conscientes, não de uma massa inconsciente e submissa a qualquer sugestão passageira. Viva a consciência de classe de

---

[8] *Ibidem*, p. 194.

[9] *Apud* Annette Michelson, "O homem da câmera: de mágico a epistemólogo", trad. de Vinicius Dantas, *Cine-Olho*, nº 8-9, São Paulo, s.d., p. 17.

homens sadios com olhos e ouvidos para ver e ouvir! Abaixo o véu perfumado de beijos, crime, pombas e prestidigitação! Viva a visão de classe! Viva o cinema-olho!"[10]

* * *

O segundo pensador evocado neste texto é Gianni Vattimo, que no final dos anos 80 publicou *La società trasparente*, um livro sobre o advento da sociedade de comunicação, que marcaria precisamente a passagem da modernidade para a pós-modernidade. A escolha desse filósofo se justifica porque ele toma como um dos autores centrais da reflexão o Benjamin de "A obra de arte...", e pela série de deslocamentos que opera nas questões tratadas até aqui, a ponto de transformar o pensador alemão numa espécie de "profeta" e precursor do pós-modernismo.

O escrito do filósofo italiano se abre com uma indagação: É a sociedade pós-moderna uma sociedade transparente? A questão se coloca porque Vattimo parte de três premissas: 1) que a mídia de massa desempenha um papel determinante no nascimento da sociedade pós-moderna; 2) que ela caracteriza tal sociedade não como sociedade mais "transparente", mais consciente de si, mais "esclarecida", mas como sociedade mais complexa, até mais caótica; 3) que nossas esperanças de emancipação residem justamente nesse "caos" relativo.

A hipótese de Vattimo é que a modernidade chega ao fim quando não é mais possível falar da história como de um fenômeno unitário em virtude, principalmente, da multiplicidade de culturas e de povos que adentraram a cena mundial com a descolonização e o fim do imperialismo (?!), e da multiplicidade de visões de mundo suscitada pela explosão fenomenal da comunicação. Contrariando assim os prognósticos de Adorno e dos frankfurtianos, que temiam a estandardização da sociedade e uma visão tota-

---

[10] *Ibidem*, p. 25.

litária, tais multiplicidades desqualificaram o ideal de uma sociedade transparente:

> "Que sentido teria a liberdade de informação [...] num mundo em que a norma fosse a reprodução exata da realidade, a objetividade perfeita, a identificação total do mapa com o território? Com efeito, a intensificação das possibilidades de informação sobre a realidade em seus mais diversos aspectos torna a própria ideia de *uma* realidade cada vez menos concebível. [...] Se temos uma ideia da realidade, esta, em nossa condição de existência no interior da modernidade tardia, não pode ser apreendida como o dado objetivo que se encontra embaixo ou para além das imagens que dele nos fornece a mídia. Como e onde poderíamos atingir essa realidade 'em si'? A realidade para nós é mais o resultado do cruzamento, da 'contaminação' [...] das múltiplas imagens, interpretações, reconstruções que a mídia [...] distribui".[11]

Em decorrência, Vattimo propõe sua tese: na sociedade da mídia, em vez de um ideal de emancipação modelado sobre a autoconsciência plena do homem, instala-se um ideal de emancipação fundado na oscilação, na pluralidade, e sobretudo na erosão do próprio "princípio de realidade".

A proliferação das imagens da mídia conduz, portanto, a uma perda do "senso de realidade". Entretanto, no entendimento do filósofo, tal perda é um ganho, uma libertação: "Hoje", escreve Vattimo,

> "o homem pode finalmente dar-se conta de que a liberdade perfeita não é a de Spinoza, não é conhecer a estrutura necessária do real e a ela adaptar-se — como sempre sonhou a metafísica".[12]

---

[11] G. Vattimo, *La società trasparente*, Milão, Garzanti, 1989, pp. 14-5.

[12] *Ibidem*, p. 15.

Com a erosão do princípio de realidade muda o sentido da emancipação, que consiste agora num *deslocamento* e numa liberação das diferenças: "Viver nesse mundo múltiplo significa fazer a experiência da liberdade enquanto contínua oscilação entre o pertencimento e o deslocamento [*spaesamento*]".[13]

O leitor já deve ter percebido quão próximo, mas ao mesmo tempo quão distante Vattimo se encontra de W. Benjamin. Com efeito, os temas mais caros ao autor da "Pequena história..." e de "A obra de arte..." parecem estar sendo retomados... e, no entanto, a todos eles parece ser atribuído um sentido inverso, negativo. Como se a pós-modernidade de Vattimo buscasse contradizer ponto por ponto a positividade que Benjamin encontrava, valorizava e celebrava na modernidade; como se as tecnologias de produção e reprodução da imagem tivessem uma função social oposta àquela por ele descrita; como se a metamorfose da percepção tivesse se operado sim, mas com resultados totalmente diversos dos que haviam sido intuídos e analisados.

Tal impressão se acentua quando Vattimo elege a experiência estética como expressão do movimento de emancipação do homem pós-moderno, e até mesmo como manifestação do sentido do seu ser. Vale a pena, então, acompanhar seus passos e observar de que maneira se faz uma apropriação pós-moderna do texto benjaminiano.

Como vimos anteriormente, a diferença moderna no plano da percepção se dá com a dessacralização, com a "grande liquidação" do valor tradicional do patrimônio da cultura, manifesto na destruição da aura da obra de arte, na superação do seu valor de culto pelo valor de exposição. Ora, para Vattimo, a secularização do espírito do homem moderno europeu não consiste apenas na ruptura com a religião e em sua desmistificação, mas também na sobrevivência de seus "erros" e ilusões sob formas diversas e degradadas. "A modernização", escreve Vattimo,

---

[13] *Ibidem*, p. 19.

"não nasce do abandono da tradição, mas de uma espécie de interpretação irônica desta, de uma 'distorção' [Heidegger utiliza, num sentido próximo, o termo *Verwindung*] que a conserva, mas também, em parte, a esvazia".[14]

Comentando esta passagem de *La società trasparente*, José Bragança de Miranda observa que Gianni Vattimo, pretendendo colocar-se além das categorias modernas, mas reconhecendo no entanto a sua legitimidade parcial, privilegia a arte porque esta permitiria pensar tal possibilidade: "Assim", escreve Miranda, citando Vattimo,

"a '*experiência estética faz viver outros mundos possíveis*', servindo de modelo à *oscilação* das categorias que lhe permitem circunscrever o pós-moderno [...] e ao mesmo tempo 'salvar' a modernidade. A teoria da superação de Vattimo joga neste elemento de superação e conservação, recorrendo para isso ao conceito heideggeriano de *Verwindung* [...]. Em síntese, a modernidade autossupera-se, mas apenas enquanto ilusão de verdade, restando na forma de uma fábula (ou ficção) que vale o que valem as outras".[15]

Bragança de Miranda parece ter razão: o procedimento de Vattimo consiste efetivamente numa reativação do conceito de Heidegger; só que desta vez o objeto da interpretação irônica não é a tradição, mas sim a própria modernidade. Por outro lado, tal deslocamento do conceito gera uma dúvida: é a modernidade que se autossupera conservando-se, ou é o movimento do pensamento de Vattimo que tenta ao mesmo tempo conservar e superar o pensamento radical dessa mesma modernidade na obra de Benjamin?

---

[14] *Ibidem*, p. 59.

[15] José Bragança de Miranda, "Vattimo e a pós-modernidade", *in Traços: ensaios de crítica da cultura*, col. Passagens, Lisboa, Veja, 1998, p. 64.

Neste caso, seria possível dizer que o deslocamento do conceito heideggeriano autoriza Vattimo a realizar uma interpretação irônica das categorias benjaminianas sobre a obra de arte na era da reprodutibilidade técnica, a proceder a uma "distorção" que as conserva esvaziando-as; numa palavra: a tentar um empreendimento que leve Benjamin a autossuperar-se e transforme o seu texto numa ficção. O problema de Vattimo parece ser o de submeter a originalidade da descoberta realizada por Benjamin em "A obra de arte..." ao pensamento de Heidegger. Assim, logo de saída, lemos que é preciso recuperar a intuição central desse texto; entretanto, tal intuição já é formulada não em seus termos próprios, mas em termos heideggerianos: intui-se ali que as novas condições da produção e da fruição artísticas nas quais evolui a sociedade da mídia modificam de maneira substancial a essência da arte (o termo empregado é o heideggeriano *Wesen*, que significa não a natureza eterna da arte, mas a maneira pela qual ela *se dá* nos dias de hoje).[16]

Segundo Vattimo, a nova essência da arte é descoberta *ao mesmo tempo*, neste ano de 1936, por Benjamin e por Heidegger, que escreve "A origem da obra de arte". Comparando os textos, o filósofo italiano encontra uma analogia, "à primeira vista paradoxal", entre a noção de *golpe* (*Stoss*), que no entendimento de Heidegger definiria o efeito exercido pela obra de arte sobre o observador, e a noção de *choque* desenvolvida por Benjamin.

"Até para Heidegger, num sentido diverso mas também profundamente próximo ao de Benjamin, a experiência do *choque* da arte tem a ver com a morte; não tanto ou principalmente com o risco de se ser atropelado por um ônibus na rua, mas com a morte enquanto possibilidade constitutiva da existência. O que, na experiência da arte, causa o *Stoss*, para Heidegger, é o próprio fato de que a obra é

---

[16] G. Vattimo, *op. cit.*, p. 64.

em vez de não ser. O fato de ser, o *Dass*, como se lembrarão os leitores de *O ser e o tempo*, também se encontra na base da experiência existencial da angústia."[17]

Seguindo o movimento do pensamento de Vattimo, verificamos que a analogia entre o choque benjaminiano e o golpe heideggeriano provocados pela obra de arte supõe uma outra analogia, entre este último e a experiência existencial da angústia, estado emocional que se produz quando o homem tem de encarar o fato consumado de ter sido jogado no mundo e que este é, mas não tem sentido; assim, a experiência da angústia é uma suspensão da evidência do mundo, uma experiência de "deslocamento". Uma vez explicitada esta segunda analogia, Vattimo então examina a primeira: "Para além da proximidade terminológica, até que ponto a noção de *Stoss* tem realmente a ver com o *Choque* de que fala Benjamin em conexão com a mídia da reprodutibilidade?".[18] Para Heidegger, o golpe desferido pela arte só se dá com obras decisivas na história de uma cultura ou na experiência vivida dos indivíduos — a Bíblia, as tragédias gregas, a alta literatura; mas para Benjamin, o choque acontece num processo aparentemente muito mais corriqueiro — a visão da projeção cinematográfica. Em que termos então sustenta-se a analogia? Vattimo encontra pelo menos um ponto em comum: a insistência no estranhamento.

"Tanto num caso quanto no outro", escreve o filósofo,

"a experiência estética aparece como uma experiência de estranhamento que exige um trabalho de recomposição e de readaptação. Mas tal trabalho não visa atingir uma recomposição total; ao contrário, a experiência estética é *dirigida para manter vivo o deslocamento.* [...] Tanto para Heidegger quanto para Benjamin, o estado de deslocamento é consti-

---

[17] *Ibidem*, pp. 69-70.

[18] *Ibidem*, p. 71.

tutivo e não provisório. Esse é o elemento mais radicalmente novo de tais posições estéticas, no confronto com as reflexões tradicionais sobre o belo, e até com a sobrevivência dessa tradição nas teorias estéticas deste século".[19]

Heidegger e Benjamin compartilhariam então, através das noções de golpe e de choque, a ideia de que a obra de arte tem por função precipitar o homem moderno nesse estado de insegurança fundamental e fazê-lo perceber que sua angústia se deve ao deslocamento experimentado em relação a qualquer mundo — não só em relação ao mundo exposto pela obra de arte, mas também em relação ao próprio mundo. Nesse sentido, a arte seria a arte da oscilação entre o pertencimento ao mundo e a sua perda, entre o sentido e a ausência de sentido. Tanto a grande arte do passado quanto a obra de arte na era da reprodutibilidade técnica teriam, portanto, a mesma função; na verdade, esta última não passaria de uma transposição, isto é, superação e conservação, da antiga arte nos novos tempos. Se assim não fosse, como entender a conclusão do raciocínio de Vattimo, ao escrever:

> "O *choque* característico das novas formas de arte da reprodutibilidade não é senão o modo através do qual se realiza de fato, em nosso mundo, o *Stoss* de que fala Heidegger, a essencial oscilação e deslocamento que constitui a experiência da arte".[20]

Aparentemente, a analogia estabelecida se justifica; mas ao concluí-la, Vattimo parece dar-se conta de que algo capital se perde na comparação. Se a grande arte tradicional cumpre a mesma função que o cinema, como fica a diferença específica introduzida pela técnica na percepção? Benjamin via na relação arte-técnica uma

---

[19] *Ibidem*, p. 72.

[20] *Ibidem*, pp. 75-6.

positividade nova, uma transformação radical, fator de metamorfose da visão; por isso mesmo, ainda que avaliando o alcance da "grande liquidação" da tradição, não hesitava: desejava a renovação da humanidade e lutava por ela. Ora, como todos sabem, Heidegger é extremamente crítico em relação ao mundo da técnica. Como conciliar então o pensamento dos dois? Vattimo tenta a conciliação argumentando que ambos veem na sociedade da técnica uma oportunidade de superar o esquecimento e a alienação metafísica em que o homem ocidental viveu até então. Agora a terapia benjaminiana do choque — que o indivíduo experimenta no cinema e no tráfego das grandes cidades, enquanto o revolucionário experimenta numa escala histórica — será comparada à noção heideggeriana de *Ge-Stell*,[21] essa espécie de desafio constante que a técnica moderna impõe ao homem, cobrando dele a planificação e o cálculo de todas as coisas e obrigando-o, pela pressão mesma, a começar a despertar do esquecimento e da alienação do ser que essa cobrança implica. Assimilando o choque ao *Ge-Stell*, inverte completamente o sentido da experiência descrita por Benjamin: o homem não desperta *para* o mundo moderno e a realidade da técnica; desperta *desse* mundo e *dessa* realidade.

Esvaziado de suas prerrogativas após sucessivas analogias com noções heideggerianas, de deslize em deslize, de distorção em distorção, o choque a esta altura perdeu toda força e especificidade, tornando-se um resíduo, o que resta da criatividade da arte na era da comunicação generalizada. Conceito emasculado, descaracterizado, o choque passa a apresentar duas características:

> "Acima de tudo, fundamentalmente, ele não passa de uma mobilidade e uma hipersensibilidade dos nervos e da inteligência, típicas do homem metropolitano. A essa excitabilidade e hipersensibilidade corresponde uma arte centrada

---

[21] *Ibidem*, p. 77.

não mais na *obra*, mas na *experiência*, pensada entretanto em termos de variações mínimas e contínuas (segundo o exemplo da percepção cinematográfica)".[22]

"E a segunda característica do *choque* enquanto único resíduo da criatividade na arte da modernidade tardia é o que Heidegger pensa por meio da noção de *Stoss*, isto é, o deslocamento e a oscilação que têm a ver com a angústia e a experiência da mortalidade. O fenômeno descrito por Benjamin como *choque* não concerne apenas às condições da percepção, como também não é apenas um fato a ser confiado à sociologia da arte [...]. O *choque-Stoss* é o *Wesen*, a essência da arte, nos dois sentidos que essa expressão tem na terminologia heideggeriana."[23]

Estamos longe de uma concepção segundo a qual a câmera nos abre, pela primeira vez, a experiência do inconsciente óptico; longe de uma técnica fotográfica e cinematográfica capaz de expor à percepção do homem moderno a realidade última; longe de uma terapia de choque pensada como modo de abrir os olhos para uma nova visão do mundo em que se vive; longe de uma politização da visão e pela visão destinada a liberar a consciência da tradição e a contribuir, assim, para a construção de uma nova sociedade. Agora, o choque nem mais consiste primordialmente num método de transformação da percepção. Seu poder revolucionário tornou-se um *frisson* metafísico através do qual a obra de arte leva o homem moderno a "uma liberdade problemática", a liberdade de oscilar continuamente entre o pertencimento e o deslocamento, tão vaga que "sentimos dificuldade em conceber tal oscilação como liberdade".[24]

---

[22] *Ibidem*, pp. 80-1.

[23] *Ibidem*, p. 81.

[24] *Ibidem*, p. 19.

A despolitização é, portanto, total. Na sociedade da comunicação a questão da dominação e da opressão, tão caras a Benjamin, nem mais se coloca. "Com efeito", escreve Vattimo,

> "o advento da mídia também comporta maior mobilidade e superficialidade da experiência, que se opõem às tendências à generalização da dominação na medida em que dão lugar a uma espécie de 'enfraquecimento' da noção de realidade, o que acarreta um enfraquecimento de sua autoridade. A 'sociedade do espetáculo' de que falam os situacionistas não é apenas a sociedade das aparências manipuladas pelo poder; é também a sociedade na qual a realidade se apresenta sob aspectos mais frouxos e mais fluidos e na qual a experiência pode adquirir os traços da oscilação, do deslocamento, do jogo".[25]

De olho na ameaça fascista e no emprego que o nazismo fazia da técnica, Benjamin preconizara a politização da arte. Interpretando ironicamente a sua noção de choque, Vattimo estetiza a política benjaminiana da percepção, tornando-a uma experiência niilista de fruição estética pós-moderna.

* * *

Uma confrontação entre os textos de W. Benjamin e de G. Vattimo expressa muito mais do que a relação entre dois autores. De certo modo, se a interpretação irônica de "A obra de arte..." é possível, é porque o prognóstico de Benjamin não se cumpriu, o que não significa que ele tenha deixado de ter razão ou que seu pensamento tenha perdido a pertinência quanto ao potencial revolucionário do que, no rastro de Gilbert Simondon, poder-se-ia denominar uma "tecnoestética". Que esse potencial não tenha prevalecido, que a função social da arte tenha sido outra, que a metamorfose da percepção tenha assumido uma outra direção e sentido — tudo isto,

---

[25] *Ibidem*, p. 83.

com desconforto, seria preciso admitir, até mesmo para tentar entender o que autoriza essa espécie de apropriação "indébita" de categorias benjaminianas.

Seis meses antes de ser publicada *La società trasparente* em abril de 1989 (ano da queda do muro de Berlim, sempre é bom lembrar), em outubro de 1988, portanto, Paul Virilio lançou em Paris seu livro *La machine de vision*. Parece-me interessante evocar esse texto, e confrontá-lo com os dois outros analisados anteriormente, porque através do encontro e do desencontro entre todos eles o leitor poderá ter uma ideia da dificuldade em que nos encontramos para conceber com clareza o que está acontecendo com nossa experiência perceptiva.

Assim como o livro de Vattimo começava por afirmar a perda do "senso de realidade", em virtude da multiplicidade de visões de mundo suscitada pela explosão fenomenal da comunicação, o de Virilio começa pela "amnésia topográfica", essa espécie de esquecimento do lugar em que se encontra aquele que não desperta completamente ou que, ao despertar, se conduz segundo os automatismos habituais, sem se dar conta de que se acha num local insólito. Começa, portanto, pela incapacidade de se imaginar o espaço em virtude da impossibilidade de se lembrar da ordem das coisas no espaço e no tempo. Vale dizer: pela incapacidade de selecionar lugares e de formar imagens, isto é, de construir imagens mentais.

Virilio vincula a amnésia topográfica ao que chama de "visão disléxica". Os disléxicos da imagem, afirma o autor referindo-se explicitamente a Benjamin, não sofrem de um analfabetismo da imagem, não são como o fotógrafo que não consegue ler suas próprias fotos — são como os alunos que têm uma dificuldade crescente de compreender o que leem, por serem incapazes de *re-presentar*. Ora, no entender de Virilio, são os instrumentos ópticos que criam a visão disléxica... e isso tem início com o telescópio.

"Desde sua aparição, os primeiros aparelhos ópticos (a câmera escura de Alhazen no século X, os trabalhos de Roger Bacon no século XIII, a multiplicação a partir da Renascença de próteses visuais como o microscópio, as lentes, as lunetas astronômicas...) alteram gravemente os contextos de aquisição e restituição topográficas das imagens mentais, a *exigência de se re-presentar*, essa transformação da imaginação em imagens [...]. No momento em que pretendemos procurar as formas de ver mais e melhor o não visto do universo, estamos no ponto de perder o frágil poder de imaginar que possuíamos. Modelo das próteses de visão, o telescópio projeta a imagem de um mundo fora de nosso alcance e, enquanto uma outra forma de nos movermos no mundo, a *logística da percepção* inaugura uma transferência desconhecida do olhar, cria o choque (*télescopage*) entre o próximo e o distante, um *fenômeno de aceleração* que abole nosso conhecimento das distâncias e das dimensões."[26]

Iniciada muito antes do advento da fotografia, a transformação da percepção evolui, portanto, ao longo de séculos; mas é no século XIX, com a fotografia instantânea e o telégrafo, que as imagens e as palavras também passam a se chocar na velocidade da luz, que o processo tende a desembestar até a "decolagem retiniana" em 1895, "a movimentação do instantâneo pelo cinematógrafo".[27] A partir daí, a multiplicação de instrumentos visuais e audiovisuais e sua utilização cada vez mais intensa e mais precoce aceleram a transferência do olhar e introduzem uma codificação das imagens mentais cada vez mais elaborada, que interfere na percepção e compromete a consolidação da memória. "*Tudo o que vejo encontra-se por princípio ao meu alcance (pelo menos ao alcance do meu olhar), destacado sobre o mapa do 'eu posso'.*" Nesta frase importante, Merleau-Ponty descreve precisamente o que vai ser arruinado por uma teletopologia que se tornou comum. O essencial do que vejo

---

[26] Paul Virilio, *La machine de vision*, Paris, Galilée, 1988, pp. 20-1. Grifos do autor.

[27] *Ibidem*, p. 17.

não está mais, por definição, a meu alcance e, ainda que se encontre ao alcance do meu olhar, já não se inscreve obrigatoriamente no mapa do "eu posso". A logística da percepção destruiu, de fato, o que os antigos modos de representação conservavam desta felicidade original idealmente humana, este "eu posso" do olhar.[28] A introdução e a disseminação das técnicas de produção e reprodução da imagem criariam, portanto, um efeito bastante diverso daqueles apontados por Benjamin e por Vattimo; aqui não se considera que elas permitam o acesso ao inconsciente óptico e ao desvelamento da realidade por trás das aparências, nem às muitas visões de mundo, ao cruzamento e à contaminação das imagens, às múltiplas reconstruções que tornam a realidade "em si" inconcebível. Com Virilio está em questão uma perda, que não é a perda da aura nem a perda da ilusão de verdade. Está em causa, sim, a erosão do princípio de realidade, mas esta não conduz a um novo tipo de emancipação, como em Vattimo.

"Com os materiais de transferência, não acedemos, portanto, a esse *inconsciente produtivo da visão* com o qual em sua época sonhavam os surrealistas, a propósito da fotografia e do cinema, mas à sua *inconsciência*, a um fenômeno de aniquilação dos lugares e da aparência, cujo alcance futuro ainda mal podemos conceber. Embora fosse um fato praticamente sem precedentes na história das sociedades humanas, *a morte da arte*, anunciada desde o século XIX, seria nada mais do que um primeiro e terrível sintoma, o surgimento desse mundo desregulado de que falava Hermann Raushning, o autor de *A revolução do niilismo*, a respeito do projeto nazista: *a derrocada universal de toda ordem estabelecida, o que em termos da memória humana jamais se viu.*"[29]

---

[28] *Ibidem*, pp. 26-7. Grifos do autor.

[29] *Ibidem*, pp. 27-8. Grifos do autor.

Virilio considera 1914 como o momento decisivo em que a transferência do olhar para o instrumento óptico se completa, em que o homem moderno sucumbe à inconsciência, no plano da visão. Ernst Jünger já observara a transformação fundamental que a técnica moderna introduzira na prática da guerra; Virilio vai considerar que a metamorfose da percepção se dá quando, diante da guerra, os soldados europeus e americanos já não creem mais no que veem, quando sua *fé perceptiva* é subordinada à fé na técnica, isto é, quando a visão é enquadrada pela linha do raio visual numa arma de mira. Para Virilio, portanto, a principal técnica a operar a transformação perceptiva não é o instrumento óptico que permite uma ampliação da visão, mas a arma que permite que a visão humana seja subjugada.

"O que vemos quando o olhar, sujeitado a esse material de mira, encontra-se reduzido a um estado de imobilidade estrutural rígido e quase invariável? Vemos apenas essas porções instantâneas captadas pelo olho de ciclope da objetiva e *a visão passa de substancial a acidental.* Apesar do longo debate em torno do problema da objetividade das imagens mentais e instrumentais, a revolucionária mudança de regime da visão não foi claramente percebida e a fusão/confusão do olho com a objetiva, a passagem da visão à visualização, instalaram-se facilmente no costume. À medida que o olhar humano se congelava, perdia sua velocidade e sensibilidade naturais, em contrapartida as tomadas tornavam-se cada vez mais rápidas."[30]

Amnésia topográfica e teletopologia, *télescopage*, dislexia visual e incapacidade de re-presentar, transferência do olhar e inconsciência, desregulação da percepção e perda da fé perceptiva — no fio do texto Virilio vai desenhando não uma metamorfose, mas uma crise que vai abrir as portas para a modelização da visão e a

---

[30] *Ibidem*, pp. 38-9. Grifos do autor.

estandardização do olhar. Processo para o qual a arte vai trazer a sua contribuição, uma vez que a crise da percepção é também a sua própria crise.

A visão humana deixa de ser substancial e passa a ser acidental. Essa é a questão central que atravessa todo o livro *La machine de vision*. Não há como resumir aqui o mapeamento impressionante que Virilio faz do processo de transferência do olhar ao longo dos séculos XIX e XX até que a "máquina de visão", capaz de realizar não só um reconhecimento das formas, mas principalmente uma interpretação completa do campo visual, inaugure a possibilidade de "uma visão sem olhar", na qual uma câmera de vídeo acoplada a um computador assumirá a função de analisador do ambiente e, com ela, a capacidade de interpretar automaticamente o sentido dos acontecimentos, tanto no campo da produção industrial quanto no da robótica militar. Quando então se prepara a automação da percepção, isto é, a delegação a uma máquina da análise da realidade objetiva, Virilio crê que é tempo de se interrogar sobre a imagem virtual, aquela que persiste unicamente na memória visual mental ou instrumental.

Se há aqui um problema, é o do "desdobramento do ponto de vista": o do sujeito que percebe e o da máquina de visão, que produzirá imagens virtuais instrumentais, isto é, imagens de síntese realizadas *pela* máquina *para* a máquina, imagens que o homem não poderá ver mas tem de imaginar. Virilio se pergunta:

> "Como doravante rejeitar o caráter *factual* de nossas próprias imagens mentais, se devemos recorrer a elas para adivinhar, estimar aproximativamente o que a máquina de visão percebe?".[31]

A máquina de visão, máquina digital, não lida com um princípio de realidade, mas com um "efeito de real", isto é, com a fusão/confusão relativista do factual (do operacional) com o virtual

---

[31] *Ibidem*, p. 127. Grifos do autor.

— a ótica digital processa uma interpretação estatística das formas que "vê". A partir da constatação dessa diferença entre percepção humana e percepção eletrônica, uma série de perguntas sobre a persistência da imagem na retina parece assaltar Virilio. A descoberta da persistência retiniana permitira o desenvolvimento da cronofotografia de Marey e da cinematografia de Lumière. Como não se compreendeu que tal descoberta nos fazia entrar num outro campo da persistência mental das imagens? — indaga Virilio. "Como admitir o caráter factual do fotograma e rejeitar a realidade objetiva da imagem virtual do espectador de cinema?"[32] Acreditava-se que a persistência visual concernia apenas à retina; mas hoje sabe-se que ela se deve ao sistema nervoso de registro das percepções oculares. "Como aceitar o princípio da persistência retiniana sem aceitar ao mesmo tempo o papel da memorização na percepção imediata?"[33]

A interrogação sobre a imagem virtual, aquela que persiste unicamente na memória visual mental ou instrumental, leva Virilio a considerar que toda *apreensão visual* é simultaneamente uma *apreensão do tempo*, tempo de exposição que acarreta uma memorização consciente ou não, dependendo da velocidade da *tomada*. A objetivação da imagem é, portanto, uma questão de tempo, "tempo de exposição que mostra ou que não permite mais ver".[34] Inventada para ver, e prever, em nosso lugar, a máquina de visão vai perceber sinteticamente operações ultravelozes que não podemos ver em virtude da debilidade da profundidade temporal da apreensão visual humana.

O ponto de vista da máquina de visão torna definitivamente relativo o ponto de vista humano. E o que parece fundar a relatividade dos pontos de vista tanto do homem quanto da máquina é a velocidade, mais especificamente a velocidade da luz, constante universal que desde Einstein subvertera as noções da realidade físi-

---

[32] *Ibidem*, p. 128.

[33] *Ibidem*, p. 128.

[34] *Ibidem*, p. 129. Grifos do autor.

ca e agora, com a tecnologia digital, conclui a subversão das noções da realidade visual. "Se as categorias do espaço e do tempo tornaram-se relativas (críticas)", escreve Virilio,

"é porque o caráter absoluto deslocou-se da matéria para a luz, e sobretudo para sua velocidade-limite. Assim, o que serve para ver, ouvir, medir e portanto conceber a realidade, é menos a luz que sua rapidez. Doravante, a velocidade serve menos para se deslocar facilmente do que para ver, conceber mais ou menos nitidamente. A *frequência tempo da luz* tornou-se um fator determinante da percepção dos fenômenos, em detrimento da *frequência espaço da matéria* [...]".[35]

Ora, a frequência tempo da luz se expressa como intensidade e não como extensão.

Como se dá a percepção visual da máquina e do homem à luz dessa velocidade? Vejamos primeiro o caso da máquina. Segundo Virilio, a óptica "passiva" das lentes das objetivas fotográfica e cinematográfica vê e não vê a partir da relação entre sombra e luz; mas tal não é o caso da óptica "ativa" da videoinfografia: aqui, o sombreamento e a iluminação se dão em virtude

"de uma maior ou menor *intensificação da luz*, intensificação que não passa de uma aceleração negativa ou positiva dos fótons. Como o próprio traço da passagem destes últimos pela objetiva está acoplado à maior ou menor rapidez dos cálculos necessários à digitalização da imagem, o computador do PERCEPTRON funciona como uma espécie de CÓRTEX OCCIPITAL ELETRÔNICO".[36]

Nesse caso não há propriamente imagem, pois a interpretação da máquina limita-se a uma série de impulsos codificados cuja configuração não podemos nem mesmo imaginar. A visão humana tam-

---

[35] *Ibidem*, p. 149. Grifos do autor.

[36] *Ibidem*, p. 152. Caixa-alta e grifos do autor.

bém consiste numa série de impulsos luminosos e nervosos descodificados pelo cérebro à razão de 20 milissegundos por imagem. Entretanto, o que qualifica a diferença de processamento num caso e no outro? Para tentar discriminar essa diferença, Virilio postula um terceiro tipo de energia, além da energia potencial, em potência, e da energia cinética, aquela que provoca o movimento, com que trabalham os físicos. A estas o pensador das tecnologias sugere que se acrescente a *energia cinemática*, ou "energia de observação", "que resulta do efeito do movimento e de sua maior ou menor rapidez sobre as percepções oculares, ópticas e optoeletrônicas".[37] Com efeito, com a automação da percepção, continua Virilio,

> "as categorias habituais da realidade energética revelam-se insuficientes: se o tempo real sobrepuja o espaço real, se a imagem sobrepuja o objeto e até o ser presente, se o virtual sobrepuja o atual, é preciso tentar analisar as incidências dessa lógica do tempo 'intensivo' sobre as diversas representações físicas. Lá onde a era do tempo 'extensivo' justificava ainda uma lógica dialética *distinguindo nitidamente o potencial do atual*, a era do tempo intensivo exige uma melhor resolução do princípio de realidade no qual a própria noção de virtualidade seria revista e corrigida".[38]

Aceitar a "energia da observação" implica em reconhecer a existência de um novo tipo de intervalo, além dos clássicos intervalos de espaço e de tempo: o intervalo-luz que, paradoxalmente, teria signo nulo e não negativo, como o intervalo de espaço, ou positivo, como o de tempo, pois como o trajeto da luz é absoluto, a comutação entre a emissão e a recepção seria instantânea, prescindindo da comunicação, que exige uma certa espera. Ora, a aceitação da "energia da observação" traria, como consequência, uma

---

[37] *Ibidem*, pp. 130 e 154. Grifos do autor.

[38] *Ibidem*, p. 154. Grifos do autor.

mudança nas próprias bases sobre as quais se constrói nosso princípio de realidade, uma vez que esta se tornaria a realidade do trajeto do intervalo-luz, e não mais a realidade do objeto e dos intervalos de espaço e de tempo. O que Virilio exprime com grande acuidade ao escrever:

"A questão filosófica não seria mais: 'A que *distância* de espaço e de tempo se encontra a realidade observada?', mas desta vez: 'A que *potência*, em outras palavras a que velocidade se encontra o objeto percebido?' [...] *o trajeto assume a precedência sobre o objeto*. Como, então, situar o 'real' ou o 'figurado', senão através de um 'espaçamento' que se confunde com uma 'iluminação'? Para um observador atento, a separação espaçotemporal não passa de uma figura particular da luz, ou mais precisamente ainda: da luz da velocidade. Com efeito, se a velocidade não é um fenômeno mas sim *a relação entre os fenômenos* (a própria relatividade), a questão evocada da distância de observação dos fenômenos resume-se na questão da potência da percepção (mental ou instrumental)".[39]

Focalizando a diferença entre a visão da máquina e do homem à luz da velocidade, Virilio descobre na potência da percepção mental ou instrumental o fator constitutivo de seus respectivos pontos de vista. Se isto é verdade, o pensador tem razão ao afirmar que é tempo de se interrogar sobre a imagem virtual, aquela que persiste unicamente na memória visual mental ou instrumental; tem razão de inquietar-se com a inconsciência que se instala com a desregulação da percepção e a perda da fé perceptiva, e de alertar para a modelização da visão e a estandardização do olhar. Quando a modernidade chega ao fim, o homem parece estar perdendo a capacidade de perceber e de imaginar, isto é, de produzir as imagens que con-

---

[39] *Ibidem*, p. 155. Grifos do autor.

ferem sentido à sua experiência, parece estar abdicando do exercício da potência da percepção, do "eu posso" do olhar.

Insistindo na importância do tempo de exposição que mostra ou que não permite mais ver, insistindo na questão da persistência retiniana, questão esquecida e pela qual, ao que parece, tudo começou, Virilio nos convida a retomar, num sentido crítico, as metamorfoses da percepção:

> "De fato, se toda imagem (visual, sonora) é a manifestação de uma energia, de uma potência desconhecida, a descoberta da persistência retiniana seria muito mais do que a estimativa de um *atraso* (a impressão da imagem na retina); é a descoberta de um *congelamento da imagem* (*arrêt-sur-image*) que nos fala do desenrolar, desse 'tempo que não para' de Rodin, isto é, do tempo intensivo da clarividência humana. Com efeito, se a um dado momento do olhar, ocorre uma *fixação*, é porque existe uma energética da óptica, a 'energética cinemática' que nada mais é que a manifestação de uma terceira forma de potência, sem a qual a distância e o relevo aparentemente não existiriam, pois essa mesma 'distância' não poderia existir sem 'espera', uma vez que o distanciamento só surge através da iluminação da percepção, como pensavam, a seu modo, os antigos".[40]

* * *

Benjamin, Vattimo, Virilio — três concepções da transformação da visão pelas técnicas mecânica e eletrônica. A de Benjamin, resolutamente moderna, as de Vattimo e Virilio "pós-modernas", muito embora com sentidos muito diversos, para não dizer conflitantes e até mesmo contrários. É claro que outras concepções poderiam ter sido tratadas, outros autores escolhidos. Os próprios artistas poderiam ter sido convocados, como Bill Viola, cuja reflexão

---

[40] *Ibidem*, p. 157. Grifos do autor.

parece fundamental para entender a potência da visão humana acoplada à tecnologia eletrônica. Aqui, entretanto, o que se pretendeu foi contrapor a noção de choque benjaminiana, à de *spaesamento* de Vattimo, e à de *télescopage* de Virilio. Nessa confrontação arma-se uma problemática da visão moderna e contemporânea que se configura antes de tudo como uma crise e uma transição.

A reflexão de Virilio sobre a imagem virtual (aquela que persiste unicamente na memória visual mental e instrumental) e sobre a potência da percepção humana e não humana parece fundamental para entendermos nossa própria experiência perceptiva. O convite que nos é feito para retomarmos a questão do processamento da imagem em nossos olhos não nos ajuda apenas a compreender as implicações da modelização da visão e da estandardização do olhar. Nos ajuda também a escrutar as possibilidades de uma política da visão em tempos de acelerada transformação tecnológica — e isso nos leva de volta a Walter Benjamin.

Benjamin e Virilio nos ajudam, por exemplo, a ver *Dancer in the dark* (*Dançando no escuro*), a primeira obra-prima do cinema digital, cuja questão fundamental é: Como lidar com a cegueira que progressivamente toma conta de nós? Selma (Björk), a personagem central do filme de Lars von Trier, é uma jovem operária que está ficando cega e se mata de trabalhar para pagar a cirurgia capaz de curar seu filho da doença que a aflige, e que se transmite de uma geração a outra. Mas não assistimos apenas a sua agonia e obstinação. Além de integrar um grupo de teatro amador que ensaia a montagem de *A noviça rebelde*, ela é uma espectadora especial dos musicais de Hollywood: no cinema, sua amiga Kathy (Catherine Deneuve) dedilha na palma de sua mão o movimento da dança que se executa na tela, e Selma constrói mentalmente o que se passa. É que ela está habituada a "fazer cinema". No chão da fábrica, para resistir à desumanização imposta pelo fordismo e afirmar sua humanidade, costuma alterar o ritmo do movimento mecânico, fazendo da repetição que a oprime uma diferença libertadora. A transformação do ritmo sonoro contagia então as imagens, que ganham um brilho intenso, enquanto todos os envolvidos, deixando de lado o trabalho e o sofrimento, se põem a dançar. A chave da conversão encontra-se, portanto, na possibilidade de mudar de ritmo e de intensidade, de ritmo de produção dos sons, de intensidade de produção de imagens, dentro da mente e fora dela — na tela.

É que Lars von Trier nos expõe a um duplo cinema — o cinema moderno e mecânico que corresponde à alienante vida operária de Selma, e o cinema contemporâneo e eletrônico, que corresponderia à sua utopia, à busca de um mundo melhor. A passagem de um ao outro se dá, porém, na visão-não-visão de Selma, vale dizer nas imagens virtuais que ela produz a partir da mudança do ritmo sonoro e da intensificação do brilho do que percebe; nos termos de Virilio, a partir da iluminação da percepção. Como se Trier filmasse a realidade atual e a realidade virtual de Selma, o contraste e a tensão entre as duas, a passagem do desespero à esperança; como se o cinema digital do próprio Trier consistisse na captação eletrônica do trajeto do que Selma percebe-não-percebe e do que persiste na retina e na memória. Como se Trier nos expusesse ao exercício da potência da percepção, do "eu posso" do olhar.

TECNOLOGIA
E ARTE

Bill Viola, *I do not know what it is I am like*, 1986, vídeo.

9.
BILL VIOLA, XAMÃ ELETRÔNICO*

I do not know what it is I am like é a reunião e o encadeamento de cinco vídeos curtos: *Il corpo scuro*, *The language of the birds*, *The night of sense*, *Stunned by the drum* e *The living flame*. Talvez fosse recomendável começar tentando entender as articulações entre eles, como partes de um todo; mas há também a possibilidade de acolhê-los como Viola pretendeu que eles se apresentassem, isto é, como um fluxo coordenado de imagens e sons que vão executando um ritual. Mais precisamente, um ritual de cura e exorcismo do olhar.

Joseph Beuys já havia introduzido na cena contemporânea a ligação entre o trabalho artístico e a operação xamânica; mas Beuys era antes de tudo um artista plástico, prolongando e renovando a grande tradição das Belas-Artes. Viola não. Podemos convencionalmente identificá-lo como um *videomaker*, mas ao fazê-lo deixamos de lado o principal: Viola é um xamã que recorre às máquinas eletrônicas como o feiticeiro dispõe de um arsenal de objetos e fetiches para invocar as forças e as potências, e canalizá-las com o intuito de empreender uma transformação. Pertencendo à linhagem dos feiticeiros, Viola, com suas máquinas, se faz veículo de uma purificação.

---

* Texto apresentado em *workshop* do Grupo ETC no Museu da Imagem e do Som, em 13 de maio de 1995, e publicado no *Boletim — Formação em Psicanálise*, ano IV, vol. IV, nº 2, São Paulo, Departamento de Formação em Psicanálise do Instituto Sedes Sapientiae, jul./dez. 1995, pp. 15-25.

Mas é preciso sublinhar que não se trata, aqui, de compará-lo abusivamente aos xamãs do passado ou dos povos primitivos, de qualificar seu trabalho artístico através de metáforas imaginosas; muito ao contrário, trata-se de levar ao pé da letra o que ele mesmo diz e pratica.

Como Elias Canetti, como Gilbert Simondon, Viola sabe que a evolução das técnicas consagra a relação entre a tecnologia de hoje e o mito primitivo, sabe que não há ruptura entre o arcaico e o moderno, sabe que através das técnicas o homem procura concretizar as potências do mito. Por isso mesmo, Viola, nos seus escritos, em suas entrevistas, tem teorizado sobre a genealogia da eletrônica, buscando apontar as conexões do passado com o presente; como se a tecnologia fosse a realização cada vez mais intensa de virtualidades inscritas no mito, o que conferiria ao xamã eletrônico um elevado potencial de abertura para o sublime. Viola tem insistido nesse *approach* para esclarecer o público e convidá-lo a vivenciar uma experiência tecnológica de outra ordem, da ordem da iniciação.

"O vídeo", diz ele em entrevista a Bernardo Carvalho,

"é uma experiência física, mais até que o cinema. A experiência de assistir é uma experiência que tem um efeito direto nos corpos das pessoas. Historicamente, a maioria das disciplinas espirituais, sobretudo as disciplinas orientais com seus sistemas de meditação, são baseadas em treinar o corpo para que se possa superar a mente. O vídeo pode ser um instrumento poderoso para tocar as pessoas diretamente, na percepção, em áreas que a cultura ocidental não leva em conta como um caminho para o conhecimento. Desde a Idade Média, esse caminho na cultura ocidental é feito através do intelecto e não do corpo. O corpo foi negligenciado."[1]

---

[1] Bernardo Carvalho, "Viola participa de Festival no Brasil", *Folha de S. Paulo*.

Viola propõe, portanto, uma experiência ao espectador, em *I do not know what it is I am like*: uma purificação que consiste, ao mesmo tempo, numa iniciação ao ato de ver, um descondicionamento do olhar que permita elevar a percepção até a dimensão extraordinária da vida, da natureza, da matéria, dos elementos. Inspirando-se num sutra, num preceito sânscrito do *Rig Veda*, ele de saída alerta o espectador para que, através do título, considere que a purificação e a iniciação começam pelo reconhecimento de um desconhecimento: "Eu não sei com que me pareço". Reconhecimento que, evidentemente, suscita uma interrogação sobre a imagem, a imagem de mim. Interrogação que toma forma na seguinte pergunta: "Como saber como é minha imagem?".

Assim, antes mesmo do vídeo passar, o xamã, num primeiro movimento, já levou o espectador a uma situação extrema, que envolve um face a face com sua própria imagem — pois para descobri-la o espectador precisa perceber, através dos seus sentidos, o que ele próprio é, e como sua imagem o toca. Criando uma situação extrema, o xamã o faz perceber que deve começar tentando ver se sua imagem o toca como as outras imagens que vê; nesse sentido, o xamã presentifica diante do espectador determinadas imagens, para que ele possa fazer a comparação.

São imagens da natureza, nela incluindo plantas e animais, e imagens dos homens, entre estes o próprio artista; mas são também imagens dos elementos: Água, Terra, Ar e Fogo, invocados, vão se manifestar. O xamã submete os olhos do espectador a essas imagens do mundo. O que se passa? De saída, o espectador fica aturdido: seus olhos estranham, não sabem bem o que estão vendo. É que, logo no início do vídeo, o espectador ouve o som da música ritual e vê um barco oscilando na água; ocorre que, como o barco, a imagem também oscila. A imagem assume o movimento da coisa e por isso se transversaliza, se desequilibra, se inverte e afunda dentro d'água de ponta-cabeça. O espectador percebe que a imagem está assumindo o movimento da coisa, e ao fazê-lo começa a perceber que está ocorrendo uma subversão do espaço e do tempo, uma dilatação difusa. Insuportável para quem se recusa a entregar-se ao ritual, ela, em compensação, vai suavizando e arredondando as arestas do olhar analítico, relaxando o nervo óptico, desarmando o espírito, envolvendo a mente num sutil processo de mudança de estado. Em consequência, a percepção começa a registrar algo que não via, isto é, os movimentos da matéria, as passagens de um elemento para outro, as materializações do sólido, do líquido, do etéreo, as cristalizações, as viscosidades, as combustões que animam os estados da natureza.

Afetados pela subversão operada na imagem, os sentidos passam a comungar com o espaço-tempo das materializações. Através de um dispositivo eletrônico que a enaltece e valoriza, a percepção começa a se dar conta de uma natureza viva que se põe a vibrar na tela e nos alto-falantes, mas também nos olhos e nos ouvidos. A imagem exerce uma atração muito grande, até então desconhecida. Uma sensação de abandono toma conta do corpo do espectador e este parece transportado ao começo do mundo, parece lançar pela primeira vez o olhar sobre a paisagem — imagem inaugural dos bisões pastando na vibração luminosa azul e verde, enquanto ecoam trovoadas primordiais no ponto de fuga do espaço. Como Seurat na pintura, Viola tira o máximo de partido do pontilhismo, aqui intrínseco à própria tecnologia do vídeo. Tudo é brilho, luz e reverberação varrendo a tela e entrando de tal modo em ressonância com os trovões, que estes, paradoxalmente, acabam por expressar o silêncio de um mundo inumano.

A câmera se aproxima e o espectador percebe, pouco a pouco, na imagem, a desumanidade do animal. A pachorra dos bisões, o à vontade na planície imensa, o companheirismo dos pássaros sugerem uma aparente indiferença que na verdade revela a existência de uma realidade quase inacreditável. Encantado, o espectador se pergunta: Como é possível videografar de modo tão preciso a natureza pré-histórica e pré-humana do animal e da paisagem? Como é possível captar suas presenças com tamanha isenção?

Viola é xamã e por isso pode captar e videografar as potências dessas presenças em sua manifestação. Daí essa impressão intensa da imagem no corpo do espectador, daí essa convicção de uma visão direta. Olho no olho, olho humano olhando o bisão olhando-o, o espectador tem a impressão que a superfície da tela tornou-se transparente e que a tecnologia do vídeo passa a intermediar duas presenças frente a frente como se fosse um vidro. Para o animal, o corpo do espectador se faz imagem; para o espectador, é a imagem que toma corpo. Perturbação.

O olho do bisão é substituído pelo fogo à flor da água. O devoto se aproxima e mergulha. Mudamos de elemento. Agora é um peixe beiçudo que nos fixa com olhos esbugalhados, e pouco depois esse peixe dourado de olho nítido, feito um botão. A troca de olhares continua, e dura o tempo suficiente para que percebamos a impenetrabilidade desses olhos, e a diferença enigmática que insiste em se manifestar neles, de um animal para outro. A memória começa a colecionar os olhares, e a compará-los; mas já se apresenta em *close*, de perfil, o olho interessante da ave branca.

O espectador se dá conta de que se trata de ver o olhar, e a variedade de olhares que vão se sucedendo, cada um desumano a seu modo. É a linguagem dos pássaros. Há aquele que expressa incontida exorbitância, há o pelicano afirmando no olho monstruoso o seu caráter absurdo; e há finalmente a coruja, encarando-nos num *zoom* lentíssimo, tentando hipnotizar o espectador com sua força de concentração. Lentamente este vai se aproximando, atraído pelos olhos inquietantes do animal-ícone da filosofia e da razão ocidentais; e então vê, na superfície das pupilas escancaradas, o reflexo do artista com sua câmera. Graças à máquina e a esse tripé que brilha feito luz emitida pelos próprios olhos da coruja, o humano atravessou a superfície polida da tela e instalou-se do lado de lá, no olhar animal. Homem, máquina e animal se fundem numa única imagem eletrônica, pairando no centro da tela.

O espectador descobre que a passagem do humano para o lado de lá, isto é, a sua inscrição como imagem entre imagens da natureza, exige a reflexão. Literalmente. Irrompe então a lembrança da primeira página de *Matière et mémoire*, onde Bergson expõe de modo vertiginoso o que o espectador humano sente e vê:

"Vamos fazer de conta por um momento que não sabemos nada das teorias da matéria e das teorias do espírito, nada das discussões sobre a realidade ou a idealidade do mundo exterior. Eis-me portanto diante de imagens, no sentido mais vago com que se pode tomar essa palavra, imagens percebidas quando abro meus sentidos, desapercebidas quando os fecho. Todas essas imagens agem e reagem, umas sobre as outras, em todas as partes elementares segundo leis constantes, que denomino leis da natureza; e como a ciência perfeita de tais leis sem dúvida permitiria calcular e prever o que se passaria em cada uma dessas imagens, o futuro das imagens deve estar contido em seu presente e nelas nada acrescentar de novo. Entretanto há uma que se sobressai dentre todas as outras pelo fato de eu não conhecê-la apenas de fora através das percepções, mas também de dentro através das afecções: é meu corpo. Examino as condições nas quais essas afecções se produzem: acho que elas sempre vêm se intercalar entre excitamentos que recebo de fora e movimentos que vou executar, como se elas devessem exercer uma influência mal determinada sobre a *démarche* final. Passo minhas diversas afecções em revista: parece-me que cada uma delas contém à sua maneira um convite à ação com, ao mesmo tempo, a autorização de esperar e até de não fazer nada. Olho mais de perto: descubro movimentos começados mas não executados, a indicação de uma decisão mais ou menos útil, mas não o constrangimento que exclui a escolha. Evoco, comparo minhas lembranças: lembro-me que em toda parte, no mundo organizado, devo ter visto essa mesma sensibilidade surgir no momento preciso em que a natureza, tendo conferido ao ser vivo a faculdade de mover-se no espaço, assinala à espécie, através da sensação, os perigos gerais que a ameaçam, e confia que os indivíduos tomarão suas precauções para deles escapar. Interrogo enfim minha consciência sobre o papel que ela se atribui na afecção: ela responde que, com efeito, assiste, sob a forma de sentimento ou de sensação, a todas as *démarches* cuja iniciativa creio tomar, e que ao contrário se eclipsa e desaparece assim que minha atividade, tornando-se automática, declara não precisar mais dela. Portanto, ou todas as aparências são enganosas, ou o ato em que o estado afetivo desemboca não é daqueles que poderiam ser rigorosamente deduzidos dos fenômenos anteriores como um movimento de um movimento, acrescentando então realmente algo novo ao universo e à sua história. Atenhamo-nos às aparências; vou formular pura e simplesmente o que sinto e o que vejo: *Tudo se passa como se, nesse conjunto de imagens que denomino universo, nada de realmente novo pudesse ser produzido senão por intermédio de certas imagens particulares, cujo tipo me é fornecido por meu corpo*".[2]

Se lemos Bergson corretamente, tudo indica que estamos lidando com dois tipos de imagens: as imagens do universo que percebemos e as *imagens particulares* que me são fornecidas pela afecção sentida em meu corpo. Nesse sentido, o filósofo dirá que a superfície de nosso corpo, limite comum desse corpo e dos outros corpos, nos é dada ao mesmo tempo sob a forma de sensações e sob a forma de imagem. Mais ainda: dirá que essas *imagens particulares* surgirão como a impureza que se mistura à imagem, sendo o que projetamos de nosso corpo em todos os outros.[3]

A sensação é portanto uma imagem que se forma a partir do que o espectador sente vendo as imagens. Projeção impura. O xamã levou-o a distinguir a imagem e a *imagem particular* a partir da imagem de si, ou melhor de si mesmo como imagem. E agora o xamã vai purificar a projeção, concentrando a atenção do espectador na qualidade de sua percepção e na qualidade de sua sensação.

---

[2] Henri Bergson, *Œuvres*, 4ª ed., Éd. du Centenaire, Paris, PUF, 1972.

[3] *Ibidem*, p. 365.

O efeito que a operação xamânica exerce sobre o espectador é o de depurar a qualidade de sua percepção visual. O que se dá quando Viola desloca seu foco de interesse da sensação para a visão, faz com que o espectador perca a vontade de atentar para suas projeções e prefira abrir os olhos. Entregue à magia do experimento, o espectador se deixa conduzir pelo *videomaker*, que agora vai lhe mostrar na tela a execução do seu trabalho.

Como todos sabem, o xamã opera com a energia. Do mesmo modo opera o xamã eletrônico. É o próprio Viola quem explica:

> "Quando os aborígenes australianos efetuam seus rituais e dançam seus mitos da criação, representam culturas que evoluíram continuamente por mais de 40 mil anos. Sua dança de hoje conecta-se diretamente de novo com um período de tempo que se passou há muito. Quando dançam suas danças que celebram a criação do mundo, descrevem a criação do universo e evocam a energia da criação do universo. Tal energia é aquela que dirige a vida recém-nascida para o canal do nascimento. É a energia que lhe inspira quando você se senta à frente do teclado do seu sintetizador ou de sua ilha de edição. Acho que perdemos um pouco disso em nossa sociedade, em nossa abordagem da comunicação. Hoje nossa comunicação depende muito frequentemente da representação ou da demonstração, em vez de depender da energia criadora do universo".[4]

É a energia que o inspira quando você se senta à frente de sua ilha de edição — comenta Viola. Ora, é justamente essa energia criadora que vamos ver atuando na "noite do sentido" em que o *videomaker* senta-se à mesa de trabalho. Viola trabalha à noite, no âmago da noite, ao som dos miados escandalosos dos gatos, dos

---

[4] Bill Viola, "On transcending the water glass", *in* L. Jakobson (org.), *Cyberarts — Exploring arts and technology*, São Francisco, Miller Freeman, 1992, p. 4.

latidos de um cachorro, do barulho de avião. A atmosfera do ambiente é habitual, banal. O artista bebe café, lê, folheia textos, detém-se no desenho de um cérebro e, do outro lado da página, na figura didática de um homem frente ao fogo — a exemplificar o par ação-reação, percepção-sentido, estímulo-resposta. Na tela surgem desenhos de uma coluna vertebral, que logo dão lugar às imagens de um ovo, de uma pedra, de uma barca contendo pérolas e a casca de um caramujo. Todas elas são imagens estáticas de presenças inertes, de coisas e representações de coisas. Viola passa então a trabalhar com seus aparelhos.

No monitor, avança a imagem do pelicano que já víramos. Viola a detém, faz anotações, examina, manipula. As sucessivas imagens de aves ora são postas em movimento, ora são estancadas pela mão do artista. Na tela do monitor agora entram as imagens de um ritual do fogo no Templo Mahadevi, em Suva, ilhas Fiji. Enquanto elas desfilam no vídeo, ouve-se o correr da caneta escrevendo sobre o papel, logo sobrepujado pela música ritual e o canto pastoso dos homens. O espectador está portanto diante de uma típica situação de trabalho. Tudo parece estar em ordem, cada coisa em seu lugar... e cada imagem em seu movimento previsível. Viola levanta-se, vai à cozinha, come, abre a torneira. Nela o espectador vê seu reflexo fugaz. Retomando a reflexão operada nos olhos da coruja, tal incorporação ao ambiente é o que basta para detonar a percepção bergsoniana do copo d'água com açúcar. O espectador experimenta a lenta e magnífica transformação da imagem, que vai revelando a presença de uma árvore aparentemente dentro do copo. A imagem dura... e no entanto se transforma enquanto dura. Terminada a revelação, Viola intervém, tira o copo, mostra a árvore que se encontrava atrás dele, desfaz a aparência de realidade que se configurara na visão do espectador.

Sua mão deposita o copo na mesa, pega a caneta e escreve.

Na madrugada do pacato escritório já ocorreram, então, dois tipos de movimento de transformação das imagens: há as imagens videografadas que são manipuladas no monitor; e há a imagem do copo, cujo movimento Viola não manipula, mas sim, muito ao contrário, respeita e registra em toda a sua duração. Em ambos os casos há fluxo e corte de fluxo — diriam Deleuze e Guattari; mas no primeiro, há fluência das imagens de animais e de homens a partir de um ritmo decidido pelo humano, enquanto no último, há a fluência das imagens do mundo em seu ritmo próprio. E, entre uma e outra fluência, há uma reflexão do homem no mundo, como que a pontuar a existência dos diversos estatutos da imagem.

As perguntas que a percepção faz despontar nesse momento são: Como combinar essas fluências? Quando respeitar os imperativos da duração de uma ou de outra? Tais indagações suscitam evidentemente nova reflexão. Aliás, mal termina a experiência do copo d'água, e a reflexão já ressurge, insinuando-se como o rosto duplicado do artista nas gotas sobre a mesa. O espectador é avisado, pelo som da escritura e pelos miados, que o trabalho prossegue madrugada adentro. Ele tem a impressão que Viola escreve à medida que descobre; e que, portanto, está assistindo à realização do roteiro do vídeo ao mesmo tempo em que assiste ao próprio vídeo! Como se estivesse vendo a captação mesma das imagens por Viola, isto é, a sua inspiração pelo artista. Como se o xamã se limitasse a tornar-se uma espécie de antena captando a frequência através da qual as imagens se apresentam como o que são: energia tomando forma.

As imagens são a liberação de uma energia tomando forma — o que, aliás, é de uma evidência gritante na aparição do pé de romã com suas frutas, em sucessivas aproximações. As imagens são transformação. Em contrapartida, na imagem, aos olhos do espectador o homem parece ser sempre o mesmo, sempre a mesma reflexão. Ainda agora lá está Viola lendo entre duas lâmpadas, ao som dos latidos; a câmera recua: o espectador se dá conta de que se trata de um reflexo numa bola de vidro; mas logo Viola se levanta, sai do reflexo, acende uma luz que nos revela um aquário; a câmera vai se aproximando, nele há uma paisagem, um mundo.

O que importa são as trans-formações, isto é, a energia tomando forma... a in-formação. Reveladas nas imagens, as transformações da matéria fazem ver ao espectador que a sua própria matéria se transforma, obedecendo ao mesmo dinamismo. O espectador percebe que o olho humano é luz, uma vela acesa cuja chama tremula, refletida na pupila. Como em Empédocles, o olho vê o fogo com o seu fogo, há uma atração mútua dos elementos, há convergência e comunhão. Por isso o xamã, comungando com a matéria, come a natureza morta, come o peixe e o pão, toma o vinho, deixando na salva de prata o seu reflexo. O xamã incorpora a natureza, não como natureza morta mas como natureza viva, movente, fluente como esse caramujo extraordinário saindo do barco, ou como esse ovo perfeito quebrando-se durante o nascimento do pintinho. Na imagem, a natureza está viva, a natureza é surreal, é o elefante entrando no escritório e no quadro, é o animal absurdo tomando o lugar de Viola quando este abandonou a cena e a luz se acendeu.

Há pouco foi dito: o efeito que a operação xamânica exerce sobre o espectador é o de purificar a qualidade de sua percepção visual. Agora que os olhos do espectador já se acostumaram a ver a duração e a transformação das imagens no tempo próprio das coisas, Viola vai fazê-los sentir a violência de uma aceleração da montagem. Ao ritmo de um tambor que esconde numa imagem estroboscópica o aparecimento e o desaparecimento de um cão bravio atacando, Viola dá ao espectador o tempo de sentir o impacto das imagens como que num piscar de olhos, ao alternar a presença delas com intervalos de escuridão ou de luminosidade variada. A tela passa a ser pura emissão de luz, fogo e imagens reverberando nos olhos como ondas de intensidade, até que pombas brancas, esvoaçantes, irrompem na tela. Atordoada com a agressão do ritmo impressionante, a percepção experimenta a emissão como pulsação. Subtraído das formas, divisando apenas o dinamismo das imagens, a sua potência, o espectador está pronto para ver o fogo e o seu culto.

Segue-se a longa sequência de *The living flame* com os adoradores do fogo do Templo Mahadevi. Talvez fosse possível vê-la isoladamente como um documentário etnográfico sobre um costume exótico; mas a esta altura, inserido no fluxo do vídeo, mais parece o clímax da celebração do ritual que se passa simultaneamente na tela e no olho. Introduzido nas provas que pontuam o culto, confrontando com as manifestações de fé e de autossuperação dos praticantes em transe, o espectador não estranha mais. A exaltação se apodera da imagem e do som, consumindo os homens, a música e as vozes. Tudo é operado e alterado eletronicamente; e no entanto, aos olhos do espectador, a alteração se justifica plenamente porque ocorre para expressar uma "alteração" maior ou, como se diz, uma "força maior". É que, a seu modo, e graças à intervenção do xamã, o espectador já efetuou também uma travessia, já passou pelo braseiro.

A câmera se detém numa prece que vai encerrar as imagens do culto. Um clarão azulado no terço inferior do quadro assegura a transição, a volta para a natureza. O espectador pressente que o ritual de sua cura vai terminar, percebe que as imagens vão desaparecer. Um peixe sai da água, gira em círculos no ar e aterrissa na floresta, antes de se decompor pela combustão. Até quando morta, a natureza é transformação. Como o peixe desmaterializado em luz, a imagem também vai desaparecer, deixar de iluminar.

A experiência de purificação e iniciação chega ao fim. O espectador certamente continuará dizendo: Eu não sei com que me pareço. Não porque não saiba como é a sua imagem. O espectador não sabe com que se parece porque *aparece* como suporte de muitas imagens. No face a face com elas, ele se descobriu como tela e como projetor; na visão direta, viu-se como receptáculo das imagens do mundo e emissor de projeções, de imagens particulares.

O espectador viu porque o xamã soube mostrar. Sabendo das coisas, o xamã evidentemente sabe das imagens. Por isso, não é possível concordar com o *videomaker* quando, ao final de um texto brilhante sobre o vídeo, ele conclui que o que nos falta é o *vidente da aldeia*.[5] O xamanismo eletrônico nos fez perceber que ele existe, não nos falta. Seu nome é Bill Viola.

---

[5] Bill Viola, "The sound of one line scanning", in *Reasons for knocking at an empty house: Writings 1973-1994*, organizado por Robert Violette, Londres, Thames and Hudson/Anthony d'Offay Gallery, 1995, p. 168.

10.
PAISAGENS ARTIFICIAIS*

"Paisagens artificiais" — o título desta intervenção, desde que me foi proposto, a um só tempo seduziu-me e intrigou-me: não consegui atinar com a razão que o motivou nem superar a estranheza que a justaposição dessas palavras suscita. Por isso, obviamente, foi necessário aprender a conviver com elas, com ele.

"Paisagens artificiais" contém a ideia de uma perversão da paisagem natural, aquela à qual nos referimos quase que obrigatoriamente, e cuja existência parece incontestável. Mas eis que os processos tecnológicos se impõem e passam a duplicá-la, reproduzi-la, interrogá-la, questioná-la, a rivalizar com ela, desvirtuá-la, desbancá-la... A ponto de pretenderem reivindicar a existência de um outro tipo de paisagem, ou melhor, paisagem de uma outra natureza. Embutido no tema desta mesa, talvez exista o seguinte pressuposto ou expectativa: de que as paisagens artificiais seriam de uma outra natureza.

Se isto for verdade, devemos admitir que com as paisagens artificiais passamos a ver algo muito diferente do que víamos. Cumpre então perguntar: Em que consistiria essa diferença? O bom senso diria que a paisagem natural é "real", enquanto a outra é inventada. Uma seria a realidade feita imagem, a outra, a imagem feita realidade. Entre a paisagem natural e as paisagens artificiais haveria, portanto, uma barra de oposição.

* * *

---

* Conferência apresentada no Seminário "Paisagens Artificiais", promovido pela Secretaria do Estado da Cultura de São Paulo, no Museu da Imagem e do Som, São Paulo, 25/11/1996.

O exercício que se propõe aqui visa mostrar que tal polarização é improcedente, tão improcedente quanto as oposições entre realidade e imagem e entre natureza e tecnologia. O exercício busca o caminho do meio, busca o que se passa entre a natureza e o artifício, não como negatividade, como afirmação de um polo *contra* o outro, mas sim como sintonia, correspondência e complementaridade. O exercício busca tornar perceptível esse estado intermediário no qual tecnologia e natureza se encontram como se nunca tivessem estado separadas.

Toda paisagem é forçosamente natural *e* artificial, porque nenhuma paisagem existe para si, mas sim para uma mente que a percebe e a concebe. É para ela que toda e qualquer paisagem se produz, mas é nela que tal produção se realiza. Nesse sentido, toda paisagem é uma invenção, seja ela resultado de uma dinâmica do real, ou do real pensado.

O caminho do meio preconiza que nos preparemos para ver a paisagem. O que requer aquela disciplina de despoluição, desobstrução do olhar, que faz o pintor Gérard Fromanger afirmar: não se trata mais de pintar uma imagem na tela, mas, antes de tudo, de limpá-la de todas as imagens, todos os clichês que nela imediatamente se precipitam. O caminho do meio recomenda desapegar-se dos olhos do hábito, olhos indiferentes, e tentar desenvolver os olhos com que olha o monge tibetano, o poeta japonês que faz *haiku*, Andrei Tarkovski, James Turrell ou Bill Viola: *visão direta*. O caminho do meio preconiza que respiremos a paisagem, como sugere Benjamin e como pratica Cézanne, ao "estudar o motivo", isto é, a montanha Sainte Victoire. O caminho do meio preconiza que a montanha e os olhos se encontrem por contato e contágio, fogo do olho com fogo do mundo, no entender de Empédocles.

A visão direta de uma paisagem implica necessariamente em ver o que há de mágico na sua produção. Isto é, implica em ver o quão extraordinário é ver o mundo se fazendo imagem. Ver a paisagem como se ela fosse um momento intermediário entre a miragem e a alucinação, entre a imagem que o mundo produz e a que a mente cria. Ver a paisagem como imagem de passagem, como reverberação de uma potência que se atualiza entre dois pontos. Respirar a paisagem é conhecê-la intimamente, fisicamente, entrando dentro dela e deixando que ela nos absorva, expondo-nos ao que se expõe, posse mútua. Hölderlin tem dez ou onze anos e brinca com seu meio-irmão às margens do Neckar; e então, bruscamente, por acaso, levanta os olhos:

> ... O rio se mantinha
> Na tarde faiscando

Tomado pelo estupor, o menino cambaleia, e se ajoelha para rezar.[1]

A visão direta de uma paisagem implica em encontro e perda. Vejamos dois exemplos, nos quais Buson, o poeta japonês do século XVIII, e Bill Viola, o artista norte-americano do século XX, veem o relâmpago.

Buson escreve:

> Com a luz do relâmpago,
> Barulho de pingos —
> Orvalho nos bambus.

Ou, numa tradução literal:

> Com o relâmpago/ barulho de derramar/ orvalho do bambu[2]

Um comentador observa que

"é madrugada (orvalho) de um dia de verão, tradicionalmente a época dos relâmpagos. Blyth julga que é a espera do trovão que aguça o ouvido e faz perceber o barulho dos pingos de orvalho. Outra interpretação plausível é a de que o

---

[1] Cf. Philippe Jaccottet, *Avant-Propos*, in Hölderlin, Œuvres, La Pléiade, Paris, Gallimard, 1967, p. IX.

[2] P. Franchetti, E. Taeko Doi, L. Dantas, *Haikai*, 2ª ed., Campinas, Ed. da Unicamp, 1991, p. 105.

Paisagens artificiais

relâmpago permite ver o orvalho pingando dos bambus, o que leva à percepção do som".[3]

Tais considerações permitem-nos precisar, talvez, o contexto do que se passa — um dia de verão —, a atitude de espera do poeta que o capta, e a visão do orvalho, seguida da percepção do barulho de pingos. Mas na verdade, o poema é tudo isso e muito mais. Porque nos oferece o acontecimento da paisagem como ele se dá numa visão direta.

O que ocorre? Se buscarmos uma resposta na primeira tradução, "mais interpretativa", "mais atenta ao efeito total do poema", diremos que a luz do relâmpago traz consigo o barulho dos pingos... e ambos levam o poeta a perceber a existência do orvalho nos bambus. Mas se optarmos pela tradução literal, "colada ao texto japonês",[4] diremos que com o relâmpago, graças a ele, o poeta escuta o derramar do orvalho no bambu.

Tal acontecimento é, claramente, uma extraordinária fusão do poeta com a paisagem. Blyth julga que a após a queda do relâmpago, a expectativa do trovão faz Buson ouvir o orvalho caindo no bambu — no intervalo, portanto, entre a visão do raio e o som do trovão. Mas isso é uma suposição, pois este último não se encontra no *haiku*. O fato incontestável, o acontecimento, é que cai um raio, riscando o céu; ato contínuo, Buson ouve a delicadeza infinita do derramar do orvalho no bambu. Talvez não seja a espera do trovão que aguça os ouvidos do poeta, mas sim a ausência do som dilacerante do raio. Hipótese mais do que plausível se considerarmos que a percepção auditiva de Buson é despertada pela queda do raio para imediatamente descobrir a queda do orvalho, isto é, passar da ausência de uma das expressões mais terríveis da natureza à presença de sua expressão mais suave. Entre tais extremos, entre não-som e som, a percepção auditiva de Buson revela-se, a um só

---

[3] *Ibidem*, p. 192.

[4] *Ibidem*, p. 48.

tempo, inumana e humana. Inumana porque a audição do não-som e do som, a audição plena, manifesta a realidade última da natureza. Humana porque nesse momento único o poeta ouve plenamente o que soa ao ouvir o que não soa, tornando-se pura audição: homem não-homem que acede à realidade última do humano e coexiste com a natureza.

O fantástico, no poema de Buson, é que ele não só nos faz ouvir a fusão do homem com a paisagem, mas também nos faz vê-la mentalmente. O poeta não estava ouvindo o derramar do orvalho: até o relâmpago riscar, estava envolto pelo silêncio e, talvez, pela escuridão da noite, que o impedia de atentar para o orvalho caindo no bambu. Mas o relâmpago ilumina o mundo, a paisagem, e Buson pode ver-ouvir a noite em sua completude, pode captá-la tanto em sua manifestação irada quanto em sua manifestação serena. A realização dessa imagem mental de Buson absorto pela paisagem de verão atinge o leitor como um raio, mas também como a doçura de uma bênção. A realização da imagem mental criada por Buson leva o leitor a compartilhar com o poeta a centelha da iluminação em que ele se consuma e se consome.

* * *

Quando Bill Viola lança o videodisco *I do not know what it is I am like*, em 1986, publica também um texto onde registra o pensamento suscitado pela visão de um relâmpago. Ali se lê:

"A tremenda energia desencadeada por um raio é energia potencial. Latentes na atmosfera, cargas inversas se acumulam em crescentes nuvens negras até que um ponto crítico é alcançado, e num instante (de um décimo a metade da velocidade da luz) centenas de milhares de volts de energia elétrica são descarregados, a torrente de elétrons abrindo forçosamente caminho no ar não condutor, amiúde superando a distância entre o céu e a terra".

E tudo isso num momento, num tempo menor que nosso mais ínfimo pensamento, embora a imagem do relâmpago, além de deixar uma pós-imagem momentânea na retina, seja impressa para sempre no olho da mente de todos os que alguma vez experienciaram uma tempestade elétrica. Damo-nos conta de que vimos essa imagem antes e continuamos vendo-a enquanto as diversas formas da natureza vão revelando suas profundas origens comuns. Vemos a árvore contra o céu cinzento de novembro; vemos o rio e seus tributários da janela de um avião; vemos a disposição dos vasos sanguíneos no corpo; percebemos um pensamento crescendo e ramificando em nossas mentes e vidas.

O eixo do raio é a vertical; ele se move ao longo da linha que conecta o céu e a terra. É o mesmo eixo em que o indivíduo se firma quando se entrega na grande planície sob a abóboda celeste. É a linha que conecta o chão sobre o qual se sustém à mais profunda camada de linhas do tempo nos estratos geológicos da terra, lá no fundo, visível no corte da parede do *canyon*. É o caminho que a árvore revela ficando em pé, e que já está contido em sua semente. É o mesmo caminho ao longo do qual cresce a árvore no centro do mundo, o *"axis mundi"* descrito por Mircea Eliade, Joseph Campbell, Carl Jung e outros, que em suas buscas reintroduzem em nossas mentes contemporâneas recém-despertas aquilo que já soubemos.[5]

A visão do relâmpago suscita uma reflexão que se desenrola num *continuum* da dimensão física à dimensão metafísica. A visão do relâmpago, aqui, é analítica e revela, acima de tudo, a reação intelectual do artista ao que contempla. A magia é explicada; e embora fosse possível tecer uma analogia entre o que dizem Viola e Buson, é flagrante o contraste entre os dois escritos na medida em que se impõe a separação entre o sujeito e a paisagem, o que não é o caso no *haiku*. Por que então recorrer ao texto de Viola?

O interesse maior de tal opção consiste em mostrar que Buson e Viola são capazes de *visão direta*, mas não da mesma maneira.

---

[5] Bill Viola, *Reasons for knocking at an empty house: Writings 1973- -1994*, organizado por Robert Violette, Londres, Thames and Hudson/Anthony d'Offay Gallery, 1995, p. 141.

Porque, ao contrário de Buson, Viola usa a escrita para refletir, não para revelar. Mas se com Buson podemos aceder à *visão direta* através da construção verbal de uma paisagem natural, com Viola vai dar-se o mesmo, só que agora através da construção videográfica de uma paisagem artificial. Em outras palavras, o poeta re-produz sua fusão com a paisagem através de uma imagem feita de palavras, enquanto o *videomaker* re-produz sua fusão com a paisagem através de uma imagem tecnológica.

Uma anotação de Bill Viola fornece indicações precisas sobre sua *démarche*, e o quanto ela se aproxima da de Buson. Pois antes de realizar seu vídeo, o artista escreve:

"PASTAR COMO PURA MEDITAÇÃO
Lembrete — meu plano de conviver com animais pastando surgiu quando gravava as tempestades nos campos de Saskatchewan.
Aquelas vacas e eu ficamos lá oito horas. Elas estavam muito mais em casa do que eu. Apenas 'ficavam'. Pura meditação, campo mente, em uníssono com a paisagem.
Quis gravar esse estado mental como a primeira ideia para fazer o trabalho sobre o animal".[6]

* * *

Tais indicações, além de precisas, são preciosas para entender a *démarche* de Viola: gravar um estado mental da fusão campomente, da pura meditação em uníssono com a paisagem. Em que consiste a gravação dessa paisagem artificial?

Antes de tudo, deve ser ressaltada a rigorosa fidelidade de Viola a uma concepção da tecnologia como concretização da interação da mente com a natureza. Tal concepção, uma vez mais, tem muito de oriental e evoca as palavras do filósofo Keiji Nishitani, que diz, a respeito da tecnologia:

---

[6] *Ibidem*, p. 138.

"As máquinas são puros produtos do intelecto humano, construídas para os propósitos do próprio homem. Não podem ser encontradas em parte alguma no mundo da natureza (como produtos da natureza); entretanto, as ações das leis da natureza encontram sua expressão mais pura nas máquinas, mais pura do que em qualquer dos produtos da própria natureza. As leis da natureza operam diretamente nas máquinas, com uma imediaticidade que não pode ser encontrada nos produtos da natureza. Na máquina, a natureza é trazida de volta para si mesma de um modo mais purificado (abstraído) do que é possível na própria natureza. Assim, as operações da máquina tornaram-se uma expressão do trabalho do homem. Com uma abstração mais pura que tudo nos produtos da natureza, quer dizer, com um tipo de abstração impossível para os eventos naturais, a expressão das leis da natureza tornou-se uma expressão do trabalho do homem".[7]

As observações de Nishitani sobre a relação homem-natureza concretizada na tecnologia mostram claramente que a gravação da paisagem artificial não implica num distanciamento do homem para com a natureza; muito pelo contrário, o recurso à câmera, aos aparelhos, pode até significar uma aproximação maior, visto que a própria existência dos instrumentos decorre de fusões anteriores da mente com a natureza. Gravar uma pura meditação em uníssono com a paisagem requer portanto, por um lado, o máximo de atenção para com o que se dá numa relação homem-natureza específica, mas por outro lado, também, o máximo de concentração na relação homem-máquina, a fim de atualizar as potências da mente e da natureza já inscritas nos aparelhos.

O máximo de atenção para com a relação homem-natureza e o máximo de concentração na relação homem-máquina se expres-

---

[7] Keiji Nishitani, *Religion and nothingness*, trad. e introd. de Jan van Bragt, Berkeley, University of California Press, 1982, pp. 83-4.

sam no encontro e na sinergia das puras intensidades do homem, da natureza e da máquina. Um finíssimo trabalho na resolução da imagem, uma finíssima sintonia, modula essa definição única que faz a tela vibrar como nunca víramos antes. Por um momento, encantado, o espectador busca uma comparação e a encontra no pontilhismo de Seurat. Mas a diferença logo se impõe: aqui, a imagem não se forma como uma aparição que oscila entre a consistência e a inconsistência, que tende ao mesmo tempo para o contorno e o esvaecimento; aqui a imagem não deixa aquela impressão um tanto quanto fantasmagórica. Procurando gravar a pura meditação em uníssono com a paisagem, Viola manipula as máquinas como instrumentista que as conhece intimamente; interferindo na medida exata na duração dos pontos luminosos que varrem a tela, o artista deixa a imagem viver.

A opção tecnológica pelo vídeo se justifica em virtude da imagem ser apenas o movimento de pontos luminosos, isto é, informação pura, diferença que faz a diferença. Bem compreendido e utilizado, o vídeo parece liberar plenamente todo o seu potencial, produzindo uma imagem que não é hiper-realista, pois não se pretende mais real do que o real, e sim expõe uma outra realidade.

Não se deve falar dessa sequência de imagens, que serão mostradas, mas dos efeitos que elas suscitam no espectador, constituindo para ele uma experiência entre a miragem e a alucinação. Como corpos vivos, as imagens encontram o espectador num espaço-tempo indefinível, como se o tempo que passa fosse um não-tempo, como se o espaço dispensasse qualquer perspectiva, como se o colorido único das reverberações tocasse aquele que contempla e o envolvesse num estado de encantamento, como se a harmonia do trovão e do canto dos pássaros completasse a sensação de que se respira a paisagem artificial. *Video haiku*.[8]

---

[8] Cf. Bill Viola, *op. cit.*, p. 79.

11.
A TECNOESTÉTICA DE RUBENS MANO[*]

Depois de percorrer novamente a produção de Rubens Mano, e antes de sentar-me para escrever, encontrei — no catálogo da exposição *A Luz da Pintura: a Pintura entre Material e Imaterialidade*,[1] que aconteceu em Viena em 1991 — um título que me impressionou, por formular a mesma ideia que seu trabalho suscitara. Encabeçando o texto de Hannah Weitemeier, ele anunciava: "Da aura da obra de arte à presença imaterial".

Tratava-se, ali, da pintura de Malevitch, Fontana e Yves Klein tendendo para a visão e o movimento do zero; mas aqui, no meu caso, a ideia surgira da fotografia, da fotografia de Mano enquanto arte plástica. "Da aura da obra de arte à presença imaterial." O título do texto já denunciava um determinado percurso da pintura; a ideia suscitada pelo trabalho de Mano sugeria um determinado percurso da fotografia, sobre o qual vale a pena meditar.

Como todos sabem, Walter Benjamin, traçando a sua pequena história da fotografia, qualificara a passagem do mundo das Belas-Artes para o mundo da Técnica como perda da aura. Na sociedade moderna, dizia ele, assiste-se a um processo de dessacralização que faz da técnica o substituto da magia e do culto, e troca a aura pela exposição. A fotografia, pensava Benjamin, surgiu precisamente como esse meio híbrido que veio expressar a passagem

---

[*] Texto publicado na revista *Item*, n° 3. Rio de Janeiro, fev. 1996, pp. 70-3.

[1] W. Drechsler e P. Weibel, *Bildlicht: Malerei zwischen material und immaterialität*, Museum des 20, Viena, Europaverlag, 1991.

de um mundo para outro, isto é, esse momento no qual coabitam o que desaparece e o que advém. A fotografia dos primórdios, concluía Benjamin, capta e manifesta a transformação, visível nos retratos de David O. Hill, pintor *e* fotógrafo, fotógrafo porque pintor. A aura ainda está lá; e, no entanto, já apreendida como evanescente diante da objetividade da objetiva; a aura está desaparecendo no retrato. O retrato é, portanto, essa interface entre a pintura e a fotografia. O retrato e, de modo muito mais radical, o autorretrato. Compare-se, por exemplo, o autorretrato de Rembrandt ou de Cézanne, ao de Hill. Em Rembrandt, o que mais se vê é a luminosidade emanando de seu rosto; em Cézanne, é a luz incisiva de uns olhos cravados no espectador, em meio a traços fisionômicos que se modelam não através do contorno, mas de cores; em Hill, mais do que seu rosto ou o de W. B. Johnston, que com ele posa, o que atrai é o enigmático buraco branco da copa de sua cartola, espécie de rosto sem rosto sugando o olhar do espectador. A máquina capta algo imprevisto do real que se expõe e se impõe, deslocando a atenção e subordinando a própria presença humana.

É interessante observar como no autorretrato de Hill instaura-se, dentro de uma imagem que dura, a instabilidade de um outro tempo — processo inverso, evidentemente, ao da eternização de um instante, que a aura condensa no autorretrato pintado. Desviado do Tempo para o acontecimento, o espectador se concentra na transitoriedade que faz o sujeito-objeto da fotografia começar a desaparecer de um e do outro lado da máquina. Com efeito, entre o tempo do sujeito e o tempo do objeto do autorretrato revela-se um contratempo real, porém inumano; mas tal revelação não é valorizada por Hill, que parece ver na imagem fotográfica um mero reflexo da realidade à espera da transmutação pictórica, única forma de expressão artística por ele reconhecida.

* * *

Um século e meio separam o autorretrato de Hill dos de Rubens Mano. Entretempos, a pintura teria seguido um determinado percurso da aura à presença imaterial. O trabalho de Mano faz pensar que a fotografia talvez também tenha feito o mesmo.

A série de autorretratos de Mano começa depois de uma fotografia sem título de 1987, na qual um perturbador buraco luminoso se impõe numa paisagem desfocada; como em Hill, um círculo de luz esburaca a superfície serena da imagem. Entretanto, aqui a emissão de luz que atinge o olhar e concentra a atenção não é um efeito inesperado, mas antes, se expõe abertamente como um acontecimento que afeta e subordina toda a paisagem. Mais ainda: o foco luminoso não é um reflexo e sim uma reflexão, posto que se trata de um holofote ligado e voltado para o espectador. Assim, em vez de instalar-se um contratempo dentro da imagem, como em Hill, arma-se a partir dela um contracampo que tem como centro o observador. Tudo se passa, então, como se o sujeito-objeto da imagem que se vê não fosse aquilo que se encontra à nossa frente, mas sim um corpo real que entrou no raio de ação do holofote e passa a ser por ele iluminado: o corpo do fotógrafo e, também, o do espectador. Presente embora ausente esse corpo real-virtual se faz imagem fora da imagem, fora do campo, no contracampo. De tal modo que a fotografia de Mano parece inaugurar uma forma-limite de autorretrato, pois nele o sujeito pode se mirar sem se ver.

Trata-se, evidentemente, de uma autoimagem mental que o espectador capta na pura reflexão de um raio de luz, de um clarão. Compreende-se, assim, por que a fotografia de Mano torna visível uma espécie de grau zero do autorretrato, aquele estado no qual o sujeito-objeto da imagem já desapareceu ou ainda não apareceu — estado constitutivo da imagem, a revelar a sua impermanência; mas, também, estado constitutivo da existência, a revelar a nossa própria transitoriedade. A autoimagem tende a emanar da luz ou nela desaparecer. O que dura, é a luz; o que acontece é sua materialização ou desmaterialização.

* * *

Mano compreende a potência dessa descoberta, dessa revelação. E se põe a trabalhar para dar visibilidade à luz enquanto pre-

David Octavius Hill, *Retrato de David O. Hill e W. B. Johnston*, c. 1845, fotografia.

Rubens Mano, *Sem título*, 1987, fotografia.

sença imaterial que viabiliza o aparecimento e o desaparecimento das imagens dos corpos. O ponto de partida será sempre o mesmo: o grau zero do autorretrato. A fidelidade ao autorretrato se justifica: de todas as imagens, esta é a única que pode ser contemplada e vivenciada, esta é uma imagem-limite cuja superfície, a um só tempo extensa e intensa, une e separa o sujeito do objeto. No grau zero da imagem-limite a luz se faz perceptível.

Partindo do grau zero e tomando o partido da luz, Mano vai acionar a câmera como um dispositivo capaz de efetivar o campo do *no man's land*, no qual sua própria imagem vem materializar-se ou vai desmaterializar-se. O resultado é a série de fotografias nas quais a autoimagem parece passar por um quadro que procura contê-la antes que escape, que procura deter seu movimento de materialização ou desmaterialização. Daí essa sensação de estranheza, de indefinição, de inquietude que preenche o espectador; mas não só isso: a passagem da imagem acarreta uma desorientação, pois esta não se manifesta apenas diante de nós, em perspectiva frontal. O espectador está de pé e a vê como se estivesse deitado; olha de cima para baixo e a vê de baixo para cima, flutuando como reflexo de bolha monstruosa, prestes a espoucar. Como se a câmera tivesse abandonado seu ponto de vista habitual para registrar a passagem da imagem pelo campo por onde quer que ela se dê.

Tal série atesta que o trabalho de Mano, coerente com sua busca, já está deixando para trás o suporte tradicional da fotografia, trazendo esta para o espaço tridimensional. Por isso, paralelamente à série, o processo fotográfico desponta como a atividade nuclear de uma construção plástica que toma a forma de objetos e instalações inscritos no movimento da arte contemporânea — basta lembrar o *Detetor de ausências*, instalado por Mano no Viaduto do Chá, em São Paulo, no âmbito do Arte/Cidade II; ou os pequenos cubos de madeira da série "Corpus Alienum", nos quais a autoimagem surge como uma das faces do que se cria no espaço. Dispositivo técnico dentro do dispositivo artístico, a fotografia torna-se a instância que nos permite perceber a passagem da imagem no espaço como experiência estética e, por isso mesmo, libertadora.

Trata-se de firmar uma aliança entre arte e técnica, de fundi-las numa operação que amplie a percepção e o entendimento da realidade da imagem e dos corpos. Mano começa a criar situações tecnoestéticas depuradas, nas quais agora é a passagem do espectador que vai desencadear a passagem da imagem. São as instalações das mostras *Artistas Convidados* (Centro Cultural São Paulo), *Panorama da Arte Brasileira* (MAM de São Paulo e do Rio de Janeiro) e *Núcleo de Instalações da 11ª Mostra de Gravura* (Casa Vermelha, de Curitiba), todas de 1995.

Ainda estamos no registro do autorretrato, do qual agora só subsiste o contorno acusando um vazio. Desinvestida, a imagem se repete, sempre a mesma, e no entanto diferente, conforme cada situação. Destacando-se da parede, afundando para o teto, brotando próxima ao chão, a imagem da ausência de imagem emerge do escuro como luz que desvanece, emerge como puro movimento de luz. Mas agora, em vez de passar pelo espaço, a imagem não-imagem passa no tempo, passa, na velocidade da luz, como espaço-tempo passando. Afetado pela fulguração, e na impossibilidade de fixar a imagem não-imagem fosforescente, o espectador procura sorvê-la. Ora, o que significa reter a imagem de luz e desprendê-la, senão retomar por conta própria o processo da fosforescência?

Incorporado no autorretrato, o espectador descobre que o sujeito-objeto da imagem é ele mesmo também em vias de desaparecimento. Refletindo a luz em movimento, tendendo para o grau zero, ele compreende o sentido da fosforescência. Os dicionários costumam defini-la como a propriedade física que alguns corpos têm de emitir — sob a excitação de radiações (visíveis ou não) e sem desprendimento sensível de calor — radiações de sintonia diferente (fotoluminescência), mesmo após a supressão da excitação.

Fosforescência: corpo virtual de uma imagem atual, ou imagem virtual de um corpo atual? A questão se coloca porque, pensando bem, os últimos autorretratos de Mano revelam a propriedade meta-física da fosforescência, presença imaterial.

12.
AS VIDEOINSTALAÇÕES DE SONIA ANDRADE*

"Goe, and catche a falling starre" — pede John Donne, no verso que dá título à exposição de Sonia Andrade. É, portanto, sob o signo desse pedido que o visitante entra no espaço da mostra. E logo na entrada já se coloca uma pergunta: Quem aceita o pedido impossível e sai em busca da estrela: a artista? O espectador? Ou ambos? Recusá-lo em nome do realismo nos levaria a ficar fora do jogo; mas se seguirmos o nosso impulso de dizer sim à proposta poética que está sendo feita, teremos de admitir a existência de um espaço-tempo paradoxal no qual se pode "apanhar uma estrela cadente". Ora, é disto que se trata nesta exposição.

O espaço-tempo paradoxal no qual faz sentido acatar o pedido de Donne é o da poesia ou do sonho. No sonho fazemos o impossível, assim como na exposição de Sonia Andrade o impossível acontece: há uma suspensão das leis que regem o mundo da nossa vida diária, entramos numa outra dimensão. No espaço-tempo do sonho a matéria é ao mesmo tempo diáfana, impalpável, e volumosa, densa, pesada, incontornável — a matéria é presença como imagem e coisa, como objeto de contemplação e de ação. Aqui, na exposição, a realidade da matéria também tem essas duas faces contraditórias e complementares, na medida em que as cinco obras apresentadas também resultam da conjunção de dois tipos de existência, a física e a inefável, a atual e a virtual. Com efeito, cada um dos tra-

---

* Texto para o catálogo da exposição *Goe, and catche a falling starre*, Museu de Arte Moderna do Rio de Janeiro, 30/9 a 21/11/1999.

balhos pode ser vivido pelo espectador-sonhador como um momento singular de uma odisseia noturna/diurna que nos leva a apanhar uma estrela cadente, isto é, captar num lampejo uma imagem-coisa que desponta para precipitar-se no desaparecimento. Tal experiência começa em *Noturno*, a primeira das cinco videoinstalações. No despojamento de um "quarto", três elementos: um colchão no chão, um estrado de ferro pendurado verticalmente na parede e, à frente de ambos, contrapondo-se a eles, uma televisão em cuja tela vemos a imagem de uma camisola, sobre um fundo uniforme e escuro. *Noturno* acontece na relação que se instaura entre a presença da imagem e a existência das coisas; ou melhor, na articulação entre dois tipos de duração: a de uma virtualidade luminosa e pulsante que "habita" o ambiente em tempo real, e a de uma atualidade pesada, velha e inerte, configurada num colchão marcado e num estrado estragado. Cria-se aí uma tensão estranha: a imagem parece não passar... passando, enquanto as coisas passam... permanecendo; a imagem perdura como presente, as coisas duram como passado irreversível. Perturbado por essa desestabilização do espaço-tempo, o visitante se vê confrontado com a eternidade da imagem e a impermanência das coisas: as dobras da camisola vão então adquirindo os contornos da estatuária grega, vão criando uma atmosfera cuja beleza clássica envolve o espectador: estamos na Grécia, mas é a Grécia que está aqui!

Périplo é o ponto de partida e de chegada de uma navegação entre duas realidades, a da imagem e a da coisa, é o naufrágio da opção por uma ou por outra. No canto de uma parede transversal, na altura do olho humano, um diminuto monitor digital de quatro polegadas exibe a imagem de uma imensa onda prestes a rebentar; à sua frente, mas em posição oblíqua, jaz no chão um barco de madeira despedaçado contra as pedras. A relação de causa e efeito do naufrágio se expressa através da tensão entre a onda virtual e o barco e as pedras. Mas aqui, a suspensão do tempo na imagem suscita o congelamento do acontecimento numa situação extemporânea: o naufrágio vai acontecer... já tendo ocorrido. Como em *Noturno*, o passado se encontra na realidade atual; mas agora o presente da imagem virtual é puro indício de um devir, pura iminência de uma ação no futuro do pretérito. A onda que se ergue dura, mas não evolui como a camisola: a imagem única é eterna porque é eterno o retorno da onda quebrando, onda que vai atirar o barco contra as pedras. Impõe-se, assim, a sensação de repetição de um acidente que vai ocorrer; vale dizer, com Bergson: a sensação de viver de novo algo que nunca se viveu. *Périplo* é um momento mágico, é o racional Ulisses naufragando na ilha de Circe.

Olimpo problematiza a aproximação da morada dos deuses cujo acesso ao mesmo tempo se oferece e se furta. O visitante chega até as colunas de um templo e vê, entre elas, a imagem digitalizada de um templo na tela do televisor — dentro de um templo "real" há, portanto, um outro, virtual. Nessa aproximação, a visão do espectador cai no intervalo entre os dois níveis de realidade. Diferentemente dos casos anteriores, aqui a perturbação é espacial e não temporal. Aproximamo-nos das colunas, andamos ao longo delas, mas, não podendo cruzá-las, espiamos para o espaço interno que delimitam; movemo-nos até o limiar do Olimpo, mas não podemos adentrá-lo. E aí percebemos que ele se desloca, avança para nós, nos mostra suas diversas faces, revela-nos detalhes de sua arquitetura. Mesmo assim a distância permanece irrevogável, e com ela a impressão de que o espaço sagrado é inacessível. De onde vem o imperativo desse limite que não podemos ultrapassar? Parece-me que a operação de atração e afastamento se dá, outra vez, através da relação entre o templo físico e o templo virtual. É que vemos, entre as colunas, outras colunas que jamais permitirão revelar ao olho humano o espaço interior porque esse templo dos templos só existe como imagem, sendo portanto impenetrável.

Vênus traz ao espectador a presença-ausência da deusa da Beleza. Em meio a um espaço escuro um monte de terra e, sobre ele, os dois braços da Vênus Medicea, banhados pela luz argêntea da estrela na tela de um monitor de oito polegadas. A distância silenciosa e perfeita que une a presença física à presença virtual cria um campo para o encontro da face cósmica de Vênus com a sua figuração humana e terrestre. Repetindo o procedimento empregado em

Sonia Andrade, *Noturno*, 1999, videoinstalação.

Sonia Andrade, *Apolo*, 1999, videoinstalação.

Périplo, Sonia Andrade estabelece aqui uma relação entre o passado atual e o presente da imagem; no entanto, agora a suspensão do tempo não augura o devir do futuro do pretérito, mas anuncia o momento da perda: o passado retorna eternamente como passado, a deusa retirou-se do mundo e agora brilha como astro, deixando para trás apenas vestígios: os braços, como fragmento arqueológico que testemunha a sua falta.

Apolo é o ápice da trajetória marcada pelas cinco videoinstalações. Acoplado a um videocassete, um dispositivo projeta sobre uma placa de mármore uma imagem do Apolo do Belvedere. Aqui, realidade atual e realidade virtual se fundem numa única presença, a do deus das Artes, cuja imagem se incorpora na pedra. Já não há mais relação entre planos de realidade diferentes, como não há mais tensão entre os tempos das coisas e das imagens. Na luz da projeção os tempos e os planos se confundem quando a imagem se faz estátua fulgurante, triunfo do deus solar. O presente, absoluto, torna-se presença extática, pura manifestação do sublime. Apolo encerra a mostra como um sonho que, demasiado intenso, nos faz acordar. Não de uma ilusão, mas para o reconhecimento de uma outra dimensão.

Com a exposição *Goe, and catche a falling starre* Sonia Andrade se afirma não só como pioneira da videoarte no Brasil, mas como artista maior das novas tecnologias, capaz de extrair delas alta carga poética e potência de expressão plástica. Tomadas isoladamente, suas videoinstalações surgem como obras complexas e pertinentes, nas quais as questões do mundo grego, berço da arte ocidental, adquirem surpreendente consistência quando articuladas a questões eminentemente contemporâneas. Consideradas por sua vez em conjunto, as obras revelam a coerência que as perpassa, fruto da maturidade da artista e de sua intenção de recorrer à arte e à tecnologia na fugaz procura da poesia.

13.
A PINTURA DEPOIS DA PINTURA*

Os paulistanos têm, nestas semanas, a oportunidade rara de descobrir um pintor brasileiro: Luciano Figueiredo. Seu trabalho seminal *Media Malady Melody* encontra-se exposto na mostra *Trajetória da Luz na Arte Brasileira*, no Itaú Cultural, ao mesmo tempo em que se abre a individual *Dia-a-Dia Sine Die*, na Galeria André Millan.

Luciano permaneceu durante os últimos vinte e cinco anos como um pintor pouco conhecido porque ao longo de quinze deles dividiu o tempo de sua atividade artística com a preservação das obras de Lygia Clark e Hélio Oiticica, cujo trabalho conhece como ninguém. O fato é que essa dedicação acabou habituando os críticos e o meio das artes plásticas a vê-lo apenas como o abnegado que de certo modo sacrificara-se para cuidar dos acervos de seus amigos, após a morte deles. Quem descartar, porém, o hábito, para ver sua produção, encontrará uma obra de caráter único, desenvolvida com força, rigor e coerência, e cuja fatura talvez fosse possível designar como pintura depois da pintura.

É que Luciano consegue resolver, com talento, o seguinte paradoxo: Como fazer pintura depois que Lygia e Hélio, sentindo se esgotarem as possibilidades do espaço pictórico, abandonaram o quadro em direção do ambiente e do corpo enquanto suporte?

---

* Texto publicado no Caderno Mais!, *Folha de S. Paulo*, em 5 de agosto de 2001, por ocasião das mostras *Dia-a-Dia Sine Die*, na Galeria André Millan, e *Trajetória da Luz na Arte Brasileira*, no Instituto Cultural Itaú.

Como pintar sem renegar essa aquisição do neoconcretismo? Ou melhor: como pintar procurando explorar na própria pintura tal avanço, ousando fazer dela um prolongamento surpreendente da experiência neoconcreta? Em suma: como pintar depois que a pintura "acabara"?

A experiência só não seria contraditória, para dizer o mínimo, se Luciano encontrasse um suporte para sua atuação artística que fosse um mundo, um espaço-mundo, como foi para Hélio o ambiente e, para Lygia, o corpo. Ocorre que o suporte por ele encontrado também era um espaço plano como o espaço do quadro e por isso mesmo passível de todo tipo de intervenção pictórica sem, no entanto, reduzir-se a ele ou mesmo significar uma volta atrás. Tal espaço-mundo era o jornal.

Na trilha de vários artistas concretos e neoconcretos, nos anos 70 Luciano interessou-se pela exploração da zona de intersecção entre as artes plásticas e a poesia; mas para ele, o detonador foram as *Songs of Innocence and of Experience*, de William Blake, onde é impossível decidir se o brilho dos versos intensifica a luminosidade das gravuras, ou vice-versa. A esse estímulo somou-se a influência exercida pelo contato estreito dos neoconcretistas com a imprensa — é preciso não esquecer que a reforma gráfica do *Jornal do Brasil* foi concebida por Amilcar de Castro e que o grupo tinha nas mãos o seu Suplemento Dominical, onde o *Manifesto Neoconcreto* foi publicado em 1959. Assim, aliando pintura, poesia e imprensa, Luciano começou a fazer "comentários poéticos sobre o jornal".

Tomemos por exemplo o trabalho agora exposto no Itaú Cultural e executado em Londres em 1975. Seu duplo título já explicita do que se trata: *Media Malady Melody* e/ou *chiaroscuro sky*. Como que numa primeira página, os primeiros versos do poema são escritos sobre uma trama de tiras de jornal colada sobre um fundo negro. Um misto de atração e repulsa expresso em palavras se fixa na ambiguidade fugidia, feita da luz e das sombras de um meio que é preciso interrogar. Virando a página, abrindo, portanto, o objeto intrigante, o espectador prossegue a leitura da experiência negativa-positiva do jornal; mas agora as tiras, ao mesmo tempo luminosas e sombrias, se estendem sobre as páginas, ora servindo de fundo para os versos, ora indicando as pausas, o silêncio. De saída, então, percebe-se já que o exercício plástico se dá como resposta à experiência da recepção do jornal, como ação suscitada pela sua presença: "desperado's voyage into/ mess-medium of mash-production". Na colagem emerge um jornal claro-escuro, ao mesmo tempo doença moderna e música do mundo.

Diversos artistas modernos e contemporâneos recorreram e recorrem ao jornal em seus trabalhos. Para ficarmos apenas em alguns deles que tiveram grande importância na história da arte, lembremos dos cubistas e de Robert Rauschenberg. Com os primeiros, o jornal se incorpora à tela nas colagens, que integram fragmentos de títulos, textos e outros objetos da vida cotidiana na composição. Aqui, o jornal é tomado como objeto indicial; no entanto, seu valor intrínseco como que se esvazia na medida em que a transposição para o quadro opera o apagamento do conteúdo em favor da forma. Na colagem cubista, o jornal é jornal-enquanto-forma. Já na pintura de Rauschenberg o jornal é tomado como matéria — que se pense no magnífico tríptico exposto no Museum of Fine Arts de Boston. Ali, a massa do jornal é trabalhada e recoberta pela tinta azul, transformando-se nessa textura esplêndida e voluptuosa que nos faz perceber a composição abstrata como vigor do gesto, do movimento e da cor.

Na obra de Luciano, porém, o jornal não entra como forma nem como matéria da expressão, mas como material — e isso faz a singularidade e a qualidade única de sua pintura. Com efeito, tudo se passa como se o jornal se apresentasse ao artista como manifestação privilegiada de uma ordenação do mundo que a sociedade moderna expressa diariamente, através de uma rígida codificação gráfica que enquadra os textos e as imagens e se configura como um espaço fechado, no qual o leitor procura se orientar e ao qual deve necessariamente se adequar. Tudo se passa, portanto, como se o jornal fosse um espaço dado, produzido e reproduzido industrialmente, cotidianamente reiterado, cujos limites e regras aceita-

Luciano Figueiredo, série *Diorama*, 2001,
acrílico sobre jornal e madeira.

mos sem nos darmos conta de que eles in-formam nossa experiência de tomar conhecimento do que vai pelo mundo. Ora, é esse espaço-mundo dado que se torna objeto de uma interrogação incessante, como se Luciano a cada manhã se perguntasse: O que pode o artista fazer nesse espaço, desse espaço?

Radicalizando a revolução gráfica de Amilcar de Castro — que introduzira critérios estéticos no *Jornal do Brasil* para torná-lo mais legível e foi retomada, aliás, no Jornal de Resenhas da *Folha de S. Paulo* —, Luciano procura tornar o jornal mais visível, submetendo o seu espaço a uma experimentação sistemática. Assim, o pintor vai abrir a configuração da informação nele estabelecida e reordená-la segundo critérios plásticos; mas atenção: sem jamais anular ou desfigurar o seu material, pois o espectador nunca deixa de *ver* o jornal. Percorrer a produção de Luciano torna-se, com efeito, uma experiência visual impressionante porque a diversidade de intervenções realizadas nesse espaço, com ele, é riquíssima. O jornal é estirado, dobrado, desdobrado e redobrado, cortado, recortado e picotado, acumulado e colado folha por folha até fazer das páginas o suporte; o jornal é velado, desvelado e revelado, recombinado, pintado. Os tipos, as manchas, os blocos de classificados, as gradações de cinza das fotos, as linhas, as manchetes, a diagramação das páginas, as transparências e as opacidades, as massas, os volumes, tudo é passível de reelaboração, tudo é reavaliado a partir de um tratamento pictórico.

O resultado é extraordinário. Ao contrário dos pintores, Luciano não encontra uma tela em branco, um espaço vazio que a cor, a linha, a luz, a forma ou a figura virão preencher. Seu campo de expressão já foi ocupado pela indústria da cultura e é com essa plenitude, e a partir dela, que o artista terá de trabalhar. Mas aquilo que seria um óbice para a criação transforma-se numa possibilidade nova. O resultado é extraordinário porque a arte agora consiste em extrair a potência pictórica das virtualidades contidas no espaço do jornal, numa operação em que o padrão visual da ordem industrial é subvertido a partir de seus próprios componentes. Como se Luciano abrisse tal espaço-mundo para perscrutar uma outra ordem dentro da ordem, como se o artista nos convidasse a adivinhar, com ele, o que emerge de uma outra visão do jornal — "Óculo Oráculo", como podemos ler num dos trabalhos expostos.

Pintor contemporâneo, Luciano exerce a liberdade artística instalando-se na interface entre a mídia impressa e a pintura. Na era da informação, até mesmo a arte é complexa recriação e reprocessamento, arte da recombinação. Pintura depois da pintura.

14.
O CINEMA UTÓPICO DE LARS VON TRIER*

Escrever logo após uma primeira visão de *Dançando no escuro* é escrever em estado de choque. Um filme que, ao terminar, deixa o espectador sem fala, suscita mais do que a análise, e antes dela, a tentativa de ordenar e consolidar o que aconteceu e o que se percebeu, para saber por que o impacto é tamanho.

São muitas as entradas possíveis no filme de Lars von Trier, muitas as camadas de sentido que ressoam; porém, talvez convenha começar pela impressão mais saliente: sente-se que se trata de um filme-limite numa época-limite. Como se o passado, o presente e o futuro do cinema convergissem numa obra para encenar a paixão do homem do século XX... e o modo como o cinema pode contribuir para redimi-lo. Como se a visão da nossa época e na nossa época, mas também como se a cegueira dela e a nossa, fossem inseparáveis da experiência do cinema e só pudessem ser apreendidas no escuro de uma sala, diante de uma tela em que imagens e sons elaboram a crise e o renascimento dessa arte enquanto crise e renascimento do homem contemporâneo.

Dançando no escuro nos co-move não só por causa de seu enredo ou mesmo do modo como Trier filma um melodrama; não só pela interpretação de Björk que atualiza, sem, no entanto, procurar imitá-la, a Joana d'Arc de Falconetti, na obra-prima de Dreyer; nem pelo magistral emprego da tecnologia digital, que permite a Trier imprimir ritmos e tratamentos diferenciados às imagens e à

---

* Artigo publicado no Caderno Mais!, *Folha de S. Paulo*, 3/12/2000, pp. 4-6.

trilha sonora, fazendo-nos passar da vida ao sonho e novamente à vida de modo nunca visto. *Dançando no escuro* nos co-move porque nele alguém se sacrifica no presente para que a geração futura possa ver.

Essa é, no meu entender, a questão fundamental tratada por Trier: Como lidar com a cegueira que progressivamente toma conta de nós? Como fazer para que nosso legado não seja uma herança negativa, mas a possibilidade de recuperação da visão? Como aceitar o sofrimento agora para que o outro seja salvo no futuro? Como saber morrer para libertar o outro da condição que o aprisiona e compromete? Como se salvar através da salvação do outro?

Co-movido, o espectador acompanha na tela o segredo de Selma (Björk): a agonia da jovem operária que está ficando cega e se mata de trabalhar para pagar a cirurgia capaz de curar seu filho da doença congênita que a aflige. Compartilhando esse segredo, vendo e sabendo o que os outros não veem e não sabem, podemos perceber ao mesmo tempo sua fragilidade e sua força, as dificuldades crescentes que enfrenta e a obstinação que a alimenta. Heroína anônima e que se ignora, Selma vive, de modo intensificado, as agruras que atormentaram e ainda atormentam os operários de todo o século: a exploração do trabalho fabril, com sua linha de montagem movendo-se numa cadência cada vez mais difícil de acompanhar; as precárias condições de moradia; os *bicos* feitos depois do expediente; a exaustão, a necessidade, a cruel falta de dinheiro. Mas, por outro lado, vive também tudo o que se contrapõe, na condição operária, à sua dimensão negativa: a amizade, a solidariedade dos companheiros de trabalho, a oferta do amor, o grupo de teatro com quem deve contracenar numa montagem amadora do musical *A noviça rebelde*. Vale dizer: Selma vive de modo intensificado o modo de produção capitalista tal como ele se põe e se repõe no cotidiano dos oprimidos. E é precisamente nesse universo que vemos inscrever-se o cinema hollywoodiano contemporâneo dos tempos do fordismo, e correspondente da fábrica na esfera do lazer. Assim, Selma "escapa" da opressão intolerável projetando-se e à sua vida no filme musical.

O cinema utópico de Lars von Trier   223

Em outros tempos, isto é, antes da queda do muro de Berlim em 89, o confronto entre a dura realidade de Selma e o seu sonho pré-fabricado poderia resultar num excelente filme sobre a alienação, como foi o caso de *Rudes journées pour la reine*, de René Allio. Trier, no entanto, vai muito além da análise e da crítica: com ele descobrimos que o mecanismo do cinema se constitui para as massas oprimidas e exploradas como vetor de esperança, de libertação, como utopia de um mundo melhor. Isso não quer dizer que o cineasta tenha renegado o Dogma e se reconciliado com Hollywood; ao contrário, Trier está ainda mais lúcido quanto ao processo, agora que, por compaixão pelos espectadores do cinema industrial, consegue distinguir o que a indústria pretende fazer com eles e o que estes fazem com o que assistem. Através de tal distinção, o cineasta pode conferir ao musical um estatuto extraordinário, se considerarmos que a conversão do alienante cinema de massa num utópico cinema interior permite a Selma afirmar, contra o mundo desumano, sua própria humanidade.

No chão da fábrica, a operária "faz" cinema! A conversão se opera precisamente através da mudança de ritmo que o ouvido humano pode imprimir no universo mecânico; isto é, através de uma outra modulação dos sons que faz da repetição diferença. A transformação do ritmo sonoro, por sua vez, contagia as imagens, e todos os envolvidos, deixando de lado o trabalho e o sofrimento, se põem a dançar. A chave da conversão encontra-se, portanto, na possibilidade de mudar de ritmo, de ritmo de produção de imagens e de sons, dentro da mente e fora dela — na tela.

Pode-se perceber que a mudança começa pela capacidade de ouvir a diferença já no início de *Dançando no escuro*, uma vez que o filme se abre com a execução de um movimento musical — *O Novo Mundo* —; como numa ópera, o público ouve uma abertura, antes que a cena se abra aos olhos, povoando-os com imagens. O filme se instaura pela trilha sonora e até o final o som terá tanta importância quanto a imagem na concepção cinematográfica, o que se por um lado evidencia a importância da colaboração de Björk na realização, por outro atesta a sintonia fina que compartem quanto ao potencial artístico da tecnologia digital. Com efeito, para que a diferença no som e na imagem seja ouvida e vista, é preciso que a própria captação se dê como transformação do ritmo mecânico em outra coisa. Assim, não é apenas Selma que constrói uma nova visão, um cinema utópico, em meio à cegueira crescente e à crise. Às cegas, tateando, Björk e Trier exploram as possibilidades de um contracinema, ou melhor, de um novo cinema proletário capaz de apropriar-se dos equipamentos eletrônicos, dos gêneros do cinema americano e até mesmo do seu repertório de imagens e sons para transmitir às gerações futuras as condições de uma visão renovada.

Por que então assistir *Dançando no escuro* revela-se uma experiência tão dolorosa? Por que, mesmo com a vitória da esperança, saímos tão traumatizados do cinema? Pode um filme acabar bem e mal ao mesmo tempo? Como ocorre em toda situação-limite, a tensão entre forças contrárias e a indefinição da luta que se trava entre o novo e o velho, o bem e o mal, a vida e a morte atingem aqui as raias do insuportável. Mas Trier não procura escamotear a tensão e a indefinição. É que numa época de incertezas as relações não são unívocas, o negativo não cede invariavelmente para o positivo; a conversão pode, a todo momento, retroceder, o ritmo mecânico e repetitivo impor-se novamente, a velha ordem reinvestir a vida. Mais ainda: a mudança de ritmo não significa necessariamente transformação — os ritmos podem se alternar, e a própria alternância redundar num outro tipo de repetição, levar a nada, levar ao nada. Nessas condições, lutar vale o sacrifício?

A radicalidade de Trier reside no fato de ousar dizer que sim. Quando todos acreditavam não ser mais possível fazer arte revolucionária, o cineasta propõe um cinema utópico, eminentemente político, de combate, justamente no terreno que o capitalismo de ponta mais deseja controlar: a esfera da tecnologia digital. Subvertendo eletronicamente as íntimas relações que o trabalho na sociedade capitalista estabeleceu com os meios de produção hollywoodianos, rompendo a monotonia da cadência, curto-circuitando as projeções do *establishment* cinematográfico, Trier mostrou que ainda há esperança.

Selma sempre abandonava a sala após o penúltimo número musical, antes, portanto, da apoteose, antes das últimas imagens. A operária não queria ver tudo, assistir ao esgotamento da utopia, comprometê-la; queria assegurar sua própria capacidade de imaginar, pois o que importava era a imagem por vir. Como os musicais de Selma, *Dançando no escuro* também não tem fim — sua última imagem, presença ausente, existe apenas como pura virtualidade: é o mundo que só a geração futura verá. Um mundo construído por nós, pela utopia dos espectadores do cinema digital.

TECNOLOGIA
E O FUTURO DO HUMANO

15.
TECNOLOGIA, PERDA DO HUMANO E CRISE DO SUJEITO DE DIREITO*

Quando se observa a veloz corrosão dos direitos e do Direito suscitada pela evolução econômica de um mundo globalizado, o que salta aos olhos é a impressão de inevitabilidade desse processo. Como se as sociedades nacionais democráticas tivessem sido precipitadas num movimento de desarticulação por uma força tal, que nenhuma outra parece capaz de fazer-lhe frente. Os neoliberais da autodenominada "world class" cunharam uma frase definitiva para expressar, em toda circunstância, essa inevitabilidade, e justificar suas decisões: "Não há alternativa" — dizem eles. A frase sempre soa como um ponto final no debate e, ao mesmo tempo, como uma espécie de isenção de responsabilidade pelos efeitos das medidas tomadas, por mais negativas e predatórias que elas sejam. Os que resistem ou se opõem, os inconformados e os excluídos são, assim, desafiados, com cinismo e desprezo, a construírem alternativas e a comprovarem a sua consistência.

Evidentemente, aqueles que afirmam não haver alternativa fazem-no convictos de que nenhuma outra força vai emergir e crescer a ponto de ameaçar as tendências dominantes que os favorecem e impulsionam suas iniciativas. Minha pergunta é: De onde lhes vem essa convicção, essa segurança? Talvez sua confiança esteja funda-

---

* Texto apresentado na mesa-redonda "Para Além da Cidadania Formal" do Seminário Internacional "A Construção Democrática em Questão", promovido pelo Núcleo de Estudos dos Direitos da Cidadania da USP, em 25 de abril de 1997, e publicado em F. Oliveira e M. C. Paoli (orgs.), *Os sentidos da democracia: políticas do dissenso e hegemonia global*, col. Zero à Esquerda, São Paulo, Vozes/Fapesp/Nedic, 1999, pp. 291-306.

da na crença da primazia absoluta do capital, do seu caráter invencível, desde que o desenvolvimento da racionalidade econômica confundiu-se com o desenvolvimento da racionalidade tecnocientífica. Com efeito, tudo se passa como se a evolução e o sentido dessas duas racionalidades houvessem se tornado um só e único movimento que por um lado recusa até mesmo a ideia de qualquer limite para o capital, e, por outro, qualquer limitação ao progresso tecnocientífico. Assim, no fundo, a frase "Não há alternativa" assume o contorno de fatos do destino.

Um exemplo claro da interpenetração entre racionalidade econômica e racionalidade tecnocientífica nos tempos atuais nos é dado por Fumio Kodama.[1] Conduzindo uma análise empírica da geração, inovação e difusão de altas tecnologias no Japão, o *scholar* descobriu que está ocorrendo uma mudança paradigmática com relação à tecnologia. "Tal mudança", escreve Kodama,

"está tornando obsoletos os argumentos de política científica e tecnológica até agora correntes nas teorias da administração de empresas e nas relações internacionais. [...] As transformações estão em toda parte: em quem torna a alta tecnologia disponível; em como esta é gerada; e para que ela é utilizada. Elas estão no campo das empresas industriais, e de seu principal negócio, isto é, nos agentes econômicos através dos quais a alta tecnologia chega ao mercado. Elas estão nas atividades de pesquisa e desenvolvimento, e nos processos de desenvolvimento tecnológico, isto é, nas atividades intelectuais humanas que geram alta tecnologia. Elas também estão no padrão de inovação, e na difusão da tecnologia, isto é, no processo social através do qual a alta tecnologia é realizada".[2]

---

[1] F. Kodama, *Analyzing Japanese high technologies: The techno-paradigm shift*, Londres, Pinter Publishers, 1991.

[2] *Ibidem*, pp. 1-2.

Kodama encontra seis categorias de transformações que caracterizam a mudança de paradigma tecnológico. Destas, destaco duas que nos interessam sobremaneira. A primeira refere-se às atividades de pesquisa e desenvolvimento. É que a indústria está promovendo grandes alterações nas tomadas de decisões sobre investimento em pesquisa. As decisões de investir, afirma Kodama, não se baseiam mais nas taxas de retorno e se assemelham muito ao princípio do surfe: as ondas de inovações se sucedem, uma atrás da outra, e você ou investe ou morre. Por outro lado, o padrão de competição também está mudando; até recentemente, o competidor costumava ser uma outra empresa do mesmo setor industrial, mas agora, em muitos casos, o competidor é uma companhia de um setor industrial diferente, o que faz com que se passe de competidores visíveis para inimigos invisíveis. A segunda grande transformação refere-se aos padrões de inovação. Na visão convencional a inovação técnica se realiza através da ruptura das fronteiras de tecnologias existentes, como é o caso dos transistores, por exemplo. Entretanto não é o que ocorre nos campos da mecatrônica, da optoeletrônica e da biotecnologia, nos quais a inovação se dá muito mais através da fusão de diversos tipos de tecnologia do que de rupturas tecnológicas. A fusão, escreve Kodama, significa mais que a soma e a combinação de tecnologias diferentes, porque implementa uma aritmética em que um mais um é igual a três. A fusão é mais do que a complementaridade, pois cria um novo mercado e novas oportunidades de crescimento para cada participante da inovação. A fusão vai além da acumulação de pequenos aperfeiçoamentos, pois mistura sinergeticamente aperfeiçoamentos de vários campos antes separados, criando um produto com um ingrediente extra que não tem igual no mercado. Finalmente, a fusão vai além das relações interindustriais, pois diferentes inovações de diferentes indústrias avançam paralelamente, assumindo a forma de pesquisa conjunta.[3]

---

[3] *Ibidem*, pp. 3 e 121.

As observações de Kodama sugerem que o princípio da competitividade obriga a racionalidade econômica a atrelar-se à racionalidade tecnocientífica, ao subordinar as decisões de investimento não às taxas de retorno, mas à dinâmica da inovação; como se a corrida tecnológica lançasse as empresas numa constante fuga para frente, ou numa constante antecipação do futuro; como se a sobrevivência das empresas no mercado dependesse mais de sua capacidade de invenção e substituição de produtos do que da extensa exploração comercial dos mesmos, cujo ciclo de vida é cada vez mais curto. Por outro lado, a fusão de tecnologias parece imprimir uma velocidade inédita à dinâmica da inovação, confirmando o diagnóstico de Richard Buckminster Fuller, de que estamos vivendo, desde o início da década de 70, um processo de aceleração da aceleração tecnocientífica.[4]

* * *

Tudo se passa então como se estivéssemos vivenciando um período de ondas de revolucionarização que, emergindo de dentro do capitalismo, lhe dão novo alento e vão lhe abrindo novas perspectivas: é a Revolução Eletrônica, seguida pela Revolução das Comunicações, seguida pela Revolução dos Novos Materiais e pela Revolução Biotecnológica. O impacto crescente que essa evolução econômica e tecnocientífica exerce sobre as sociedades e os efeitos colaterais que ela suscita em todas as áreas começam a ser sentidos e percebidos, mas ainda estamos longe de poder analisá-los e avaliá--los. De todo modo, os aspectos sociais e ambientais negativos que ela já explicitou não parecem arranhar, muito menos comprometer, a legitimidade do progresso da ciência e da tecnologia. Ora, não há como questionar o caráter aparentemente inexorável e irreversível do rumo tomado pela evolução econômica e tecnocientífica sem interrogar essa legitimidade.

---

[4] R. Buckminster Fuller, *Critical path*, Nova York, St. Martin's Press, 1981.

O pensamento de Keiji Nishitani é, nesse ponto, de grande valia, na medida em que capta com grande clareza o "espírito" do progresso tecnocientífico e o que torna a soberania da ciência ao mesmo tempo tão onipresente e tão inquestionada. Analisando as relações entre ciência e filosofia de um ângulo novo, o filósofo japonês considera a vigência imediata das leis da natureza nos seres inanimados e nos seres vivos. As coisas inanimadas, diz ele, são completamente passivas à vigência da lei, e nessa medida essa vigência pode ser considerada como direta; nos seres vivos, porém, as leis da natureza surgem como leis vividas, pois em todos esses seres as leis se apresentam como leis vividas em suas vidas. Nesse sentido, o termo "instinto" designaria a apreensão ou a apropriação dessas leis, e o comportamento instintivo seria a lei da natureza tornada manifesta.[5]

O modo de ser do objeto técnico, entretanto, não é imediato, e sim mediato. Diferentemente do instinto, a tecnologia implica uma apreensão intelectual dessas leis, um processo de abstração que será em seguida desdobrado num processo de concretização: quando o homem pré-histórico aprendeu a fazer fogo através do uso de instrumentos, essa habilidade continha embrionariamente a compreensão das leis da natureza como leis. Nesse caso, em vez de manifestar-se diretamente, a lei da natureza se manifesta como lei através da tecnologia do homem, isto é, como atividade refratada pelo conhecimento. "O mesmo ocorre no caso do conhecimento e da tecnologia que se tornam científicos", escreve Nishitani.

"Nas ciências naturais, as leis tornam-se conhecidas somente como leis em sua abstração e universalidade; a tecnologia que contém tal conhecimento torna-se a tecnologia mecanizada. [...] As máquinas e a tecnologia mecânica são a suprema incorporação e apropriação das leis da natureza pelo homem."[6]

---

[5] Keiji Nishitani, *Religion and nothingness*, trad. e introd. de Jan van Bragt, Berkeley, University of California Press, 1982, pp. 79 ss.

[6] *Ibidem*, pp. 81-2.

A vigência das leis da natureza se manifesta, portanto, em diversas dimensões. No campo físico como matéria, no campo biológico como instinto, no campo humano como matéria, vida e intelecto... e no campo da tecnologia mecânica, como sua forma de manifestação mais depurada. Vê-se que quanto maior o poder de apropriação, incorporação e uso dessas leis, mais intensa é a sua manifestação. Mas por outro lado, e paradoxalmente, quanto maior o poder dos seres de usar as leis da natureza para seus próprios propósitos, maior é o grau de liberdade de uso dessas leis, menor é a sujeição a elas.

Nishitani acredita que nada expressa melhor esse paradoxo do que a máquina. "As máquinas", diz ele,

"são puros produtos do intelecto humano, construídas para os propósitos do próprio homem. Em lugar algum podem ser encontradas no mundo da natureza (como produtos da natureza); entretanto, a obra das leis da natureza encontra sua expressão mais pura nas máquinas, mais pura do que em qualquer produto da natureza. As leis da natureza operam diretamente nas máquinas, com uma imediaticidade que não pode ser encontrada em produtos da natureza. Na máquina, a natureza é trazida de volta para si mesma de uma maneira mais depurada (abstraída) do que é possível na própria natureza. Assim as operações da máquina tornaram-se uma expressão do trabalho do homem. Com uma abstração mais pura do que tudo nos produtos da natureza, quer dizer, com um tipo de abstração impossível para os acontecimentos naturais, a expressão das leis da natureza tornou-se uma expressão do trabalho do homem. Isto mostra a *profundidade* do controle das leis da natureza. [...] Entretanto, visto pelo outro lado, o surgimento da máquina marca a suprema emancipação da vigência das leis da natureza, a suprema aparição da liberdade de usar tais leis. Na máquina o trabalho humano é completamente objetivado; de certo modo, a ação intencional do homem é incorporada na natureza como parte das coisas da natureza, e assim o controle sobre a natureza é radicalizado. É um controle sobre a natureza mais abrangente do que o autocontrole da própria natureza. Vemos então aqui com a maior clareza a relação segundo a qual subordinar-se ao controle da lei implica diretamente em liberar-se dela".[7]

A análise de Nishitani é importante porque nos faz perceber a paradoxal relação entre homem e natureza mediada pela ciência e pela tecnologia. Sua compreensão da máquina ao mesmo tempo como suprema manifestação das leis da natureza e como supremo artifício é extremamente instigante. Mais ainda é sua caracterização da nova situação criada com o advento da máquina. Com efeito, o filósofo apontara um movimento segundo o qual, da matéria inerte à máquina, os seres assumiam cada vez mais o controle das leis da natureza; mas agora este movimento estaria sofrendo um processo de inversão, no qual o controlador é cada vez mais controlado. De um lado, as leis da natureza começaram a reassumir o controle sobre o homem que as controla; de outro, quanto mais o homem tem de sujeitar-se, mais procura tratar as leis da natureza como algo que lhe é completamente exterior.

Vejamos como as coisas se passam. Segundo Nishitani, o campo no qual a máquina aparece é constituído pela articulação entre dois fatores: uma inteligência abstrata que busca a racionalidade científica, e uma natureza "desnaturalizada", "mais pura do que a própria natureza". Ocorre que esse campo está minando a própria natureza da humanidade. Quando as leis da natureza assumem o máximo de controle sobre os seres e os seres assumem o máximo de controle sobre as leis, rompe-se a barreira entre a humanidade do homem e a naturalidade da natureza, instaurando-se uma profunda perversão, uma inversão da relação mais elementar na qual o homem assumira o controle das leis da natureza por meio do

---

[7] *Ibidem*, pp. 83-4.

controle que essas mesmas leis forjaram sobre a vida e o trabalho do homem; agora as leis da natureza reassumem o controle através de um processo de *mecanização* do homem. A essa inversão corresponde outra, relativa à vigência das leis da natureza sobre o homem. Pois o máximo de racionalidade científica e o máximo de natureza desnaturalizada levam o homem a comportar-se como se existisse inteiramente fora das leis da natureza, instaurando um modo de ser que se ancora no niilismo. Como escreve Nishitani:

> "Desde tempos imemoriais o homem falou da vida respeitando a lei ou a ordem da natureza. Agora esse modo de ser foi completamente rompido. Em seu lugar surge um modo de ser no qual o homem se situa na liberdade do niilismo e comporta-se como se estivesse usando as leis da natureza completamente de fora. É um modo de ser do sujeito que se adaptou a uma vida de desejo cru e impetuoso, de vitalidade nua. Nesse sentido, assume uma forma próxima do 'instinto'; mas como modo de ser de um sujeito situado no niilismo, é, na verdade, diametralmente oposto ao 'instinto'".[8]

Nishitani conclui que o surgimento da mecanização da vida humana e a transformação do homem num sujeito completamente não racional perseguindo seus desejos são faces da mesma moeda. Para ele, a tecnologia das máquinas revela em sua forma mais radical a situação na qual subordinar-se às leis da natureza implica diretamente em emancipar-se delas. Mas ao mesmo tempo permanece oculta a verdadeira configuração dessa situação; isto é: a inversão, a perversão da antiga relação entre homem e natureza. A racionalização da vida leva o homem a submeter-se às máquinas que ele mesmo construiu; por outro lado, o progresso da ciência e da tecnologia caminha em sentido oposto ao do progresso da moralidade da conduta humana, já que o processo fortalece um modo de ser pré--reflexivo, não-racional e não-espiritual, e nem por isso instintivo.

---

[8] *Ibidem*, pp. 85-6.

* * *

Nishitani escreveu seu texto em meados dos anos 50 e já apontava, ali, em plena era da tecnologia mecânica, a tendência à perda do humano. É interessante observar que a mesma preocupação vai se manifestar com grande acuidade nos ensaios escritos vinte anos mais tarde por Philip K. Dick sobre o homem, o androide e a máquina.[9] A evocação de seus textos justifica-se em primeiro lugar porque a Revolução Eletrônica já está se explicitando e trocando a tecnologia mecânica pela tecnologia da informação. Em segundo lugar, porque, como grande escritor de ficção científica, Dick é levado a operar um deslocamento conceitual, como ele mesmo assinala, para escrever sobre o nosso mundo, mas transformado naquilo que ele não é ou *ainda* não é.

A leitura de tais ensaios mostra que a situação descrita por Nishitani radicalizou-se, a ponto de não se saber mais onde se encontra o humano. "Hoje", observa Dick,

> "a maior mudança que ganha terreno em nosso mundo é, provavelmente, a tendência do ser vivo para a reificação, e ao mesmo tempo a recíproca animação do mecânico. Já não temos categorias puras do ser vivo e do ser inanimado. [...] Estou falando de nosso mundo real e não do mundo da ficção quando digo: Um dia teremos milhões de entidades híbridas [...]. Vamos ter de quebrar a cabeça para defini-las verbalmente como 'homem' versus 'máquina'. A questão real é e será: A entidade compósita *comporta-se* de modo humano? [...] O 'homem' ou 'ser humano' são termos que devemos compreender e usar corretamente, mas eles não se re-

---

[9] Philip K. Dick, "The android and the human", "Man, android, and machine", *in The shifting realities of Philip K. Dick: Selected literary and philosophical writings*, organização e introdução de Lawrence Sutin, Nova York, Pantheon Books, 1995.

ferem à origem ou a qualquer ontologia e sim ao modo de ser no mundo [...]".[10]

O comentário de Dick aponta para uma intensificação da mecanização do homem e para um aprofundamento da relação perversa entre homem e natureza. Por outro lado, constatando a perda do humano e tentando encontrar onde este ainda se refugia, o escritor descobre que ele se afirma no mais puro egoísmo, no desejo de expressar uma vitalidade cada vez mais ameaçada pelo avanço da dominação fundada na racionalidade tecnocientífica. Numa palavra: Dick descobre que o humano manifesta-se num comportamento "selvagem", o comportamento de um sujeito que persegue a satisfação de seus desejos negando a mecanização e a ordem que a sustenta. Com efeito, como não perceber o niilismo do que Dick preconiza ao escrever:

> "[...] a ética mais importante para a sobrevivência do verdadeiro indivíduo humano seria: engane, minta, escape, trapaceie, esteja em outra, forje documentos, construa dispositivos eletrônicos aperfeiçoados na sua garagem que sejam capazes de despistar os dispositivos usados pelas autoridades"?[11]

Os ensaios de Dick parecem confirmar a análise de Nishitani, segundo a qual a mecanização da vida humana e a transformação do homem num sujeito completamente não racional perseguindo seus desejos são faces da mesma moeda. Por outro lado, também parecem corroborar a observação do filósofo japonês de que o progresso da ciência e da tecnologia caminha em sentido oposto ao do progresso da moralidade da conduta humana. O mais fascinante, no entanto, é dar-se conta de que a satisfação do desejo desse sujeito que tenta escapar da mecanização se faz cada vez mais inten-

---

[10] *Ibidem*, p. 212.

[11] *Ibidem*, pp. 194-5.

sificando o próprio processo de mecanização. Isso já despontava na própria recomendação feita por Dick. Mas creio que a melhor maneira de entender o que se passa verifica-se no campo da reprodução humana. O desejo de ter um filho por parte de indivíduos que não podem ou não querem tê-lo pelas vias biológicas "normais" pode ser satisfeito atualmente graças aos avanços tecnocientíficos da chamada reprodução assistida. Como diz Lori Andrews,[12] "os anos 60 trouxeram o sexo sem procriação; os 80 trouxeram a procriação sem sexo". O leque de opções para a satisfação desse desejo amplia-se ininterruptamente: das inseminações artificiais à possibilidade de clonagem humana, passando pelos bebês de proveta, os bancos de esperma, as barrigas de aluguel, a comercialização de ovos e embriões, e as promessas da engenharia genética para a geração da "criança perfeita". Ora, a abertura desse campo está criando situações inéditas. Na Inglaterra, uma jovem deseja conhecer a experiência da imaculada concepção porque se identifica com a Virgem Maria, enquanto um casal de gays e um casal de lésbicas desejam constituir um novo tipo de família. Na Itália senhoras de idade desejam ser mães. Clientes japoneses viajam para contratar barrigas de aluguel no exterior porque a atividade é ilegal em seu país. Nos Estados Unidos, diversos bebês gerados por mães substitutas vêm sendo abandonados porque nasceram com o sexo errado; ao mesmo tempo, disputas judiciais colocam aos juízes a responsabilidade de ter de decidir quem é a mãe: a mulher que forneceu o óvulo ou aquela que portou e pariu a criança? Em todo o mundo as concepções tradicionais de vida, de morte, de procriação, de filiação, de parentesco estão sendo implodidas e é grande a controvérsia em torno do momento em que o material humano passa a ser pessoa.

Na Europa e nos Estados Unidos os juristas começam a se defrontar com os efeitos da combinação perversa entre mecaniza-

---

[12] Citado por A. Kimbrell, *The human body shop — The engineering and marketing of life*, Penang, The Third World Network, 1993, p. 68.

ção do humano e constituição de um sujeito não racional perseguindo seus desejos. Num livro interessantíssimo, o advogado Andrew Kimbrell expõe, através de um inventário de casos julgados pelos tribunais americanos, os dilemas éticos e os problemas jurídicos suscitados pelo engenheiramento e a comercialização da vida. Sua leitura deixa a impressão de que o Direito vem sendo atropelado pelo desenvolvimento tecnocientífico, que cria situações novas para as quais lhe faltam parâmetros.[13] Por sua vez, Catherine Labrusse-Riou demonstra que o reconhecimento jurídico do direito das pessoas está sendo posto em xeque pelas dificuldades de distinguir as pessoas das coisas (caso do embrião *in vitro* ou congelado e caso do comatoso ou da pessoa em estado vegetativo, que embaralham as fronteiras e as representações da vida e da morte); de distinguir os sexos (fenômeno do transexualismo, que embaralha as fronteiras entre homens e mulheres, provocando a indiferenciação sexual); de distinguir o homem do animal (caso das experimentações biotecnológicas que misturam genes humanos e animais, criando, por exemplo, um rato que desenvolve uma orelha humana, ou uma ovelha que produz proteína humana no seu leite, graças ao engenheiramento de células humanas em seu corpo); e, finalmente, de distinguir o homem da máquina (caso da inteligência artificial).[14]

* * *

Tudo isso parece indicar que na verdade, com a perda do humano, o próprio sujeito de direito entrou em crise. Com efeito, num artigo contundente, Bernard Edelman acaba chegando a conclusões muito próximas das elaboradas por Nishitani a respeito da soberania da ciência e do triunfo do "espírito" do progresso tecnocientífico. Entretanto, o jurista o faz através de uma crítica do próprio

---

[13] Cf. nota anterior.

[14] C. Labrusse-Riou, "La vérité dans le droit des personnes", *in* B. Edelman e M.-A. Hermitte, *L'Homme, la Nature et le Droit*, Paris, Christian Bourgois, 1988, pp. 159-98.

humanismo jurídico, com o intuito de se perguntar se o Direito pode ser um recurso para preservar a humanidade do homem nos tempos atuais.[15]

Edelman considera, antes de tudo, que o Direito nada pode esperar do humanismo porque a evolução tecnocientífica encarregou-se de descartá-lo. No seu entender, o humanismo do século XIX foi uma tentativa de coabitação da filosofia com a ciência na qual pretendia-se, por um lado, proteger a essência do homem, isto é, sua humanidade, e por outro conceber essa essência do ponto de vista científico. O tempo, entretanto, encarregou-se de mostrar que isso era uma ilusão, na medida em que a ciência colocou o humanismo a seu serviço para a consecução de seu próprio fim, que nada tinha de humanista. Como isso se deu? Edelman estima que isso ocorreu através da "loucura" do direito subjetivo.

"Tradicionalmente", diz ele,

> "o direito subjetivo é a expressão do poder reconhecido pelo Direito ou pelo Estado ao indivíduo. No sistema dos Direitos humanos, o sujeito de direito ocupa o centro, do mesmo modo que o homem, antes de Copérnico, ocupava o centro do universo. Por isso, o sujeito é, ao mesmo tempo, o fim do direito e sua origem. O fim do direito, na medida em que tudo converge para ele, sua origem, na medida em que, sem o reconhecimento de sua existência, o direito não teria mais objeto. Isso significa que, no sujeito, o direito exprime sua essência, e em sua defesa reconhece-se a maior ou menor democracia de um dado sistema social. Esse é o espírito que anima a Declaração dos direitos do homem e do cidadão".[16]

Entretanto, na própria Declaração, essa centralidade absoluta do sujeito era relativizada... pela liberdade reconhecida aos ou-

---

[15] B. Edelman, "Critique de l'humanisme juridique", *in* B. Edelman e M.-A. Hermitte, *op. cit.*, pp. 287 ss.

[16] *Ibidem*, p. 295.

tros sujeitos. Assim, além do postulado de um sujeito todo-poderoso, a sociedade dos Direitos humanos também postulava o reconhecimento de um outro todo-poderoso. O conceito de limite era, portanto, subsumido pelo conceito de reconhecimento. Desse modo,

> "o sistema dos Direitos humanos teria resolvido o conflito entre o individualismo indomado e o direito, já que esse individualismo não repousa sobre uma *restrição legal* dos impulsos mas sim de uma *limitação* desses impulsos através do reconhecimento dos de outrem".[17]

Ora, constata Bernard Edelman, atualmente esse equilíbrio desapareceu:

> "Não só o sujeito aumentou sua potência, porque a ciência lhe forneceu os meios, como também o outro não exerce mais o papel de fronteira ou de limites. Tudo se passa como se o direito subjetivo tivesse perdido seus contornos, e sua selvageria originária pudesse, então, manifestar-se livremente; tudo se passa como se estivéssemos diante de um sujeito 'desenfreado' [...] A destruição da ideia de natureza natural acarretou um desenvolvimento extraordinário dos direitos subjetivos. Como a natureza não exercia mais o papel de limite, o sujeito pôde se expandir no artifício de uma onipotência absoluta. De modo correlato, a supressão do outro como limite produz uma liberação do mesmo tipo na ordem social. [...] o liberalismo, em sua forma absoluta, funda-se num tal narcisismo, e por sua vez permite sua expansão. Quando um sistema funda-se sobre desejos ilimitados — ir à lua, reproduzir-se de modo idêntico, escapar das dores da maternidade, escapar da angústia, 'enxertar' seu cérebro num computador... — e instaura um mercado desses desejos, o liberalis-

---

[17] *Ibidem*, p. 297.

mo que o inspira é ao mesmo tempo 'amoral' e estimulador daquilo mesmo que o nutre".[18]

Em tal contexto, e para que isso ocorra, o direito subjetivo precisa ser desatado, desenfreado e acolher nele mesmo uma selvageria indomada. A tecnociência fornece essa possibilidade porque o que a caracteriza é precisamente a ausência de limites, isto é, a abolição de todas as fronteiras, a abolição de todos os interditos. A tecnociência autoriza a realização dos mais loucos desejos de conquista: o desejo de tudo fazer e de tudo saber. A abolição de fronteiras, diz Edelman, surge como a transgressão do próprio humano, que se formula assim: não reconheço a ninguém o direito de deter o meu desejo, ou, pior ainda: o direito está aí para permitir a realização do meu desejo. Desabrido, desenfreado, o direito subjetivo acaba se voltando contra a própria humanidade do homem, na medida em que concede ao sujeito, no campo da tecnociência, a possibilidade de tornar-se sujeito absoluto.

Pode o Direito limitar a "loucura" do direito subjetivo, a fim de preservar a humanidade do homem? Edelman acredita que sim. E para demonstrá-lo, o jurista toma como exemplo o caso de um biólogo que pede aos tribunais a liberdade de utilizar "material humano". Nesse caso, para responder, o juiz deve classificar esse "material" na categoria das coisas ou das pessoas; e sua classificação nesta ou naquela categoria produz efeitos. Ora, a razão de tal classificação só se refere ao próprio direito, e a nenhum outro campo do conhecimento. "Assim", escreve Edelman,

> "basta que o direito proclame, contra qualquer evidência científica, que uma célula humana é uma coisa, basta que, contra qualquer evidência, ele proclame que um útero é um objeto de locação, para que a célula seja patenteável, e o útero seja submetido a um contrato de locação. Em outras palavras,

---

[18] *Ibidem*, pp. 297-8.

a classificação jurídica não visa a verdade, não tem nada a ver com o verdadeiro e o falso e nem pretende dar conta de uma realidade objetiva. Ela implica num julgamento".[19]

Qual é o sentido dessa classificação? A resposta de Edelman é categórica: para o direito, classificar é traçar limites segundo seu próprio ponto de vista, instaurar fronteiras entre o lícito e o ilícito, o permitido e o proibido, entre o possível e o impossível. Se o juiz considerar o "material humano" como coisa, tal qualificação não tem nada a ver com a definição científica, mas antes decorre de um julgamento sobre um agregado de células ao qual atribuirá um estatuto na ordem jurídica. Assim, se disser que uma célula é uma coisa, vai fazê-la entrar numa história da "coisa humana", junto com o escravo e o corpo da cortesã, por exemplo; isto é: um estatuto relacionado com a propriedade, o direito de herança etc. Para o Direito, classificar é, portanto, traçar limites; mas, acima de tudo, traçar limites que regulem os impulsos do sujeito, que o impeçam de tornar-se todo-poderoso, que refreiem a sua vontade. Por isso mesmo, Edelman considera que o Direito está em permanente conflito com o direito subjetivo; afinal, a realização do narcisismo absoluto implícito no direito subjetivo significaria o fim do próprio Direito.

Vimos com Nishitani que a racionalidade econômica do mercado, a racionalidade tecnocientífica e um sujeito completamente não racional perseguindo seus desejos constituem um processo perverso e niilista que acarreta a perda do humano. Vemos agora, com Edelman, que, no campo jurídico, tal processo se exprime através de um direito subjetivo que transgride até a humanidade do homem; vimos, ainda, que o Direito se encontra em permanente conflito com o direito subjetivo. Em meu entender, tudo leva a crer, então, que o Direito se encontra tensionado por duas tendências contraditórias. De um lado, se o processo perverso prosseguir de modo ilimitado, acaba implodindo o próprio Direito através da "loucura" do

---

[19] *Ibidem*, p. 303.

direito subjetivo. De outro lado, para continuar existindo, o Direito precisa afirmar a sua razão de ser, a sua normatividade, e estancar essa "loucura", traçando limites para o mercado e para a atividade tecnocientífica. Ora, como tem se expressado essa tensão no campo jurídico? A primeira tendência tem se realizado através da desregulação do mercado e da universalização dos direitos de propriedade intelectual, que confere à ciência e à tecnologia uma liberdade inaudita. A segunda tendência vem se manifestando através do trabalho dos juristas que tentam construir um Direito não humanista para defender os interesses da natureza e dos cidadãos em seu conjunto, para além dos interesses individuais privados, como bem mostra o jurista francês François Ost, ao escrever:

> "Depois de dois séculos de insistência sobre as prerrogativas individuais, chegou o momento de perceber que uma sociedade só é viável quando as tarefas são assumidas coletivamente pelos cidadãos: nesse sentido, [...] propomos uma nova maneira de entender os direitos coletivos".[20]

---

[20] François Ost, "Derecho, tecnología, medio ambiente: un desafío para las grandes dicotomías de la racionalidad occidental", *Revista de Derecho Público*, n° 6, Santa Fé (Bogotá), Universidad de Los Andes, Facultad de Derecho, jun. 1996, p. 11.

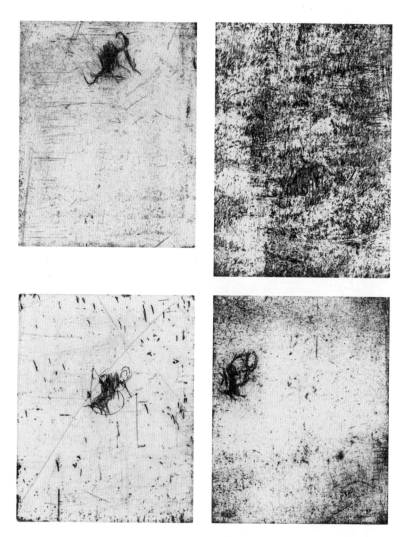

Mark Lammert, *Kinne* [Queixos], 1993, imagens nº 2, nº 3, nº 22 e nº 35, da série de 42 pontas-secas gravadas durante encontros do artista com Heiner Müller (o dramaturgo faleceria em 1995, de câncer no queixo).

16.
MÜLLER E O RITMO DOS TEMPOS*

Em 1983 Heiner Müller disse a Jean-François Peyret que o pensamento é sempre mais lento que a escritura poética, que a literatura permite dizer mais sobre a realidade mais rapidamente do que qualquer teoria;[1] dois anos depois, encerrou uma entrevista que fiz com ele afirmando que o texto deve ter a velocidade do tempo. No século da aceleração, tais observações merecem ser ouvidas atentamente, sobretudo quando se sabe que quem fala é um dos espíritos mais lúcidos do nosso tempo.

Se a literatura vai mais rápido do que a teoria é porque possui um ritmo muito próprio, que lhe permite formular primeiro o sentido da experiência que nos leva de roldão — sendo uma captação direta desse processo, a literatura precede à reflexão. Ora, se isso vale para a literatura, mais ainda para a obra de Müller, cujo *tempo* se constitui necessariamente na diferença entre o tempo do sujeito e o tempo da história, como intensidade do embate entre esses dois tempos; basta olhar as páginas manuscritas reproduzidas pela *Drucksache N.F.1*: a notação do acontecimento é tão premente que acaba imprimindo ao ato de escrever a dinâmica de uma precipitação. Ali, na urgência da escritura, é possível vislumbrar o que o próprio poeta afirmou a respeito de suas peças: que se trata de um

---

* Texto publicado como "Heiner Müller und der Rhytmus der Zeiten/ Heiner Müller e o ritmo dos tempos", *in* L. G. Santos (org.), *Drucksache N.F.* 6, trad. de Ulrich Kunzmann, Berlim/Düsseldorf, Internationalen Heiner Müller Gesellschaft/Richter Verlag, 2001, edição bilíngue.

[1] "La littérature va plus vite que la théorie", *in* Heiner Müller, *Erreurs choisies — Textes et entretiens*, L'Arche, Paris, 1988, p. 131.

"teatro de guerra potencial", da luta das potências do humano contra as potências históricas que sobre ele se abatem.

Com efeito, seus textos são o teatro de operações no qual a história investe, fere o corpo, dilacera a mente; a esse ataque o humano responde rebelando-se, enfrentando, subtraindo-se, buscando saídas, reunindo forças. Política ao extremo, a arte de Müller pode formular mais rápido o embate do presente, e o presente como conflito, porque nasce da radicalidade da própria condição do humano no mundo contemporâneo; por isso toca os leitores e espectadores que sentem a intensidade dos tempos, que vivem em estado de emergência. Mas na verdade o teatro de Müller deveria interessar a todos — quem pode escapar à pressão da tendência da época que viola os valores, destrói as referências, dissolve as fronteiras, e faz Müller escrever em *Ájax, por exemplo*: "TUDO EMPURRA PARA O DINHEIRO TUDO DEPENDE DO DINHEIRO"?

A obra de Müller é inestimável porque nos revela a dimensão trágica do mundo em que vivemos, no qual a história se substituiu ao mito, absorvendo deste a força do destino. Através dela percebemos assombrados que, se não há mais deuses ou Deus jogando com nossas vidas, nem por isso elas passaram a nos pertencer. O soldado do Exército Vermelho, o escravo negro da Jamaica, o anônimo cidadão moderno, o trabalhador imigrante, o poeta são tão prisioneiros das potências históricas, tão vítimas da política quanto Prometeu, Io e os heróis míticos o são da fúria e dos desígnios dos deuses. Suas vidas são cumpridas na trama do implacável pesadelo de uma História que não passa, que imobiliza e paralisa, da qual não se consegue despertar ou desprender — *Héracles II ou A hidra*.

Müller narra o pesadelo da história, essa instância em que as potências se encenam de acordo com regras secretas e uma lógica inacessível, obrigando os personagens individuais e coletivos nela envolvidos a desempenharem os papéis que lhes foram atribuídos. A história é como uma outra cena sobrepondo-se ou antepondo-se à cena obscena da normalidade contemporânea; mas ela é que é real. No entanto, em virtude de um imenso trabalho coletivo de recalque, essa outra cena permanece habitualmente como que irreconhecível e inominável, portanto inacessível. E é assim, impenetrável e indecifrável, que a história pode melhor triunfar, reativando incessantemente a dinâmica do pesadelo, impondo a força do destino, reapresentando os espectros que insistem em assombrar os vivos. Atingido em cheio pela tragédia contemporânea, Müller, entretanto, não se curvou; sua saída consistiu em inventar um dispositivo de captura que, desativando o recalque, obrigasse a história a manifestar suas múltiplas vozes, imagens, presenças. Como se o teatro de guerra potencial, em vez de continuar agoniando o corpo e torturando a mente, pudesse ser canalizado para o palco através de um operador que abre o espaço cênico para as potências trágicas (e tragicômicas!) ali se atualizarem. O fato de elas poderem traduzir-se já constitui uma vitória do humano, uma vez que as potências deste passam à ofensiva, buscando libertá-lo da influência maléfica. Nesse sentido, não há como deixar de aproximar o trabalho de Müller do xamanismo, na medida em que lá como aqui se trata de uma luta de forças, de um ritual de purificação, de um processo que visa à cura e à libertação e que se trava num diálogo do homem com os espíritos. Kershaw Chadwick[2] e C. M. Bowra[3] já haviam assinalado que o canto xamânico é a matriz da poesia; mas esta não deve ser entendida como simples derivação daquele. No caso de Müller há mesmo um parentesco entre o xamanismo e o caráter selvagem de seu teatro (e talvez seja através dessa perspectiva que se deva estabelecer sua relação com o teatro da crueldade de Artaud).

Seria possível objetar que o xamã dialoga com espíritos míticos e forças da natureza, enquanto o poeta dialoga com mortos e espectros da história. Entretanto, a possibilidade de desrecalcar a história no teatro de guerra potencial, de insurgir-se e de afirmar o humano parece abrir para Müller o acesso a potências de outros

---

[2] N. K. Chadwick, *Poetry and prophecy*, Cambridge, Cambridge University Press, 1942.

[3] C. M. Bowra, *Primitive song*, Londres, Weidenfeld & Nicolson, 1962.

tempos também intensamente recalcadas pela sociedade moderna, as potências do mito e da utopia. É impressionante constatar o quanto sua obra é trans-histórica, recuando em direção ao passado remoto e avançando em direção ao futuro, isto é, abrangendo e integrando mito e utopia. Tudo se passa como se, no processo de desrecalque, o poeta encontrasse os outros tempos sobrevivendo ou se antecipando no tempo em que lhe é dado viver: o tempo heroico de Prometeu, Medeia, Hércules, Filocteto, Ajax, e o tempo intenso de diversos processos históricos — Roma, as Revoluções Francesa e Russa, a Prússia da *Aufklärung*, o nazismo e o stalinismo, retornando e prolongando-se no presente, repetindo-se no capitalismo, no socialismo real, na Guerra Fria, ou na reunificação; por outro lado, o futuro também se apresenta, se prenuncia: "Assim como os espíritos de outrora vinham do passado, agora nos vêm do futuro" — diz Müller. O futuro comparece como a utopia comunista, é claro; mas também como o seu contrário, isto é, a consumação do niilismo contrautópico e contrarrevolucionário — não devemos esquecer que *Quartett* se desenrola num salão de antes da Revolução Francesa ou num *bunker* depois da Terceira Guerra Mundial; por sua vez, parece que *Hamlet-machine* antecipa uma sensibilidade que só explicitar-se-á efetivamente como experiência coletiva quando o impacto da bioinformática já tiver surtido efeito. De todo modo, a riquíssima experiência trans-histórica de Müller o torna um autor que extrapola definitivamente o espaço-tempo de sua biografia e de seu país dividido e reunificado: muito mais do que um "clássico" da literatura alemã, ou até mesmo do que um importante poeta e dramaturgo europeu, ele é o homem extraordinário e o grande artista cuja experiência interessa a todas as culturas contemporâneas.

* * *

Em sua primeira entrevista a Sylvère Lotringer,[4] em 1982, Müller declarou que sua vida foi marcada por duas obsessões:

---

[4] H. Müller, "Walls", *in Germania*, Nova York, Semiotext(e), 1990.

Hamlet e a história alemã. É interessante observar que nenhuma das duas é "particular" ao poeta nem pode, de modo algum, ser reduzida à dimensão pessoal. Hamlet é um espinho no coração de todo homem moderno porque o personagem de Shakespeare é o primeiro a anunciar que "o tempo está desnorteado",[5] estabelecendo portanto o descompasso entre o tempo do sujeito e o tempo da História; Hamlet é também aquele que fala com o espectro e quem desrecalca o que há de podre no reino da Dinamarca — com ele instaura-se o teatro de guerra potencial como experiência individual compartilhada por muitos. Por outro lado, a história alemã não concerne apenas ao Müller-cidadão: formulando a questão central do século XX, a luta de morte entre revolução e contrarrevolução, ela influiu, e influi de modo decisivo, na história contemporânea mundial. Nesse sentido, o material das obsessões do poeta afeta a todos nós, faz parte de nossas vidas, ainda que no mais das vezes de modo inconsciente — a diferença reside na intensidade e na complexidade, vale dizer no grau de radicalidade com que estas questões se entrelaçam na experiência-limite de Müller.

Revendo agora o modo como minha própria experiência foi marcada pelo encontro com ele e sua obra, constato que suas "obsessões" tocaram-me desde o começo. Conheci o poeta em maio de 1985, quando fui entrevistá-lo em seu apartamento, em Berlim Oriental. Na época ainda não tivera contato com suas peças e poemas, apenas a entrevista publicada pela Semiotext(e), lida durante a viagem à Alemanha Federal com um grupo de jornalistas brasileiros. Impressionado com a acuidade de seu espírito e a força de suas análises políticas, tomei coragem e pedi-lhe uma entrevista, quando de passagem por Berlim. Senti-me autorizado a fazê-lo por ser do Terceiro Mundo e por saber de sua expectativa em relação a ele. Com efeito, Müller dissera a Lotringer: "Espero o terceiro mundo. Os dois lados esperam o terceiro mundo. Para o Ocidente ele representa a grande ameaça, e do nosso lado a grande esperança".

---

[5] "The time is out of joint". W. Shakespeare, *Hamlet*, ato I, cena V.

Recebeu-me um senhor modesto, discreto, cuja voz límpida e serena foi respondendo às minhas perguntas. A conversa encaminhou-se para a articulação entre os conflitos Leste-Oeste e Norte-Sul. De repente, suas observações criaram em minha percepção a imagem de que a política transformara o mundo numa imensa cruz, de que éramos todos crucificados por um conflito desdobrando-se nas quatro direções. Perguntei a ele se achava que a voz da arte consistia em ligar um ponto ao outro dessa cruz; Müller acolheu a imagem e extraiu dela todo o seu sentido:

> "É uma cruz, realmente; somos crucificados. E precisa ser um círculo; então, talvez... Veja: talvez a cruz seja um símbolo, pois a ideia principal do cristianismo é a cruz e ela é a ideia de algo representando o que é representativo — uma morte sendo representativa para as outras. E essa é a unidade do cristianismo com o capitalismo".[6]

Terminada a entrevista, saí de sua casa perturbado... e espantado com o fato do encontro ter causado tamanha reação; e quando atravessava a Alexanderplatz fui tomado por uma forte comoção que me acompanhou durante todo o trajeto do metrô, da Friedriechstrasse até o Zoo. Aturdido, dei-me conta de que ela tanto era suscitada pelo lugar, pela cidade, quanto brotava de mim mesmo. Senti-me pela primeira vez um ser histórico num mundo histórico, era como se compreendesse intimamente o sentido da história, como se só então pudesse dar-me conta de que o muro era o modo como se concretizava, no espaço do mundo, a fissura mental que fazia a humanidade sofrer. Era como se a história deixasse de ser a instância abstrata e difusa que acreditamos conhecer para, subitamente, incorporar-se na paisagem e naquele que a atravessava. À descarga afetiva sucedeu, no entanto, uma sensação de alívio: o muro fazia sentido, para além das ideologias.

---

[6] "Entrevista com Heiner Müller", *in* L. G. Santos, *Tempo de ensaio*, São Paulo, Companhia das Letras, 1989, p. 106.

Se o encontro com Müller abriu-me a porta para a sua relação com a história, a leitura das peças me fez descobrir o poder do amor como valor maior dos seus textos. Amor pelo humano. Mas, entendamo-nos: não se trata de amor pela humanidade genérica, tal como pregada pelo cristianismo, nem pelo Homem, tal como proposto pelo humanismo, pois Müller recusava ambos. O humano aqui não é a pessoa, nem o indivíduo, tampouco o sujeito, mas sim a potência de humanidade que o homem pode desenvolver e expressar. O humano é aquilo a que Dacha se refere ao perguntar: "Quanto tempo será necessário até que o homem seja um homem?".[7]

Amor pelo humano é amor pelo que o humano tem de imanente e não foi apropriado pelos deuses, comprometido pela história, ou esmagado pela dominação e pela exploração. É o amor por aquilo que está aquém ou além da tragédia ou pelo que dentro dela luta, busca uma abertura. Se a história é concebida como tragédia, o humano é a diferença que pode fazer uma revolução. Nesse sentido, é interessante observar como em Müller a revolução tanto pode ser resistência à desumanização capitalista quanto realização da humanidade.

Entretanto, a possibilidade de revolução começa a ser posta em xeque, ameaçando a própria sobrevivência do humano: "Tudo o que é humano torna-se estranho" — escreve o poeta em "Film en noir et noir".[8] Por um lado, o fim do socialismo consagrou a vitória do capitalismo global, e a nova (des)ordem mundial reiterou a crucificação muito embora fizesse do sentido Norte-Sul o seu eixo principal, mesmo porque boa parte do Leste entrou em acelerado processo de terceiro-mundialização; por outro lado, a desarticulação de um referencial alternativo ao capitalismo tornou a acumulação no Terceiro Mundo ainda mais primitiva, e as condições de resistência e revolução ainda mais difíceis. A situação mu-

---

[7] H. Müller, *Ciment*, trad. de J.-P. Morel, Paris, Minuit, 1991, p. 69.

[8] "Film en noir et noir", *in* H. Müller, *Poèmes 1949-1995*, trad. de J.-P. Morel, Paris, Christian Bourgois, 1996, p. 126.

dou, parece que não há mais lugar para Hamlet. "No drama", escreve o poeta em sua autobiografia,

> "desde Shakespeare a farsa se encontra no ventre da tragédia; a era de Shakespeare termina com a bancarrota da alternativa socialista, e no ventre da farsa as tragédias estão à espreita".[9]

* * *

"NEGRO CAMARADAS É O COSMOS MUITO NEGRO".

Assim termina a última peça de Müller,[10] sombria como boa parte de seus poemas e entrevistas dos anos 90 — como se o poeta se encontrasse no limiar da morte e, às vezes, como se já escrevesse a experiência de adentrar o mundo dos mortos. Mas é chocante perceber que o inquietante não é o escuro do "outro lado", mas sim a nova situação dos vivos, vale dizer a nova condição do humano, vista por um moribundo destemido que faz proposições inaceitáveis.

Müller acreditava que o texto deve ter a velocidade do tempo, traduzir a pressão da tendência da época. Ora, sob a pressão ruíram o socialismo e o muro, mas não só: a própria linguagem reflete um processo de desmanche que se traduz como desmaterialização, deslocalização, desterritorialização, desconstrução, desregulamentação, desreferenciação e descodificação, ao mesmo tempo em que faz proliferar o prefixo pós — pós-industrial, pós-moderno, pós-História, pós-gênero, pós-humano... Com efeito, em velocidade cada vez maior, que Richard Buckminster Fuller já denominara "aceleração da aceleração", a tecnociência e o capital global vêm desqualificando e tornando obsoletos os modos de pro-

---

[9] H. Müller, *Guerre sans bataille*, trad. de M. Deutsch e L. Bernardi, Paris, L'Arche, 1996, p. 293.

[10] H. Müller, *Germania 3 — Les spectres du Mort-homme*, trad. de J.-L. Besson e J. Jourdheuil, Paris, L'Arche, 1996, p. 71.

duzir, de viver e de pensar. É dentro dessa dinâmica que Müller detecta o desaparecimento do humano no vetor da tecnologia. Ele vê que a desumanização acelerada, comemorada pelos pós-modernos como o fim das utopias, conduz à destruição da espécie humana, orquestrada pelo comprometimento do devir utópico e o princípio de seleção.

O comprometimento do devir utópico, abordado na obra de Müller diversas vezes, parece dar-se da seguinte maneira: o desejo de transformação e de emancipação, isto é, de ruptura com o passado e de construção de uma nova existência, é subitamente bloqueado não por sua inviabilização, mas sim por sua efetiva realização, porém de um modo negativo, perverso, destrutivo. Configura-se, então, uma situação paradoxal, na qual o *élan* de deixar o passado para trás começa a girar no vazio ao ser contaminado por um futuro que se antecipa e destrói a sua razão de ser. O desejo de transformação torna-se prisioneiro de um conflito entre dois movimentos contraditórios, mas complementares: projeção positiva/ antecipação negativa; e o devir torna-se um problema, na medida em que o presente, sufocante, é apenas o ponto de encontro entre um passado que não passa e um futuro reduzido a um horizonte negativo. O devir utópico torna-se potência que não pode atualizar-se em termos afirmativos — é a situação perturbadora de Goya diante da Revolução Francesa, descrita por Müller quase telegraficamente, porém em termos magistrais; é também a de vários personagens de suas peças; mas é, eminentemente, a situação do homem contemporâneo.

O princípio de seleção que Müller identifica como princípio operatório tanto do Juízo Final cristão quanto da *Aufklärung* e da Solução Final também concorre para a destruição da espécie humana em curso. Em suas entrevistas dos últimos anos, o poeta insistia constantemente no impacto da tecnologia sobre a sociedade, e em sua lógica implacável. Comentando a tese de Ernest Jünger segundo a qual a estratégia do genocídio dos nazistas teria privado a Wehrmacht dos meios de transporte necessários à vitória, Müller observa:

"Ele não entendeu que a doutrina militar dos nazistas repousava sobre o conceito estratégico de aceleração total. O problema não era a Wehrmacht derrotar o Exército Vermelho ou Rommel derrotar Montgomery. Isso era apenas o aspecto superficial, o teatro da guerra. Ao contrário, sua realidade era totalmente econômica e tecnológica. Tratava-se de experimentar a tecnologia, de introduzir a tecnologia no cotidiano, de tecnicizar a vida. Toda tentativa de aceleração total encontra nas minorias seu principal adversário. Pois as minorias sempre representam algo autônomo; elas são um obstáculo à aceleração. As minorias são freios. Daí nasce a necessidade de aniquilá-las, pois elas persistem em sua velocidade própria".[11]

A observação de Müller importa porque aponta o princípio da seleção como um critério novo e interessantíssimo para se pensar a problemática da exclusão e da inclusão no capitalismo global. Exigida pela aceleração econômica e tecnológica total em curso, a seleção seria um modo de "processar" as categorias sociais e as populações em dois registros. No primeiro, trata-se de neutralizar aquelas que se excluíram ou foram excluídas do movimento total, seja porque recusavam-no e a ele resistiam, seja porque se mostraram incapazes de acompanhá-lo, tornando-se então "descartáveis", para usar as palavras do Subcomandante Marcos. No segundo, trata-se de favorecer e estimular aquelas categorias e populações que podem conferir a máxima eficácia à ordem econômica e tecnocientífica, segundo os parâmetros da aceleração total. Assim, Auschwitz seria o emblema negativo da seleção, enquanto a nova eugenia que se constitui com a engenharia genética seria o positivo.

---

[11] "Penser est fondamentalement coupable — Entretien avec Frank M. Raddatz", *in* H. Müller, *Fautes d'impression — Textes et entretiens*, trad. de J. Jourdheuil e J.-F. Peyret, Paris, L'Arche, 1991, p. 189.

Como Zygmunt Bauman,[12] Müller não vê Auschwitz como um desvio, uma exceção, um surto de irracionalismo, ou mesmo como uma regressão à barbárie, à maneira de Adorno; para ele, o campo de concentração significa o altar do capitalismo, o último estágio das Luzes e o modelo de base da sociedade tecnológica. As expressões são evidentemente polêmicas, quase inadmissíveis, soando como provocação; mas convém meditar sobre elas, pois sugerem aspectos extremos até então desapercebidos da lógica social dominante. Auschwitz seria o altar do capitalismo porque ali o homem é sacrificado em nome do progresso, porque o critério da máxima racionalidade reduz o homem ao seu valor de matéria-prima; seria o último estágio das Luzes, como a realização plena do cálculo por ela inaugurado; e seria, enfim, o modelo de base da sociedade tecnológica porque o extermínio em escala industrial consagra até mesmo na morte a busca de funcionalidade e eficiência, princípios fundamentais do sistema técnico moderno.

A caracterização de Auschwitz por Müller funde nesse microcosmo exemplar a celebração de um sistema socioeconômico, a consumação de um sistema de pensamento e o *modus operandi* da tecnociência. Nesse sentido, o campo de concentração expressaria, através do critério básico da seleção, toda a potência negativa da civilização ocidental moderna. Mas se o extermínio é o ponto de chegada para as vítimas da aceleração tecnológica e econômica total, sua contrapartida é a salvação dos "eleitos", através da abertura de uma segunda linha de evolução para os beneficiários da estratégia. Neste caso, a supressão do humano não se dá através do descarte deste, mas de sua superação: são os *Gene-enriched* ou *GenRich*, de que fala Lee M. Silver, em *Remaking Eden*.[13]

No prólogo de seu livro, o biólogo molecular de Princeton antecipa "o que está por vir", ao traçar o horizonte que a biotecno-

---

[12] Z. Bauman, *Modernity and the Holocaust*, Oxford, Polity Press, 1996.

[13] L. M. Silver, *Remaking Eden*, Londres, Widenfedld & Nicolson, 1998, p. 4.

logia projeta para a humanidade. Ali se explicita o processo de diferenciação social iniciado nos anos 80, levando sua lógica ao extremo. Com efeito, na sociedade antevista por Silver há duas classes fundamentais: os *Naturais*, que continuariam existindo de acordo com as leis da evolução natural da espécie e formariam a massa trabalhadora; e os *GenRich*, uma nova classe hereditária de aristocratas genéticos portadores de genes sintéticos. Em virtude do contínuo aprimoramento do patrimônio genético de seus membros, esta nova elite acabaria organizando-se em linhagens estruturadas de acordo com características e capacidades específicas a cada uma delas. Assim, haveria linhagens de atletas, de empresários, de músicos, de artistas, de intelectuais e de cientistas geneticamente enriquecidos — nascidos com potencial claramente sobre-humano e criados em instituições aptas a atualizá-lo. Fica, portanto, evidenciado que a divisão social já não se fundaria mais em critérios étnicos, econômicos e socioculturais, mas principalmente em critérios sociotécnicos que vão separando a espécie em duas... até que a relação entre os *GenRich* e os *Naturais* configure entre eles uma distância semelhante àquela que separa os homens dos chimpanzés.

Ora, não deixa de ser intrigante constatar o quanto a antevisão do cientista corresponde a *Gattaca*, filme de ficção científica de Andrew Niccol lançado na mesma época em que Silver publica seu livro. Gattaca é a corporação de um futuro não muito distante, e em seu universo claustrofóbico também há dois tipos de humanos: os que ainda nascem de um processo de reprodução natural e os que são filhos da segunda natureza, isto é, foram gestados seguindo os procedimentos da engenharia genética. Os primeiros, ainda sujeitos às enfermidades congênitas que a evolução natural lhes reservou, são considerados, literalmente, "de-generados"; e porque têm potencial genético baixo vivem no limbo da sociedade, executando os serviços mais simples e brutos. Os segundos, a quem o microcosmo de Gattaca é reservado, encarnam o princípio supremo da sociedade que alia o máximo de eficiência tecnocientífica e de produtividade econômica; com efeito, portadores de virtualidades genéticas promissoras, tais humanos são desde cedo colocados em situações ideais para que possam concretizá-las. Assim, em Gattaca a condição social dos homens não depende de classe, raça ou credo: os critérios econômicos e tecnocientíficos de rigorosa maximização do potencial genético de cada um incorporaram a tal ponto o princípio da seleção que acabaram "naturalizando-a".

Em Gattaca, tanto quanto na utopia de Silver, a seleção não prioriza, como em Auschwitz, a remoção de obstáculos. Aqui, a estratégia da aceleração total se revela em sua plena positividade ao exigir de todos e de cada um o máximo rendimento; aqui, em vez de negar a condição humana tornando-a matéria-prima imprestável, a racionalidade apodera-se dela para a modelar de acordo com os objetivos da nova ordem, que consagra uma espécie de darwinismo social e tecnológico; aqui, o cálculo, a funcionalidade e a eficiência encontram a sua razão de ser inscrevendo-se diretamente na vida. Mas como reverso de Auschwitz, Gattaca não é menos totalitária. Pois se em Auschwitz a seleção confere ao condenado sua nova identidade inscrevendo na carne o número infamante, em Gattaca dispositivos biotecnológicos controlam a identidade de todos analisando seu código genético através da coleta periódica de fragmentos de sangue, pele, cílios etc.

O filme de Niccol e a antevisão de Silver parecem formular um daqueles deslocamentos conceituais que transformam o nosso mundo naquilo que ele ainda não é. Mas não parece arbitrário tomá-los como exemplo porque há homologia entre seu procedimento conceitual e o próprio modo como a tecnociência opera: em todos os casos, trata-se de encarar o presente como um campo de virtualidades cujo potencial deve ser processado — *approach* que, aliás, encontra ressonância no modo como Müller encara o "material" de suas peças.

Ora, essa também parece ser a característica predominante da tendência da época. Fredric Jameson já havia observado[14] que o capitalismo estava penetrando no inconsciente e na natureza e colo-

---

[14] F. Jameson, *Postmodernism, or The cultural logic of late capitalism*, Durham, Duke University Press, 1994, p. 36.

nizando-os; mas agora ele parece investir sobre toda criação, inclusive a criação da vida — vegetal, animal e humana; assim, a estratégia da aceleração econômica e tecnológica total buscaria assenhorear-se não apenas da dimensão da realidade virtual, do ciberespaço, como tem sido observado, mas também e principalmente, da dimensão virtual da realidade. Auschwitz e Gattaca ressoam, portanto, como emblemas das faces negativa e positiva da seleção; e fica claro que o desaparecimento da espécie ocorreria tanto através da exclusão e das limpezas étnicas e sociais quanto da abertura de uma segunda linha de evolução da espécie que deve transformar a própria natureza humana. É isso que Müller permite descobrir, ao nos mostrar o comprometimento do devir e o princípio de seleção.

* * *

A apropriação e o controle das potências do humano pela tecnociência e pelo capital global talvez signifiquem o fim de seu conflito com as potências da história, isto é, o apagamento da diferença entre o tempo do sujeito e o tempo da história. No entanto, e paradoxalmente, o fim desse embate não conduziria a uma libertação; muito ao contrário, parece que a maior tragédia seria a supressão da tragédia, a eliminação do teatro de guerra potencial, que tiraria dos homens a possibilidade de lutar pela afirmação do humano e prepararia a destruição da espécie humana.

É interessante observar que, antes de Müller, C. S. Lewis já evocara o desaparecimento da espécie ao escrever *The abolition of man*, em 1943. Como o poeta, o escritor inglês também adotava uma perspectiva de longo alcance, trans-histórica; mas aqui, tratava-se de conceber a espécie estendida no tempo, desde seu surgimento até sua extinção, para entender plenamente o poder que o homem exerce sobre a natureza, e o poder que alguns homens exercem sobre os outros. Desdobrando a tendência de domínio progressivo da Natureza nessa escala de longa duração, Lewis imaginou um momento em que esta se renderia quando seu último bastião — a natureza humana — tivesse sido conquistado.

"Então, a batalha terá sido vencida. Teremos 'tomado o fio da vida das mãos de Cloto' e doravante seremos livres para fazer com que nossa espécie seja o que quisermos. Com certeza a batalha terá sido vencida. Mas, justamente, quem terá sido o vencedor?"[15]

Lewis pensa que os vencedores não serão os homens, ou melhor, serão homens que não serão mais humanos. Para ele, a conquista da natureza humana seria realizada por uma geração-chave do futuro, aquela que por um lado teria se emancipado da tradição e reduzido ao mínimo o poder de seus predecessores, e por outro exerceria o máximo de poder sobre a posteridade porque poderia dispor de sua descendência como quisesse, através da eugenia e de uma educação planejada e executada cientificamente; mas como tal poder não seria igualmente compartilhado por todos os homens dessa geração, algumas centenas deles decidiriam o destino de bilhões de outros: seriam os condicionadores. Assim, antes mesmo dos *GenRich* e dos "descartáveis" despontarem no horizonte, a humanidade futura já havia sido pensada segundo critérios de poder tecnocientíficos e políticos que a dividem em condicionadores da natureza humana e condicionados.

Ora, se os condicionadores viessem a ter esse poder exorbitante e essa responsabilidade imensa, teriam de decidir que tipo de consciência gostariam de produzir na espécie. Lewis, então, se interroga: o que aconteceria se eles se perguntassem se deveriam ou não incutir nela a consciência de sua própria preservação? Mas em vez de resposta, a indagação suscita outra pergunta: Por que a espécie deveria ser preservada? A questão se colocaria porque, sabendo muito bem como se produz o sentimento em prol da posteridade, os condicionadores teriam de decidir se ele deve continuar. Entretanto, considera Lewis, por mais que procurassem um motivo ou

---

[15] C. S. Lewis, *The abolition of man*, Londres, Fount-Harper and Collins, 1978, p. 37.

fundamento para fazê-lo, seria impossível achá-lo. Isso significa que quando a questão da preservação ou não da espécie se colocasse como opção, o jogo já teria terminado, por não haver mais valor humano algum a preservar. É que, na realidade, condicionadores e condicionados já não seriam mais humanos: os primeiros porque "são homens que sacrificaram sua própria parcela de humanidade tradicional para se dedicarem à tarefa de decidir o que doravante a 'Humanidade' significará";[16] os segundos porque, em vez de homens, são artefatos. Assim, "ficou evidente que a derradeira conquista do Homem foi a abolição do Homem".[17]

Lewis assinala que, com maior ou menor conhecimento de causa, quase todos os homens em todos os países estão trabalhando para produzir "o mundo da pós-humanidade", um mundo em ruptura com a natureza humana e com a cultura que lhe é correspondente. Cinquenta anos depois da publicação de seu texto, fica evidente que o advento de um mundo pós-humano não só está muito mais próximo do que o escritor pôde imaginar, como se constrói por métodos muito mais radicais do que o condicionamento, uma vez que a manipulação genética poderá reprogramar e recombinar a vida humana.

A questão da preservação da espécie humana, ou de seu desaparecimento, deixa então de ser uma especulação, tornando-se um problema do nosso tempo. Ora, como Lewis, Müller parece querer preservá-la; mas sua perspectiva é totalmente diferente: enquanto o primeiro quer preservar a humanidade como ela é, ou foi, o poeta quer preservá-la de uma desnaturação que comprometerá o seu devir. Vale dizer: quer preservar a possibilidade de transformações que não decorram da submissão do humano ao odioso princípio de seleção.

Sabendo que a seleção se legitima na sobrevivência do espécime mais forte, e convencido de que a sobrevivência da espécie huma-

---

[16] *Ibidem*, p. 36.
[17] *Ibidem*, p. 40.

na exige a superação do plano pessoal, já em 1979 Müller concebia a relação espécime/espécie como a tradução do par exclusão/inclusão e, coerentemente, o fazia a partir de sua própria experiência:

"Trabalhar pelo desaparecimento do autor é resistir ao desaparecimento do homem. O movimento da linguagem é alternativo: o silêncio da entropia, ou o discurso universal que nada omite e ninguém exclui".[18]

Como se vê, a perspectiva do poeta começa na busca da impessoalidade, descartando a salvação do indivíduo ou dos "eleitos", o que será confirmado anos mais tarde na frase "TODOS OU NINGUÉM", escrita em carta a Mitko Gotscheff.

A inclusão de todos numa aventura comum expressa o sentido elevado e generoso que Müller conferia ao comunismo; mais do que isso, porém, a consciência da necessidade da inclusão parece configurar-se para ele como uma nova consciência da espécie — como se fosse preciso desrecalcar o fato de que "a perda dessa consciência foi o preço pago para sair do reino animal";[19] mas, por outro lado, como se a preservação da espécie estivesse exigindo uma compreensão inovadora e amplíssima do humano, a partir do deslocamento do excludente "ou... ou" para um inclusivo "e... e".

Uma nova consciência da espécie. Talvez seja essa a exigência maior que Müller colhe do passado e do futuro e que lhe aparece sob a forma de duas imagens: a da humanidade unindo-se na embriaguez de uma festa coletiva celebrando o seu fim, e a da espiral da história arruinando os centros, desbravando seu caminho através das zonas periféricas, abarcando todos os povos do mundo.

---

[18] "L'effroi, la première apparition du nouveau", *in* H. Müller, *Erreurs choisies*, trad. de J. Jourdheuil e H. Schwarzinger, Paris, L'Arche, 1988, p. 21.

[19] "Lettre au metteur en scène de la première représentation de *Philoctète* en Bulgarie au Théâtre Dramatique de Sofia", *in* H. Müller, *Fautes d'impression*, trad. de J.-L. Besson e B. Sobel, cit., p. 34.

17.
TECNOLOGIA E SELEÇÃO*

Pouco antes da 3ª Conferência contra o Racismo, que se abriu dia 31 de agosto de 2001 em Durban, na África do Sul, Pierre Sané, diretor-geral assistente da Unicef, e Jerôme Bindé, diretor da Divisão de Antecipação e Estudos de Perspectivas da Unesco, publicaram na página 3 da *Folha de S. Paulo* um alerta sobre novas discriminações que ameaçam os homens, apesar do artigo 1º da Declaração Universal do Genoma Humano e dos Direitos Humanos enunciar que o genoma humano está na base da unidade fundamental de todos os membros da família humana, bem como o reconhecimento de sua dignidade e diversidade. Escrevem os autores: "Os progressos científicos contemporâneos — particularmente a revolução genética — trouxeram grandes esperanças, mas também questões alarmantes".[1]

---

* Duas versões parciais deste texto foram apresentadas. A primeira, no I Colóquio Internacional Ciência, Natureza e Tecnoética, organizado pelo Instituto de Ciências Sociais da Universidade de Lisboa, em Cascais, Portugal, a 28 de setembro de 2001; a segunda, no IV Simpósio Internacional de Filosofia Nietzsche e Deleuze, intitulado "Bárbaros e Civilizados", Laboratório de Pesquisas e Estudos da Subjetividade da Universidade Federal do Ceará, Fortaleza, a 4 de novembro de 2002. A investigação que lhe deu origem integra uma pesquisa mais ampla, realizada no âmbito do Projeto Temático "Cidadania e Democracia: as rupturas no pensamento da política", do Centro de Estudos dos Direitos da Cidadania (Cenedic), da Universidade de São Paulo, Fapesp, ago. 2000-ago. 2004.

[1] Pierre Sané e Jerôme Bindé, "Racismo e globalização", *Folha de S. Paulo*, 26/8/2001, p. 3.

Formuladas ao longo do texto, tais questões atingem o humano em dois níveis: enquanto espécie, na medida em que um mau uso da genética e sua indiscriminada exploração comercial poderiam propiciar o retorno da eugenia; e enquanto indivíduo, na medida em que a pesquisa em sequências genômicas que teriam um papel na predisposição dos indivíduos para certos tipos de comportamento poderia ferir as liberdades individuais, a dignidade e os direitos humanos.

Fica claro que Pierre Sané e Jerôme Bindé estão preocupados em preservar o humano e acreditam que cabe à bioética fazê-lo, estabelecendo para o progresso científico e tecnológico uma linha geral de conduta que valha nacional e internacionalmente. Sem querer desmerecer a relevância dessa iniciativa, gostaria, porém, de fazer algumas considerações, mostrando que o problema talvez seja mais complexo e mais fundo do que uma questão de mau uso da genética ou de sua exploração comercial.

O referencial de boa parte daqueles que esperam da bioética uma resposta às "questões alarmantes" trazidas pelo progresso da ciência e da tecnologia contemporâneas é o do humanismo moderno. Seria o caso, contudo, de indagar se o avanço da tecnociência já não tornou obsoletos os critérios que balizavam a concepção moderna do homem. Dentro das Ciências Humanas vem crescendo o número de vozes que expressam essa ruptura: filósofos, sociólogos, juristas, antropólogos, psicanalistas e críticos vêm apontando a crise e discutindo o sentido da transformação, às vezes num tom sombrio, outras, procurando entender a situação criada, e finalmente tentando mapear as coordenadas a partir das quais traçar a nova configuração do homem e da espécie. E embora muitos deles descartem, com razão, o determinismo tecnológico, o fato é que a tecnociência e seu aliado, o capital globalizado, desconstroem através das tecnologias digitais e genéticas tanto as concepções tradicionais quanto a concepção moderna do homem.

Uma maneira interessante de captar essa desconstrução talvez seja examinando como ela se aplica diretamente ao corpo humano na chamada medicina pós-humana. O exercício permite perceber a extensão e a intensidade das mudanças, que se explicitam em virtude de sua expansão para fora dos laboratórios e de sua inserção cada vez mais acentuada no âmbito da própria vida cotidiana.

Catherine Waldby capta a transformação no livro que escreveu sobre o The Visible Human Project (VHP), projeto que despertou a atenção quando, em 1994, foi lançado na rede o primeiro homem a tornar-se um Humano Visível. Tratava-se de um prisioneiro texano de 39 anos condenado à morte e executado no ano anterior, cujo corpo foi escolhido para a primeira digitalização integral, por ser são e poder constituir-se como padrão. No final de 1995 foi lançada a Mulher Visível, versão *cyber* do corpo de uma mulher de 59 anos, desconhecida, doado pelo marido.[2]

Aparentemente, o VHP era apenas o último capítulo da história da anatomia, pois almejava tornar o corpo humano inteiramente visível ao olhar clínico, através de técnicas computadorizadas. Waldby, entretanto, ressalta a *diferença específica* que caracteriza o tratamento dado a estes novos *écorchés*. Com efeito, para transformar seus corpos em dados digitais foi preciso todo um procedimento que anulou literalmente a sua massa, submetendo-a à dissecação extrema; desse modo, os cadáveres transfiguraram-se numa série de imagens planas acessadas uma a uma para visualização, mas também manipuladas de modo ilimitado — os corpos virtuais podem ser desmontados e remontados, animados, programados para interagirem com simulações e até navegados por dentro, através de hipermídia, como se fossem um território percorrido por uma pequena nave espacial.

A transformação dos corpos em imagens virtuais obedece a uma tecno-logia cibernética que Waldby examina com extremo rigor. Por um lado, ao escolher um prisioneiro, o VHP reata com as lições de anatomia porque a matéria-prima continua sendo fornecida por extratos malditos da sociedade; mas, por outro, rompe com elas

---

[2] Catherine Waldby, *The Visible Human Project: Informatic bodies and posthuman medicine*, Londres/Nova York, Routledge, 2000.

ao deixar para trás o atlas anatômico e criar o Homem Visível. Com efeito, na passagem do livro à tela, a imagem deixa de ser uma representação para tornar-se uma *imagem operacional*, passível de ser desdobrada como um substituto dos órgãos atuais, em cirurgias e endoscopias virtuais.

Waldby salienta que a tradução do corpo humano em substância digital põe em jogo todo um campo da biotecnologia, todas aquelas inovações recentes ou anunciadas que engenheiram corpos humanos ou os transformam em imagens; e acrescenta que o alcance de tais tecnologias já é amplo: as novas formas de produção de imagens médicas que atravessam e transformam o corpo em imagem através da digitalização de *quanta* eletromagnéticos ou radiativos; as tecnologias de engenharia genética que testam ou reescrevem a informação do DNA no organismo; as técnicas de clonagem que copiam genomas.[3] Mas é no parentesco entre o VHP e o Projeto do Genoma Humano que reside o cerne da questão que nos interessa: "Como o Projeto do Genoma Humano [HGP]", escreve a pesquisadora,

"o Projeto do Humano Visível é uma tentativa de mapear a topografia da espécie humana como uma unidade biológica coerente numa relação estável de diferença com as categorias de outras espécies. [...] Enquanto o Projeto do Genoma Humano tenta mapear a microestrutura da espécie humana, as instruções genéticas que são geralmente entendidas como aquelas que determinam o desdobramento da morfologia do corpo, o VHP mapeia a própria morfologia, a anatomia macroscópica do corpo humano masculino e feminino gerado como uma base de dados. Assim, nesses dois Projetos Humanos, os limites do humano como espécie são estabelecidos como uma ampla embora finita base de dados informacionais, uma ordenação espacial e gráfica que atua como um arqui-

---

[3] *Ibidem*, p. 6.

vo digital, recuperável através de redes computadorizadas e legível em estações de trabalho. Em ambos os casos, o próprio computador estabelece as condições materiais de possibilidade para tais projetos, e exemplos supostamente representativos do 'corpo humano' são traduzidos em termos que podem ser reconhecidos e operacionalizados pela computação. Como informação genética ou visual esses projetos humanos fornecem um mapa de um corpo humano normativo que é ordenável de acordo com a capacidade de ordenação e de processamento da informação do computador".[4]

Waldby observa que os dois projetos, ao transformarem o corpo humano em arquivo, tratam-no como matéria-prima e possibilitam o acesso aos dados "brutos" para todo tipo de operação que a arquitetura informacional permite. Nesse sentido, tanto o VHP quanto o HGP são ordenações do corpo humano que o decompõem de acordo com as lógicas de diferentes ordens de instrumentalização. Ora, o que significa a abertura do acesso ao corpo humano nessas condições? Ou melhor, nas palavras da própria Waldby, qual é o projeto desses projetos?

Numa primeira aproximação parece ser o de quase toda pesquisa biomédica: tratar da categoria do humano não como sujeito social, mas como organismo, particularmente como *matéria mórbida e mortal* de uma espécie distinta e superior, cuja integridade é sempre reiterada e, ao mesmo tempo, sempre negada, tendo em vista sua abertura para todo tipo de vida bacteriana e viral no plano molecular. "Em outras palavras", escreve Waldby,

"a medicina lida com a *falência das distinções entre a vida humana e não humana*, com as infindáveis maneiras através das quais o 'humano' na expressão 'corpo humano' é redundante, um fracasso da profilaxia conceitual contra essa

---

[4] *Ibidem*, pp. 36-7.

imersão no fluxo indiferente, não teleológico, do mundo natural e sua dívida para com ele. A vigilância da medicina humanista reside em seu assíduo estabelecimento e policiamento das fronteiras entre o humano e o mundo inumano da microbiologia, e entre a vida e a morte".[5]

Vistos sob esta ótica, os projetos ainda se inscrevem na medicina moderna. Porém, ao mesmo tempo eles lidam com outro tipo de abertura: a abertura do corpo à instrumentalização. Isso implica em considerar o organismo humano como um "complexo de ferramentas", isto é, como técnica.

"No caso do VHP e do HGP, por exemplo, ambos atuam não só criando um arquivo de conhecimento *sobre* o corpo humano, mas também afirmando que *o próprio corpo é um arquivo*, uma forma orgânica de armazenamento e replicação. Isso não é uma mera metáfora. Muito ao contrário, os procedimentos tanto do HGP quanto do VHP fazem literalmente do corpo um arquivo. Os dois projetos são maneiras de itinerarizar e indexar o corpo humano como um conteúdo finito, aberto a múltiplas formas de ordenamento e modos de recuperação."[6]

Vistos sob esta nova ótica, os projetos parecem não mais se referir ao homem mas ao pós-humano.

Para Waldby, a *intenção explícita* desses projetos, ou o projeto dos projetos é avançar a especificação do humano como ser-espécie, a fim de fazer do corpo um recurso para a consciência. Em outros termos: a biotecnologia é entendida como uma mediação entre dois registros, o do sujeito humano e o da espécie; mais ainda, a biotécnica pode ser utilizada na instituição de um corte interno entre sujeito e espécie, usada para estabelecer uma hierarquia

---

[5] *Ibidem*, pp. 38-9.
[6] *Ibidem*, p. 39.

entre eles na qual a espécie é posta à disposição do sujeito como recurso.[7] Waldby detecta uma abertura do corpo humano operada por um trabalho de tradução que transforma a vida em informação e o organismo em código:

> "Embora os Projetos Humanos possam apresentar o corpo humano como um conteúdo finito e estável, suas práticas assumem e promovem a sua abertura a uma transformação profunda, tecnicamente orientada, e sua indiferença às diferenças entre humano e não humano".[8]

Diversos aspectos destacados por Waldby apontam a transformação do modo de pensar o humano: o entendimento do homem ao mesmo tempo como organismo e agenciamento técnico, isto é, como matéria mórbida e mortal e como arquivo de dados; a dissolução das fronteiras entre o humano e o não humano que agora abre o corpo a todo tipo de manipulação atual ou virtual; a disjunção entre indivíduo e espécie que disponibiliza esta como um recurso.

O trabalho de tradução do corpo em arquivo de dados — como se o organismo humano fosse agora unicamente considerado sob a perspectiva molecular — se inscreve na dinâmica identificada por Donna Haraway como a "virada cibernética" que se deu no campo da tecnociência e que privilegia, por um lado, a dimensão informacional dos diferentes organismos como solo que lhes é comum, por outro, as reciprocidades informacionais entre organismos e técnica. Tal virada, que contagiou decisivamente a biologia moderna a partir do conceito de informação, teve início no pós-guerra nas ciências da comunicação. Mas agora, as relações de implicação e de hibridação entre homens, máquinas, seres vivos e seres inanimados são tantas e de tamanha envergadura que a própria natureza humana parece posta radicalmente em questão, suscitando inclusi

---

[7] *Ibidem*, pp. 40 e 42.

[8] *Ibidem*, p. 43.

ve a indagação sobre o futuro da espécie, não mais em virtude de um perigo de extinção criado pelo holocausto nuclear, mas pela sua "superação".

Já que o futuro do homem parece, portanto, problemático e controverso, gostaria de propor-lhes, como exercício, a evocação de quatro variações sobre o tema, nas quais os devires da espécie desenham configurações muito diversas. A proposta é partir da perspectiva do desaparecimento do humano para em seguida nos determos nas narrativas de como nos transformamos em *cyborgs* e em pós-humanos, chegando afinal à condição transumana. Evidentemente, todas as variações pertencem à transição para uma nova formação histórica e exprimem uma nova maneira de pensar; e embora encontrem ressonâncias na ficção científica, não foram colhidas nesse gênero literário — as variações foram compostas por homens e mulheres que trabalham nos campos da informática, da biologia, da cultura e da filosofia.

* * *

A primeira variação foi formulada pelo *hacker* Bill Joy, tem por título "Why the future doesn't need us"[9] e busca explicar por que as mais poderosas tecnologias do século XXI ameaçam fazer dos homens uma espécie em extinção.

O texto de Joy é considerado por muitos como apocalíptico; no entanto, seu argumento merece atenção porque quem o escreve não é o humanista de sempre, mas um *insider*, arquiteto de sistemas digitais, tecnólogo de primeiríssima linha, um membro dessa aristocracia contemporânea que concebe linguagens e interfere na evolução das redes.[10]

---

[9] Bill Joy, "Why the future doesn't need us", *Wired Magazine*, abr. 2000 (http://www.wired.com/wired/archive/8.04/joy.html).

[10] Estudada por Pekka Himanen em seu livro *The hacker ethic and the spirit of the information age*, trad. de Anselm Hollo e Pekka Himanen, Nova York/Toronto, Random House, 2001.

Joy conta que sua inquietude começou quando se encontrou casualmente com o inventor Ray Kurzweil, e este expressou sua convicção de que num futuro próximo os homens iam se tornar robôs, ou se fundir com robôs. A conversa afetou o *hacker* e seu mal-estar aumentou ao ler um fragmento do livro *The new luddite challenge*. O fragmento examinava o que aconteceria caso máquinas inteligentes capazes de substituir os humanos fossem desenvolvidas. Duas possibilidades eram esboçadas: se as máquinas passassem a tomar as decisões, a espécie humana ficaria à mercê delas; se o controle ficasse nas mãos dos homens, uma pequena elite domesticaria as massas, tanto mais fragilizadas porque supérfluas do ponto de vista do sistema. A alternativa indicava claramente um impasse... exceto se o desenvolvimento das máquinas fosse bloqueado. Joy acompanhou a exposição com interesse agudo e... virando a página, descobriu, surpreso, que o trecho havia sido escrito por Theodore Kaczynski, o Unabomber! Sentindo-se interpelado pela argumentação do luddista, resolveu confrontá-la; mas quanto mais trabalhava o fragmento, mais descobria razões que o levavam a aproximar-se dele.

O problema levantado pelo Unabomber era a questão que Buckminster Fuller denominara efeito colateral, e Paul Virilio, acidente; isto é: as consequências inesperadas da introdução de uma determinada tecnologia. Obcecado pelo perigo que isso representava para o futuro do humano, o Unabomber encontrava nessa ameaça a razão de sua campanha terrorista contra os cientistas. Joy, evidentemente, discordava, mas sua preocupação aumentou quando leu o livro de Hans Moravec sobre robôs — ali o líder da robótica placidamente escrevera que as espécies biológicas nunca sobrevivem quando se defrontam com competidores que lhes são superiores, e comparara os homens aos marsupiais da América do Sul, que se extinguiram no contato com espécies placentárias do Norte. Numa palavra: Moravec trabalhava com a hipótese de que os robôs um dia nos sucederão. Joy começou a perceber que o fim da espécie não era realmente uma consequência inesperada, e já se esboçava no horizonte. E procurou, então, o reputado cientista e futurista Danny Hillis, perguntando-lhe o que achava da fusão de homens com robôs; a resposta assegurou que a mudança ocorreria gradualmente, e nos acostumaríamos com ela.

O que mais o espantava era a tranquilidade com que se encarava o desaparecimento do humano. A hipótese se afigurava mais provável porque a robótica, a engenharia genética e a nanotecnologia trazem consigo uma ameaça nova: elas podem se autorreplicar e rapidamente sair de controle. Os ecologistas já haviam soado o alarme sobre o assunto, apontando os riscos do engenheiramento de plantas, animais e microrganismos. Mas o potencial de destruição de todas essas novas tecnologias somadas pareceu a Joy muitíssimo maior, a ponto de levá-lo a escrever:

> "Creio não ser exagero afirmar que estamos no limiar do aperfeiçoamento maior do mal extremo, um mal cuja possibilidade se espalha bem além daquele que as armas de destruição em massa legaram aos estados-nações, ou de um surpreendente e terrível poder conferido a indivíduos extremados. Nada no modo através do qual me envolvi com computadores me sugeriu que ia enfrentar questões dessa ordem".[11]

É interessante notar que aqui a perda do controle pelos humanos e a ameaça à espécie estão ligadas à "vida própria" que as novas tecnologias parecem cada vez mais prestes a adquirir. Nos cálculos do *hacker*, se tudo continuar no ritmo acelerado que tem caracterizado a inovação tecnológica, por volta de 2030 o poder de autorreplicação estaria consumado, pois 2030 é o prazo dos especialistas para a criação de um robô inteligente, capaz de fazer cópias evoluídas de si mesmo. Por outro lado, ao mesmo tempo em que os robôs passariam a competir com os humanos, as espécies transgênicas criadas pela engenharia genética estariam competindo com as biológicas, enquanto a eletrônica molecular poderia estar construindo artefatos superiores em termos de evolução, mas sele-

---

[11] Bill Joy, *op. cit.*, p. 7.

tivamente destrutivos para determinadas áreas geográficas ou determinados seres vivos. Tudo isso levou Joy a concluir que

> "acima de tudo, é o poder de autorreplicação destrutiva na genética, na nanotecnologia e na robótica que deveria levar-nos a uma pausa. [...] Pela primeira vez na história de nosso planeta uma espécie tornou-se um perigo para ela mesma, bem como para um grande número de outras, por sua própria ação voluntária".[12]

O *hacker* se manifesta então claramente favorável à imposição de limites à evolução tecnológica em curso, para que a ordem da vida seja respeitada. Mas quem teria o bom senso de propô-los? A questão é problemática porque os cientistas acreditam no valor supremo do conhecimento e do poder que ele confere, e costumam considerá-lo um valor intrínseco para a humanidade. Basta lembrar a conduta de Oppenheimer e dos outros cientistas envolvidos na construção da bomba atômica. Assim, para eles o estabelecimento de limites surge como uma restrição intolerável... à própria evolução da espécie humana! E, no entanto, diz Joy, "a renúncia é a única alternativa realista que vejo: limitar o desenvolvimento das tecnologias que são perigosas demais, limitando nossa busca de certos tipos de conhecimento".[13]

Joy tem esperança de que seremos capazes de sobreviver às tecnologias do século XXI; mas, em seu entender, a última chance de conservarmos o controle sobre elas parece próxima — não só porque estão evoluindo muito rapidamente, mas também e principalmente porque a ruptura pode se dar de modo inesperado, com o brusco desencadear de sua autorreplicação selvagem. Por isso o *hacker* propôs que a Academia Americana de Artes e Ciências crie uma extensão das Pugwash Conferences para discutir o controle da robótica, da genética e da nanotecnologia.

---

[12] *Ibidem*, pp. 14-5.

[13] *Ibidem*, p. 19.

* * *

A primeira variação levanta a possibilidade de desaparecimento da espécie humana em virtude do surgimento de uma nova espécie superior. A segunda não vê a questão como uma competição entre espécies, mas como uma mutação da própria espécie humana. Mais ainda: tal transformação não está por vir, e sim já começou, com o advento dos *cyborgs*.

O conceito de *cyborg* — *cybernetic organism* — foi forjado em 1960 por Manfred Clynes e Nathan Kline, no âmbito dos projetos aeroespaciais da Nasa. Em artigo publicado na revista *Astronautics*, seus autores explicavam sua razão de ser:

> "A viagem espacial desafia a humanidade não só tecnologicamente como também espiritualmente, na medida em que convida o homem a participar de modo ativo em sua própria evolução biológica. Os avanços científicos do futuro podem, assim, ser utilizados para permitir a existência do homem em ambientes que diferem radicalmente daqueles que a natureza propicia, tal como a conhecemos. A tarefa de adaptar o corpo do homem a qualquer ambiente que ele escolher será facilitada por um maior conhecimento do funcionamento homeostático, cujos aspectos cibernéticos estão apenas começando a ser compreendidos e investigados. No passado a evolução suscitou a alteração das funções corporais para adequá-las a ambientes diferentes. De agora em diante, em certa medida será possível fazer o mesmo *sem alteração da hereditariedade*, através das apropriadas modificações bioquímicas, fisiológicas e eletrônicas do atual *modus vivendi* do homem".[14]

---

[14] Manfred Clynes e Nathan Kline, "Cyborgs and space", *in* Chris Hables Gray (org.), *The cyborg handbook*, Nova York/Londres, Routledge, 1995, p. 29.

Tratava-se, portanto, de adequar o corpo humano às condições de vida no espaço extraterrestre, *substituindo-se* o trabalho da evolução através de conexões entre homem e máquina que o modificariam somaticamente, mas sem alterar a espécie. Como dirá Clynes posteriormente,[15] não se pensava transformar a natureza humana nem sua identidade essencial, e por isso, o termo *cyborg* foi definido do seguinte modo:

> "O *cyborg* incorpora deliberadamente componentes exógenos que ampliam a função autorregulatória de controle do organismo [...] Se o homem no espaço, além de voar em seu veículo, precisa o tempo todo checar as coisas e fazer ajustes só para se manter vivo, tornar-se-á um escravo da máquina. O propósito do *cyborg*, bem como de seu próprio sistema homeostático, é propiciar um sistema organizacional no qual esses problemas de tipo robô são assumidos automática e inconscientemente, deixando o homem livre para explorar, criar, pensar e sentir".[16]

Fica claro, assim, que o *cyborg* originalmente é uma invenção tecnocientífica concebida para funcionar num ambiente e numa situação específicos. Entretanto, já em 1985, quando Donna Haraway, em seu célebre *Manifesto*, o insere no contexto de uma cultura pós-moderna e de um capitalismo global nutrido pela tecnociência, o conceito vai sofrer um deslocamento importante — o *cyborg* continua sendo um híbrido de máquina e organismo, mas agora nós, como habitantes de uma "pólis tecnológica", "somos *cyborgs*".[17] Como justificar tal generalização? Haraway identifi-

---

[15] Chris Hables Gray, "An interview with Manfred Clynes", *in* C. H. Gray (org.), *The cyborg handbook*, cit., pp. 47-8.

[16] M. Clynes e N. Kline, "Cyborgs and space", *in* C. H. Gray (org.), *op. cit.*, p. 31.

[17] Donna Haraway, "Um manifesto para os cyborgs: ciência, tecnologia e feminismo socialista na década de 80", *in* Heloisa B. de Hollanda (org.),

ca três rupturas cruciais de fronteiras que autorizam o que ela denomina "uma análise política ficcional":[18] a transgressão da fronteira entre o humano e o animal; a quebra da distinção entre organismo humano e máquina; o apagamento dos limites entre o físico e o não físico. Tais rupturas, que desconstroem os contornos do homem e põem em xeque suas referências, abrem caminho à hibridação. Mas por outro lado, a essa premissa fundada no desenvolvimento tecnocientífico e em seus efeitos sociotécnicos, Haraway acrescenta uma preocupação de ordem sociopolítica: o problema não é só que a tecnociência está transformando o homem em *cyborg*; além disso, a transformação obedece a um projeto inédito de dominação. Nesse sentido, o *Manifesto* busca nos conscientizar — a nós, mas sobretudo às mulheres e às feministas — de que não basta reconhecer o que fizeram conosco: a nossa desconstrução e reprogramação; é preciso, ainda, buscar em nossa nova condição uma saída não planejada, é preciso nos transformarmos em *cyborgs* de oposição ao que Haraway denomina "informática da dominação".

"[...] as ciências da comunicação e as biologias modernas são construídas por um movimento comum — a tradução do mundo para um problema de codificação, uma busca de uma linguagem comum na qual toda a resistência ao controle instrumental desapareça e toda a heterogeneidade possa ser submetida à desmontagem, à remontagem, ao investimento e à troca. [...] Nas ciências da comunicação, a tradução do mundo para um problema de codificação pode ser ilustrada quando se olham as teorias de sistemas cibernéticos. Em cada caso, a solução para as perguntas-chave se encontra numa teoria da linguagem e do controle; a opera-

---

Tendências e impasses: o feminismo como crítica da cultura, Rio de Janeiro, Rocco, 1994, p. 244.

[18] *Ibidem*, p. 246.

ção-chave vai determinar as taxas, as direções e as probabilidades de fluxo de uma quantidade chamada informação. O mundo se encontra subdividido em fronteiras diferentemente permeáveis à informação. [...] Os fundamentos desta tecnologia podem ser condensados na metáfora do C3i, comando-controle-comunicação-inteligência, o símbolo militar para a sua teoria das operações. Nas biologias modernas, a tradução do mundo para um problema de codificação pode ser ilustrada através da genética molecular, da ecologia, da teoria da evolução biológica e da imunobiologia. O organismo foi traduzido em problemas de codificação genética e interpretação. [...] Num certo sentido, os organismos deixaram de existir enquanto objetos de conhecimento, dando lugar a componentes bióticos, isto é, tipos especiais de mecanismos processadores de informação."[19]

Na perspectiva de Haraway, a tradução do mundo e dos seres vivos em informação é sem volta. A aliança da tecnociência com o capital global nos tornou *cyborgs*, pôs fim ao humanismo moderno, instaurou um novo referencial e com ele um novo tipo de dominação fundada no C3i, que as mulheres agora precisam compreender e contra o qual precisam lutar. Por isso mesmo, no entender de Haraway, as narrativas feministas *cyborg* têm como tarefa recodificar a comunicação e a inteligência para subverter os comandos e os controles.[20]

A análise política ficcional parece conceber o *cyborg* como o último elo na linha evolutiva macaco-homem-*cyborg*; este configuraria o devir da espécie humana, assim como o macaco configurou o seu passado. Nesse sentido, é de grande interesse observar como Donna Haraway analisa as relações entre macacos e *cyborgs*,

---

[19] *Ibidem*, pp. 262-3.

[20] *Ibidem*, p. 275.

tal como são enunciadas no discurso e nas práticas científicas do pós-guerra.

Num texto interessantíssimo,[21] Haraway explora esse momento-chave em que o passado e o futuro da espécie humana se comunicam de modo intenso através da produção do conhecimento científico. Ali, a bióloga conta como começou a dar cursos na Universidade do Havaí em meados da década de 70 e lá descobriu que a biologia não interessava como disciplina que transcendia a prática histórica mas, muito ao contrário, como conhecimento *naturalcultural* fundado *simultaneamente* na facticidade material *e* na contingência histórica. Tal descoberta foi concomitante com o entendimento do que era um sistema C3i, e de como ela, enquanto organismo norte-americano do final do século XX, era tal sistema, literal e tropicamente. Escreve Haraway:

> "O ensino da biologia como civismo para universitários não cientistas foi uma grande revelação. Comecei a entender que discurso é prática, e que a participação no mundo materializado, inclusive no mundo do nosso próprio corpo natural/cultural, não é uma escolha. Todos os que praticavam a imunologia, a genética, a teoria social, a análise de seguro, a ciência cognitiva, o discurso militar e as ciências comportamentais e evolucionistas invocavam as mesmas histórias, eminentemente materiais e teoricamente poderosas, para fazerem epistemológica e ontologicamente um trabalho efetivo no mundo. Isto é, comecei a entender que eu efetivamente era um *cyborg*, cultural/natural. Como muitos outros seres que tanto os cientistas quanto os leigos começavam a compreender, eu também, na textura de minha carne e alma, era um híbrido de sistemas de informação orgânicos e maquínicos.

---

[21] D. Haraway, "Morphing in the order: Flexible strategies, feminist science studies, and primate revisions", *in* Shirley Strum e Linda Fedigan (orgs.), *Primate Encounters*, Chicago, University of Chicago Press, 2000.

[...] Na segunda metade do século XX, num padrão distribuído globalmente que afeta muitos milhões de pessoas, nós de fato sabemos que somos processos energéticos, econômicos e informacionais, e nos relacionamos material, semiótica e praticamente com o mundo biológico, como tais".[22]

Haraway descobre, assim, que é um *cyborg* — não por escolha, mas porque é considerada como tal pelo conhecimento científico do seu tempo, enquanto ser biológico. Ora, essa descoberta constitui um problema, pois Haraway *se identifica* como membro de uma espécie e de uma ordem zoológica. Como ela mesma diz,

"minha visão de mim mesma é profundamente modelada por relatos e atividades bio-científicas, e isso é uma fonte de interesse e prazer intensos [...]. O coração e a alma de minha própria vida foram modelados por práticas materiais-semióticas através das quais eu me conheço e me relaciono comigo mesma [...] enquanto organismo. Historicamente falando, identificar-se, interna e subjetivamente, como membro mortal de uma espécie e de uma ordem zoológica é uma coisa estranha; e eu estou intensamente interessada em como tal prática tornou-se possível, até mesmo inescapável, para milhões, talvez bilhões de pessoas de tipos muito diferentes durante os últimos duzentos anos".[23]

A questão, assim colocada, é bastante perturbadora. Com efeito, ao contrapor duas concepções científicas do humano e situar-se na passagem, no intervalo entre elas, por um lado admitindo-se racionalmente como *cyborg*, por outro se sentindo como animal, Haraway parece explicitar não só a transitoriedade epistemológica e ontológica da explicação científica, mas, acima de tudo, o seu caráter histórico-cultural, mesmo e principalmente quando se tra-

---

[22] *Ibidem.*

[23] *Ibidem*, p. 2.

ta da teoria evolucionista. Com efeito, é porque se descobre *cyborg* embora se sinta animal, que Haraway vai rever a primatologia, como uma espécie de metonímia para se entender a ciência e os estudos sobre a ciência. Ora, a própria primatologia do período já se traduz como uma questão de comunicação... O deslocamento efetuado no conceito de *cyborg* nos leva, portanto, para longe de sua acepção original. Na verdade, a tradução do mundo em informação digital e dos seres vivos em informação genética incide diretamente sobre a questão da evolução da espécie, reformulando até mesmo o que se entende como evolução. No prefácio a *The cyborg handbook*, Donna Haraway sugere que não somos só nós, os humanos, que nos transformamos em *cyborgs*: na Nova Ordem Mundial, Gaia, a Terra pensada por Lovelock, e o microrganismo estudado por Margulis, também são *cyborgs*. Assim, a evolução da vida das células, do homem e da própria Terra, concebida como sistema vivo, se encontra reconfigurada.[24]

* * *

A primeira variação versava sobre o desaparecimento do humano; a segunda, sobre a transformação dos homens em *cyborgs*. A terceira vai tentar explicar como nos tornamos pós-humanos. Com efeito, esse é o título do livro de N. Katherine Hayles.[25]

De certo modo, o pós-humano de Hayles é uma derivação do *cyborg* de Haraway: como se este constituísse uma etapa de uma construção através da qual o homem deixa de ser ele mesmo, pelo menos tal como se concebia o "sujeito liberal" moderno. Mas enquanto Haraway enfatiza a dimensão científica e histórico-política dessa construção, Hayles está mais interessada em como ela impli-

---

[24] D. Haraway, "Cyborgs and symbionts: Living together in the New World Order", *in* C. H. Gray, *op. cit.*, pp. XI-XX.

[25] N. Katherine Hayles, *How we became posthumans: Virtual bodies in cybernetics, literature, and informatics*, Chicago/Londres, The University of Chicago Press, 1999.

ca numa transformação da subjetividade, na criação de um novo ponto de vista sobre o humano.
O que é o pós-humano? — se pergunta Hayles.
"Pense nele como um ponto de vista caracterizado pelos seguintes pressupostos. [...] Em primeiro lugar, a visão pós-humana privilegia o padrão informacional sobre a instanciação material, de tal modo que a incorporação num substrato biológico é vista como um acidente da história em vez de uma inevitabilidade da vida. Em segundo, a visão pós-humana considera a consciência [...] como um epifenômeno, como um arrivista da evolução que tenta reivindicar para si todo o espetáculo, quando na verdade não passa de um acontecimento lateral menor. Em terceiro, a visão pós-humana pensa no corpo como a prótese original que todos aprendemos a manipular, de tal modo que a extensão do corpo com outras próteses, ou a sua substituição, torna-se a continuação de um processo que começou bem antes de termos nascido. Em quarto lugar, o mais importante é que através destes e de outros meios a visão pós-humana configura o ser humano de tal modo que ele possa ser perfeitamente articulado com máquinas inteligentes. No pós-humano não há diferenças essenciais ou demarcações absolutas entre existência corporal e simulação de computador, mecanismo cibernético e organismo biológico, teleologia do robô e finalidades humanas."[26]

Sendo o pós-humano a construção de um ponto de vista, o trabalho da pesquisadora consiste em desconstruir tal construção, retraçando sua história tanto no campo da tecnociência quanto no da ficção científica. Seu ponto de partida é a virada cibernética; mas o que lhe interessa é que nessa virada a informação "perdeu seu corpo" — forjou-se uma dualidade informação/matéria cujos des-

---

[26] *Ibidem*, pp. 2-3.

dobramentos suscitaram uma reificação da informação e uma desqualificação da matéria tão intensas que a incorporação chega a ser considerada "um acidente da evolução"!

Hayles percebe o processo como um questionamento progressivo do sujeito liberal. Assim, nos anos 40 e 50 a cibernética propõe uma perspectiva que apaga as fronteiras do humano e, contraditoriamente, pretende que ela seja uma extensão do humanismo — como diz a autora, "Wiener olha no espelho do *cyborg* e recua";[27] nos anos 60 os laços da cibernética com o humanismo vão se fragilizando até que nos 80 se encontram rompidos; já os 90 são "devoradores de carne", segundo a expressão de Arthur Kroker. Não cabe aqui retraçar as três fases da cibernética e suas correspondências na ficção científica; entretanto, é importante focalizar o terceiro momento, que consagra o advento da vida artificial e contrapõe esta à inteligência artificial.

Confrontando os dois campos, Hayles observa:

"O objetivo da inteligência artificial era construir, dentro da máquina, uma inteligência comparável à do humano. O humano era a medida; a máquina era a tentativa de instanciação num meio diferente. Tal pretensão conforma profundamente o teste de Turing que [...] definia o êxito como a construção de uma inteligência da máquina que não poderia ser distinguida da inteligência humana. Em contrapartida, o objetivo da vida artificial é fazer a inteligência evoluir dentro da máquina através de vias encontradas pelas próprias 'criaturas'. Em vez de servir como parâmetro para o êxito, a inteligência humana é ela mesma reconfigurada à imagem desse processo evolutivo. Enquanto a inteligência artificial sonhava com a criação de uma consciência dentro da máquina, a vida artificial vê a inteligência humana como um epifenômeno no topo de funções de ordem maquínica que os sistemas dis-

---

[27] *Ibidem*, p. 108.

tribuídos executam. No paradigma da vida artificial a máquina torna-se o modelo para a compreensão do humano. Assim, o humano é transfigurado em pós-humano".[28]

O pós-humano expressaria, portanto, esse momento em que a referência deixa de ser o humano, transferindo-se para a máquina. Tal transferência é tão completa que Hayles anuncia o universo computacional como uma nova visão de mundo; nele homens e máquinas se constituem como processadores de informação. Do ponto de vista evolutivo a questão fica muito interessante. No universo computacional Stuart Kauffman, por exemplo, argumenta que a seleção natural não basta para explicar a escala temporal relativamente curta em que surgiu a vida, sugerindo a auto-organização como um outro princípio ordenador. Aos poucos vai então se desenhando uma convergência que faz com que as condições de surgimento da vida sejam as mesmas que propiciam o surgimento da computação, e que levam os criadores da vida artificial a considerarem que as criaturas são seus códigos, que as células são autômatos... que os homens são programadores programados, cuja atividade se resume a duplicar em outros meios os mesmos processos que os fazem existir.

É claro que a ideia de "natureza humana" encontra-se aí bastante abalada, para não dizer dissolvida. Se organismos humanos e máquinas se resumem a processamento de informação, a evolução da vida e a evolução da computação passam a ser análogas. Desenvolvendo a computação para criarem vida artificial, os pesquisadores não se veem fazendo simulação, nem se contentam com a construção de componentes de organismos unicelulares, de robôs e de programas computacionais que configurem processos evolutivos: para eles só faz sentido criar a vida a partir da base se o organismo construído no computador *desenvolver a capacidade de evoluir*, pois só então se pode falar em vida, e a evolução pode de-

---

[28] *Ibidem*, p. 239.

colar. Como se dá então a articulação entre a vida do homem enquanto espécie e a vida artificial? Como entender a coevolução de homens e máquinas?

Hayles escreve:

"Os humanos evoluíram através de uma combinação de acaso e de processos auto-organizativos até que atingiram o ponto em que podiam tirar partido conscientemente dos princípios de auto-organização para criar mecanismos de evolução. Eles usaram tal capacidade para construir máquinas capazes de autoevolução. Entretanto, ao contrário dos humanos, os programas das máquinas não são dificultados pelas restrições de tempo impostas pela evolução biológica e pela maturação física. Eles podem processar centenas de gerações num dia, milhões em um ano. Até muito recentemente, os humanos eram inigualáveis em sua capacidade de armazenar, transmitir e manipular informação; agora eles partilham tal capacidade com máquinas inteligentes. Para antever o futuro dessa via evolutiva basta perguntar qual desses organismos, competindo de diversas maneiras pelo mesmo nicho evolutivo, tem condições de processamento da informação para evoluir mais rápido".[29]

O comentário de Hayles merece atenção. O pós-humano parecia uma derivação do *cyborg* e exprimia a criação de um novo ponto de vista sobre o humano; mas agora eis que este cruza com a ameaça de desaparecimento da espécie, levantada por Bill Joy. Ora, na primeira variação a extinção viria como um inevitável acidente de percurso; na terceira, porém, parece que esse seria o preço inescapável que o homem teria de pagar, por não ter alternativa: em sua evolução como processador de informação o humano parece condenado a evoluir, não para sobreviver, mas para programar a sua própria destruição... criando uma nova espécie!

---

[29] *Ibidem*, p. 243.

Ciente do impasse, Hayles, no entanto, não se apavora como Joy. Para ela não se trata de saber se vamos nos tornar pós-humanos, mas que tipo de pós-humanos seremos. Ou seja, só não há alternativa porque o novo ponto de vista repousa sobre a desincorporação, sobre uma progressiva e crescente identificação com "a informação que perdeu seu corpo". Seria preciso então que nos desidentificássemos com a informação incorpórea e passássemos a ouvir os "murmúrios do corpo", para que o ponto de vista pós-humano se convertesse de negativo em positivo, abrindo caminho para uma convivência e uma parceria entre humanos e máquinas.

No final do penúltimo capítulo de seu livro, Hayles se indaga sobre o futuro (do) pós-humano ordenando sua leitura de quatro narrativas de ficção científica em torno da questão da evolução como problemática fundamental. Sua pergunta, formulada a respeito de *Blood music*, mas valendo para todos os textos, diz: "É a mudança do humano para o pós-humano um avanço evolutivo ou uma catástrofe de alcance sem precedentes?".[30] A autora reconhece que todas as narrativas estudadas são obcecadas com a dinâmica da evolução e da degeneração, mas surpreende-se que todas elas estejam comprometidas com o sujeito humano. O que fazer então com o pós-humano?

A ficção científica não pode ajudá-la a tornar positivo o ponto de vista pós-humano; por sua vez, a tecnociência já fez a sua opção e não parece nem de longe disposta a modificá-la no sentido por ela almejado. Dividida entre o terror que a perspectiva pós-humana suscita e o prazer que a vertigem de pensar a superação do sujeito liberal provoca, Hayles "resolve" seu dilema preconizando a saída formulada pelas críticas feministas da ciência, isto é, uma relação não de competição entre espécies, mas de complementaridade entre homem e máquina, entre seres inteligentes incorporados de maneiras diferentes. "O pós-humano", diz ela,

---

[30] *Ibidem*, p. 280.

"não significa realmente o fim da humanidade. Em vez disso, assinala o fim de uma determinada concepção do humano, uma concepção que, na melhor das hipóteses, talvez tenha se aplicado àquela fração da humanidade que teve riqueza, poder e tempo para conceituar a si própria como seres autônomos que exerciam sua vontade através da ação individual e da escolha. O que é letal não é o pós-humano enquanto tal mas o enxerto do pós-humano numa visão humanista liberal do *self*".[31]

Hayles endossa portanto o ponto de vista pós-humano, em sua superação do humanismo liberal e do sujeito que é por ele produzido; mas deseja que tal ponto de vista não seja nem anti-humano nem apocalíptico. Julgamento, consciência, autonomia, ação individual, escolha, independência, tudo o que caracteriza esse sujeito como aquele que mantém o controle, como sujeito controlador, está sendo desmontado, mas isso não é necessariamente um mal:

> "Se [...] há uma relação entre o desejo de domínio, um relato objetivista da ciência, e o projeto imperialista de subjugar a natureza, então o pós-humano oferece recursos para a construção de um outro tipo de relato. Nesse relato [...] uma parceria dinâmica entre humanos e máquinas inteligentes substitui o destino manifesto do sujeito humanista liberal de dominar e controlar a natureza. Claro que isso não é o que o pós-humano *vai* necessariamente significar — apenas o que *pode* significar".[32]

* * *

A última variação também enfrenta o futuro do humano, mas radicaliza a transformação do pensamento sobre o homem, a evo-

---

[31] *Ibidem*, p. 287.

[32] *Ibidem*, p. 288.

lução da espécie e a tecnologia, deixando o humanismo para trás e combatendo as concepções do pós-modernismo. Sua expressão mais acabada encontra-se num texto curto intitulado "Sobre a morte do homem e o além-do-homem", de Gilles Deleuze, e no livro de Keith Ansell Pearson, *Viroid life: Perspectives on Nietzsche and the transhuman condition*.

Deleuze lança a seguinte questão: Consideremos as forças no homem: forças de imaginar, de lembrar, de conceber, de querer... Com que outras forças as forças no homem entram em relação, em determinada formação histórica, e que forma resulta desse composto de forças? A pergunta se impõe porque o filósofo, seguindo a trilha aberta por Michel Foucault, quer explorar a ideia da morte do homem, sugerida por este filósofo e objeto de grandes mal-entendidos. Relendo Foucault, Deleuze distingue três formações históricas diferentes, às quais correspondem três compostos de forças, três formas, que por sua vez expressam três modos das ciências se pensarem porque configuram três aspectos do pensamento operatório.

A primeira formação histórica é a clássica, dos séculos XVII e XVIII europeus, na qual o composto forças no homem e forças de fora se constitui como forma-Deus. "Em suma", diz Deleuze, "as forças no homem entram em relação com forças de elevação ao infinito". Esse é o mundo da representação infinita, no qual se trata de pensar o infinito (o infinitamente perfeito) através de um conceito fundamental: o *desdobramento*. As ciências, então, são gerais, porque o geral indica uma ordem de infinitude: "Por isso", escreve Deleuze,

> "não há biologia no século XVII, mas uma história natural que só forma um sistema organizando-se em série; não há economia política, mas uma análise das riquezas; não há filologia ou linguística, mas uma gramática geral. [...] O que define o solo clássico, o que constitui funcionalmente a grande família dos enunciados ditos clássicos, é essa operação de desenvolvimento ao infinito, de formação de *continuums*, de desdobramento de quadros: desdobrar, desdobrar sempre —

'explicar'. [...] Se a clínica pertence a essa formação, é porque ela consiste em desdobrar os tecidos sobre 'extensões em duas dimensões, e desenvolver os sintomas em série, cujas composições são infinitas'".[33]

Na formação histórica do século XIX, a forma-Homem substitui a forma-Deus quando a finitude constituinte vem substituir o infinito originário. A forma-Homem é o composto que resulta da relação das forças no homem com outras forças de fora, as forças da finitude — estas são as forças da vida, do trabalho e da linguagem, que no campo da ciência darão lugar à biologia, à economia política e à linguística. Num primeiro momento, diz Deleuze, algo vem quebrar as séries, fraturar os *continuums*: uma profundidade irredutível ameaça as ordens da representação infinita:

"Com Jussieu, Vicq d'Azir e Lamarck, [...] uma força de organização vem impor uma repartição de organismos que não se deixam mais alinhar, mas tendem a se desenvolver cada um por sua própria conta (e a anatomia patológica acentua tal tendência ao descobrir uma profundidade orgânica ou um 'volume patológico')".[34]

Num segundo momento, as coisas, os seres vivos e as palavras se redobram sobre essa profundidade como uma dimensão nova, se resignam a essas forças de finitude. O comparado substitui o geral — anatomia comparada, filologia comparada, economia comparada — enquanto a *dobra* substitui o *desdobramento*, impondo-se como o segundo aspecto do pensamento operatório.

"Para compreender melhor como a dobra tornou-se a categoria fundamental, basta interrogar o nascimento da biologia [...] Quando Cuvier distingue quatro grandes ramifica-

---

[33] G. Deleuze, *Foucault*, col. Critique, Paris, Minuit, 1986, pp. 133-4.

[34] *Ibidem*, p. 135.

ções, não define generalidades mais amplas que os gêneros e as classes, mas ao contrário, fraturas que vão impedir qualquer *continuum* de espécies de se agruparem em termos cada vez mais gerais. As ramificações ou planos de organização implicam em eixos, orientações, dinamismos segundo os quais o ser vivo se dobra de tal ou tal maneira."[35]

À cientificidade clássica, isto é, ao pensamento do infinito e do *desdobramento*, corresponde portanto a forma-Deus; e à cientificidade moderna, isto é, ao pensamento da finitude e da *dobra*, corresponde a forma-Homem. A análise do autor de *As palavras e as coisas*, assim retomada por Deleuze, resulta daquilo que este filósofo denominou o segundo dos três grandes encontros de Foucault com Nietzsche,[36] aquele que tematiza a morte do homem e o ad-

---

[35] *Ibidem*, p. 136.

[36] Numa entrevista a Claire Parnet intitulada "Um retrato de Foucault", Deleuze diz: "Há três grandes encontros de Foucault com Nietzsche. O primeiro é a concepção da força. O poder, segundo Foucault, como a potência para Nietzsche, não se reduz à violência, isto é, à relação da força com um ser ou um objeto; consiste na relação da força com outras forças que ela afeta, ou mesmo que a afetam [...]. Em segundo lugar, a relação das forças com a forma: toda forma é um composto de forças. É o que já aparece nas grandes descrições pictóricas de Foucault. Porém, ainda mais, é todo o tema da morte do homem em Foucault, e seu vínculo com o além-do-homem de Nietzsche. É que as forças do homem não bastam por si só para constituir uma forma dominante onde o homem possa alojar-se. É preciso que as forças do homem (ter um entendimento, uma vontade, uma imaginação etc.) se combinem com outras forças; então uma grande forma nascerá desta combinação, mas tudo depende da natureza dessas outras forças com as quais estas do homem se associam. A forma que decorrerá daí não será necessariamente uma forma humana; poderá ser uma forma animal da qual o homem será apenas um avatar, uma forma divina da qual ele é o reflexo, a forma de um Deus único do qual o homem será apenas uma limitação (assim, no século XVII, o entendimento humano como limitação de um entendimento infinito). Significa dizer que a forma-Homem só aparece em condições muito especiais e precárias:

vento do Além-do-Homem. Ora, é essa mesma análise, é esse mesmo pensamento que Deleuze vai, à sua maneira, prolongar, contentando-se, porém, com "indicações muito discretas". Aproximando Foucault de Nietzsche e somando-se a eles, Deleuze explicita que o que realmente interessa no entendimento da forma-Deus e da forma-Homem não é tanto a morte de Deus e do Homem, mortes por eles anunciadas, mas o advento de uma nova formação histórica por vir, à qual corresponderia a forma-Além-do-Homem.

Com efeito, depois de recapitular as duas formas, e sua morte, Deleuze escreve:

> "A pergunta que constantemente se repete é, portanto, a seguinte: se as forças no homem só compõem uma forma ao entrarem em relação com as forças de fora, com que novas forças correm o risco de entrar em relação agora, e que nova forma pode surgir que já não seja nem Deus nem o Homem?".[37]

Nietzsche havia dito que o homem aprisionara a vida, e que o Além-do-Homem é aquele que libera a vida no próprio homem, em benefício de uma outra forma. Na mesma linha, Foucault encontra na literatura moderna um "ser da linguagem" que, "agrupando-a", libera a literatura da linguística. "O curioso", escreve Deleuze,

> "é que Foucault [...] confere à linguagem um privilégio que recusa à vida e ao trabalho: ele pensa que a vida e o trabalho, apesar de sua dispersão concomitante à da linguagem, não haviam perdido o agrupamento de seu ser. Entretanto, parece-nos que em sua dispersão respectiva, o trabalho e a vida

---

é o que Foucault analisa, em *As palavras e as coisas*, como a aventura do século XIX, em função das novas forças com as quais as do homem se combinam naquele momento". G. Deleuze, *Conversações*, trad. de Peter Pál Pelbart, São Paulo, Editora 34, 1992, pp. 145-6.

[37] G. Deleuze, *Foucault*, col. Critique, Paris, Minuit, 1986, pp. 138-9.

Tecnologia e seleção

só puderam se agrupar através de uma espécie de descolamento da economia e da biologia. Foi preciso que a biologia saltasse para a biologia molecular, ou que a vida se agrupasse no código genético. Foi preciso que o trabalho disperso se reunisse ou se agrupasse nas máquinas de terceira geração, cibernéticas e informáticas. Quais seriam as forças em jogo, com as quais as forças no homem entrariam então em relação? Não seria mais a elevação ao infinito, nem a finitude, mas um finito ilimitado — se assim denominarmos toda situação de força na qual um número finito de componentes produz uma diversidade praticamente ilimitada de combinações".[38]

Ampliando então a análise foucaultiana da mutação da linguagem para nela incluir a mutação da vida e do trabalho, e mantendo no horizonte a perspectiva nietzschiana, Deleuze vê o esboço de uma nova relação de forças e a constituição de um novo composto dessas forças com as forças no homem: a forma-Além-do-Homem.

"As forças no homem entram em relação com forças de fora, as do silício que tomam o lugar do carbono, as dos componentes genéticos que tomam o lugar do organismo [...] O homem tende a liberar *nele mesmo* a vida, o trabalho e a linguagem. [...] Como diria Foucault, o além-do-homem é muito menos do que o desaparecimento dos homens existentes, e muito mais do que a mudança de um conceito: é o advento de uma nova forma, nem Deus nem homem, a qual espera-se que não seja pior que as precedentes."[39]

Mesmo embrionárias, as indicações de Deleuze merecem atenção porque suscitam a procura de uma nova inteligibilidade do processo de desarticulação dos antigos referenciais: se a forma Além-do-Homem estiver efetivamente tomando o lugar da forma-Ho-

---

[38] *Ibidem*, pp. 139-40.

[39] *Ibidem*, pp. 140-1.

mem, toda essa desordem que afeta a vida, o trabalho e a linguagem e desorganiza os seus limites conhecidos passa a ser vista como parte do movimento constitutivo da nova relação de forças, na qual a biologia molecular e a informática assumem um papel da maior importância. Mas agora o processo não assumiria um caráter apocalíptico prestes a pôr em perigo a própria existência do humano; muito pelo contrário, o fim da forma-Homem e a configuração de uma nova forma expressariam uma liberação da vida, do trabalho e da linguagem no próprio homem, liberação cujo sentido ainda não estaria selado. Na nova relação de forças, as forças da vida e do trabalho já estariam indicando a virtualidade de uma outra história, e por isso mesmo, depois das formações históricas "clássica" e moderna, a conclusão do texto de Deleuze adquire a feição de uma pergunta: "Rumo a uma formação do futuro?".

Por outro lado, essa nova formação histórica e a forma-Além-do-Homem que lhe corresponderia expressariam um novo modo das ciências se pensarem, porque configuraria um terceiro aspecto do pensamento operatório: depois do *desdobramento* e da *dobra*, a *sobredobra*, que segundo Deleuze já se manifesta nos plissados específicos das cadeias do código genético, nas potencialidades do silício nas máquinas de terceira geração, e nos contornos das frases na literatura moderna, quando à linguagem só resta recurvar-se num perpétuo retorno sobre si mesma.[40] Tudo se passa, então, como se estivéssemos entrando numa época em que a cientificidade contemporânea caracterizar-se-ia por um modo de pensar operatório cujo movimento relaciona as forças no homem com as forças do finito ilimitado; vale repetir: com "toda situação de força na qual um número finito de componentes produz uma diversidade praticamente ilimitada de combinações".

A questão levantada por Deleuze assume uma grande importância em *Viroid life: Perspectives on Nietzsche and the transhuman condition*, de Keith Ansell Pearson. Com efeito, tem-se a impressão

---

[40] *Ibidem*, p. 140.

que o pensamento do filósofo inglês, impulsionado pela leitura de "Sobre a morte do homem e o além-do-homem", vai preencher cuidadosamente as indicações de Deleuze, explorando implicações riquíssimas que esse texto contém para pensar as novas tecnologias, a formação histórica que as faz emergir e o tipo de pensamento operatório que lhes é correspondente.

Pearson considera que, apesar das aparências em contrário, uma grande narrativa está se montando: o "retorno" da questão da tecnologia, isto é, o seu caráter crescentemente inumano em virtude das máquinas poderem responder melhor que os homens à evolução. Em seu entender, é preciso discutir a premissa antropomórfica de que o processo de complexificação é inumano e expressão da vida, pois declarar que a tecnologia significa a "continuidade da vida por outros meios" consiste em estimular a cegueira em relação às questões da vida e da morte no capitalismo avançado. Ora, uma nova maneira de discutir tal premissa seria privilegiando a questão da máquina e não da tecnologia, a questão dos agenciamentos maquínicos como novos e complexos devires dentro da evolução, em vez da oposição entre o orgânico e o mecânico. Numa palavra: trata-se de pensar o futuro do homem a partir da confrontação, dentro do campo da filosofia, entre o pensamento de Heidegger e o de Deleuze e Guattari.

Viroid life é um livro onde se busca uma filosofia radicalmente inumana para se pensar não nossa condição humana, mas transumana. E o ponto de partida, evidentemente, é o pensamento de Nietzsche, não só porque ele é a matriz que inspira tanto Heidegger quanto Deleuze e Guattari, mas também porque sua tentativa de ir para além do humano está implicada no devir do próprio humano. Assim, Pearson vê três questões cruciais na problemática do futuro do humano. Em primeiro lugar, a figuração do futuro em Nietzsche — pois se para este "é o futuro que regula nosso hoje",[41] é preciso saber

---

[41] Keith Ansell Pearson, *Viroid life: Perspectives on Nietzsche and the transhuman condition*, Londres/Nova York, Routledge, 1997, p. 10.

qual é o chamamento do futuro em seus escritos. Em segundo lugar, a questão do tempo em sua relação com o tempo do além-do--humano — atualmente, segundo Pearson, o Além-do-Homem tem sido concebido em termos lineares como o que vem "depois" dos homens, como o advento de um novo começo.[42] A terceira questão crucial na problemática do futuro do humano é a relação de Nietzsche com a biologia moderna e as teorias da evolução.

As questões do futuro em Nietzsche, do Além-do-Homem e das relações Nietzsche-Darwin armam, portanto, a análise de Pearson para que ele posteriormente possa, com Deleuze e Guattari, conceber um outro tipo de evolução. Por isso, seu livro começa descartando o uso que tem sido feito do transumano nietzschiano. O filósofo sabe que Nietzsche tem sido insistentemente invocado na discussão contemporânea,[43] a ponto do Além-do-Homem ter se tornado "o emblema desse admirável mundo novo";[44] entretanto, em seu entender, esquece-se que Nietzsche repetidamente invoca o além--do-humano para trazer-nos de volta ao humano, e tal esquecimento oblitera o "problema real relativo ao homem". Em que consiste esse "problema"? Fundamentalmente, no retorno à questão das origens do homem e no reconhecimento de que sua genealogia mostra o quanto o animal humano tem sido sujeitado a uma evolução caracterizada por uma seleção não natural. Como diz Pearson,

"paradoxalmente, é a recusa em reconhecer o caráter distintivo da evolução artificial e técnica humana que conduz à

---

[42] Nesse sentido, o autor critica a leitura de Heidegger, que teria historicizado a figura do Além-do-Homem, sujeitando-a a uma concepção da tecnologia que a vincula ao "futuro senhor da terra"; mas saúda Deleuze, considerado o único filósofo do pós-guerra a conectar o Além-do-Homem com questões de forma e de forças em termos de um devir complexo.

[43] Que se pense, por exemplo, em toda a polêmica em torno da intervenção de Peter Sloterdjik, *Regras para o Parque Humano*, São Paulo, Estação Liberdade, 2000.

[44] K. A. Pearson, *op. cit.*, p. 14.

reafirmação do antropocentrismo e que impossibilita o tratamento do problema real relativo ao homem".[45]

É preciso então voltar às origens do homem, pensando as relações entre seleção natural e seleção não natural; é preciso examinar o acúmulo e o aumento das forças para saber o que ainda pode ser feito do homem e descobrir que este ainda não esgotou suas maiores possibilidades; é preciso aprender a distinguir a promessa do homem, em outras palavras suas virtualidades. Em suma, é preciso pôr em discussão o modelo de evolução. Pearson observa que a história humana não pode ser modelada pela história natural porque seus mecanismos de seleção sempre foram não naturais. E se pergunta: "Trata-se da natureza selecionando a técnica, ou da técnica selecionando a natureza?".[46] Hoje, diz ele, os paleoantropólogos, estudando as conexões entre a biologia e o comportamento adquirido, falam da natureza tecno-orgânica da evolução humana, como se a história da técnica implicasse numa evolução pós-evolucionista. Em que termos então configurar nossa situação?

Se relembramos a angústia de Bill Joy, percebemos que ela decorre de uma dúvida sobre a nossa compatibilidade física com o ambiente artificial, tecnológico, que criamos, e que estaria a ponto de pôr em perigo nossa espécie; mas Pearson indaga se o surgimento da máquina realmente obriga o humano "a retirar-se no crepúsculo paleontológico". Como vimos nas três variações precedentes, o discurso contemporâneo tende a colocar a questão da máquina em termos lineares, como se esta viesse *depois* e superasse o humano. Ora, é nesse contexto que a condição transumana proposta por Nietzsche tem sido deturpadamente invocada transformando-se, como em Moravec, "numa espécie de fantasia cristã de como tornar-se puro espírito".[47]

---

[45] *Ibidem*, p. 13.

[46] *Ibidem*, p. 29.

[47] *Ibidem*, p. 33.

"Uma nova ficção está sendo promulgada dentro da assim chamada pós-modernidade 'pós-humana'" — escreve Pearson.

"Sustenta-se [...] que com o despontar do vitalismo biotecnológico, do surgimento das formas de vida e inteligências artificiais, e do desenvolvimento da engenharia genética, estamos agora entrando num futuro histórico no qual a vida existirá 'para além' da seleção natural."[48]

Entretanto, segundo o filósofo, em termos nietzschianos isso é um equívoco. Por um lado porque para Nietzsche a evolução, tanto humana quanto não humana, nunca se restringiu à sobrevivência ou à preservação: a evolução sempre foi pensada por ele em relação a uma *involução* originária; por outro, porque o advento de uma humanidade pós-biológica não expressa "o fim da humanidade" mas o retorno ao seu "problema real", que nunca foi biológico.

Relendo a *Genealogia da moral*, o filósofo inglês nela encontra uma crítica do paradigma darwiniano da evolução, na qual o decisivo é perceber as relações entre a seleção natural e a filosofia de vida nietzschiana a fim de verificar o quanto há aí uma insustentável antropomorfização da natureza, da vida e da evolução. Antes de mais nada, cabe salientar que Nietzsche entende que a seleção natural sustenta as forças reativas da vida, é conservadora e consiste, na verdade, em destruição natural. E como para ele a seleção natural é uma avaliação da vida que repousa sobre a utilidade da preservação, um dos aspectos fundamentais da sua reavaliação dos valores acaba envolvendo a reavaliação dos valores darwinistas. Mas como observa Pearson, com razão, tal iniciativa não se dá no campo da teoria biológica, mas no da teoria social, isto é, no terreno do darwinismo social.

A questão é abordada particularmente na seção dedicada ao "método histórico" da *Genealogia*. Ali tem lugar uma nova valoração da evolução e da seleção. O ponto de partida é que uma no-

---

[48] *Ibidem*, p. 33.

ção ativa, e não reativa, da vida, não deve centrar-se na adaptação, nas circunstâncias externas, mas priorizar as forças que dão forma, e que vêm de dentro. Pearson sublinha então como passou desapercebido que Nietzsche pensa a noção de vontade de potência inspirado na embriologia e na ortogênese, e concebe força e forma em termos qualitativos. "Não se trata de refutar a utilidade de Darwin", observa Pearson, "mas de construir uma ordem de gradação na qual o 'desenvolvimento real' se situa no 'sentimento de tornar-se mais forte'."[49] Descartada, portanto, a tendência para a preservação como central na evolução da vida orgânica, a vontade de potência surge como o princípio formador da "vontade de vida": o objetivo e a finalidade da vida deixam de ser a autopreservação para se tornarem o prazer que a coisa viva obtém na descarga de sua força.

A noção de poderes formativos, de forças modeladoras de formas, formulada por Wilhelm Roux, e posteriormente retomada por Foucault e Deleuze, adquire aqui um papel fundamental, para que Nietzsche possa pensar a vontade de potência como um princípio aplicável a uma variedade de formas de evolução em diferentes campos — biológico, fisiológico, cultural e tecnológico. A partir dela, pode-se pensar a evolução como uma sucessão de processos mais ou menos independentes e profundos de *overpowering*, nos quais a transformação poderosa e a resistência desempenham o papel de uma dinâmica imanente e aberta.[50]

Assim, ao modelo "passivo" da evolução darwinista, Nietzsche contrapõe um modelo ativo que leva o filósofo a *politizar* o conflito dentro das ciências naturais e ao mesmo tempo a *biologizar* a questão do político, "ao sustentar uma teoria da vontade de potência que busca demonstrar que um sistema de lei concebido como soberano e universal é 'contrário' à atividade fundamental da vida".[51] Pois

---

[49] *Ibidem*, p. 95.

[50] *Ibidem*, pp. 98-9.

[51] *Ibidem*, p. 99.

"o triunfo da visão darwiniana-malthusiana da vida como uma economia geral da natureza só pode ser levado em conta no nível da história e da cultura; e é precisamente essa 'história' que Nietzsche esboça em sua genealogia da moral".[52]

Ora, se a biologia funda a lógica da vida em considerações morais, o conceito de espécie fica comprometido. Nietzsche, então, vai postular um princípio alternativo de seleção, já que o futuro da evolução não reside na espécie, mas em indivíduos que incorporam maior complexidade — o tipo superior. Mas, pergunta-se Pearson, não seria tal formulação também uma antropomorfização da natureza? Como é possível considerar a vontade de potência um princípio da "vida natural"?[53] Numa análise cerrada e interessantíssima ficam demonstradas as incongruências da noção de vontade de potência; no entanto, isso não parece comprometer a obra, porque a genealogia lograria mostrar

> "até que ponto a 'seleção' do homem só pode ser efetiva e completamente desenvolvida quando o passado é levado em conta em termos de seu devir genealógico. O transumano só faz sentido e se torna inteligível quando implica numa afirmação da totalidade e fatalidade do devir humano".[54]

Ocorre que se o tipo superior não se revela um princípio alternativo de seleção por ser demasiado antropomórfico, o problema passa a ser: Como pensar a vontade de potência em termos não antropomórficos, de modo a mapear os devires não humanos da vida? E é aqui, no entendimento da vontade de potência e da biologia, que as leituras da obra de Nietzsche feitas por Heidegger e Deleuze divergem radicalmente e levam o filósofo inglês a alinhar-se com este

---

[52] *Ibidem*, p. 100.
[53] *Ibidem*, pp. 105-6.
[54] *Ibidem*, p. 108.

último. Não cabe agora evocar a posição de Heidegger discutida no livro; mas é relevante considerar a posição de Deleuze.

Relendo Darwin, Pearson descobre algo ignorado pelos comentadores: que a principal diferença entre a seleção da natureza e a do artifício é o tempo. Para Darwin os produtos da natureza seriam superiores porque os homens selecionam em função de seu próprio bem imediato, enquanto a natureza age "em toda a maquinaria da vida". O mecanismo temporal da seleção natural é, portanto, utilitário; mas é precisamente isso que torna a seleção natural uma teoria antropomórfica — ela concerne ao verdadeiro, ao bom e ao belo. Para escapar do utilitarismo seria necessário pensar a natureza como invenção, isto é, como técnica. Entretanto, não seria a técnica também irremediavelmente antropomórfica? "O que precisamos pensar", escreve Pearson,

> "é a técnica do excesso, na qual a inventividade da evolução seria vista como excedendo o cálculo utilitário e tornando possível o devir de modelos de evolução mais complexos, não lineares, e 'maquínicos'".[55]

Para isso, Pearson poderia ter se inspirado em Gilbert Simondon, que pensa a evolução como invenção, tanto no tocante ao ser vivo e ao inorgânico quanto ao objeto técnico.[56] Mas preferiu permanecer dentro do espectro do pensamento nietzschiano, e privilegiou a leitura que Deleuze faz da vontade de potência, porque ela permitia conceber a realidade em termos dinâmicos e processuais, nos quais a evolução não se dá linearmente e nem se atém às distinções de espécie e gênero. Na realidade assim pensada, os devires ocorrem em função da capacidade de afetar e ser afetado e a evolu-

---

[55] *Ibidem*, p. 113.

[56] Ver G. Simondon, *L'Individu et sa génèse physico-biologique*, col. Épiméthée, Paris, Presses Universitaires de France, 1964; *Du mode d'existence des objets techniques*, col. Analyses et Raisons, Paris, Aubier-Montaigne, 1969; e *L'Individuation psychique et collective*, col. Res, Paris, Aubier, 1989.

ção assume a forma de uma experimentação, que Deleuze denomina "involução", isto é, a dissolução das formas e a indeterminação das funções, bem como a liberação dos tempos e velocidades.[57] Aqui não há sujeito nem objeto: no plano de imanência, plano da vontade de potência, a natureza, a vida, a técnica se inventam... sem antropomorfização.

Pearson está interessado no "darwinismo molecular" de Deleuze e Guattari porque ele permite articular a nova biologia da *autopoiesis* e da complexidade com o que ele denomina "biologia filosófica". "Em *Différence et répétition*", escreve o filósofo,

> "Deleuze está antecipando as atuais tentativas que se fazem entre os biólogos para superar o paradigma neodarwinista hegemônico. Aqui, o foco se encontra na produção de padrões espaciais que são explicáveis não em termos da natureza dos componentes envolvidos, como as células, mas sim em termos do modo como as moléculas interagem no tempo e no espaço (sua ordem relacional)".[58]

Trata-se, portanto, de pensar essa ordem relacional, isto é, dos "agenciamentos maquínicos" que se dão aquém do organismo, dessas singularidades pré-vitais da vida pré-estratificada e não orgânica a partir da qual o organismo é "extraído". Trata-se de pensar a invenção na evolução.

Ora, o terreno por excelência no qual se aplica o darwinismo molecular é o dos simbiotas, dos viroides. Haraway e Hayles já haviam voltado sua atenção para ele, a primeira considerando os simbiotas como *cyborgs*, e a última identificando no modo como os vírus aparecem na obra ficcional de William Burroughs um novo tipo de relação homem-máquina. Mas aqui se tem a impressão de que a análise vai muito mais longe. É que os viroides aparecem co-

---

[57] K. A. Pearson, *op. cit.*, p. 119.

[58] *Ibidem*, p. 129.

mo um reino distinto que atua como um *"reservatório" virtual* para vírus no curso da evolução. Numa palavra: os viroides são os pioneiros da evolução. Escreve Pearson:

"Situando-se na fronteira entre o 'vivente' e o não vivente, e *virtualmente reais*, os vírus servem para questionar quase todo princípio dogmático em nosso pensamento sobre a lógica da vida, desafiando qualquer divisão ordenada do físico [...] em organismos, o inorgânico e artefatos engenheirados. A evolução criadora na terra teria sido impossível sem a intervenção da engenharia genética que caracteriza a vida viroide".[59]

"Se considerarmos que a vida viroide é um dos meios-chave através dos quais a transferência de informação genética tem ocorrido, então é necessário cultivar a ideia de que há casos em que tal transferência de informação passa de espécies mais evoluídas para outras menos evoluídas, ou que foram os progenitores das espécies mais evoluídas; o resultado é que esquemas reticulares deveriam substituir os esquemas em árvore que dominam quase todo o pensamento sobre a lógica da vida."[60]

Como bem observa Pearson, o organismo é então desatado, as fronteiras que asseguram a evolução de identidades separadas se apagam e um modo maquínico de evolução entra em cena. Evidentemente, tal modo implica em considerar que o artifício faz parte da natureza, pois uma técnica originária informa a filosofia da natureza de Deleuze e a reconfiguração da ontologia. Pearson então aproxima a noção de heterogênese maquínica desenvolvida por Guattari da teoria da *autopoiesis* e da complexidade: tanto o ser mecânico quanto o orgânico resultam de uma "autoafirmação" e uma "autoconsistência" que se atualiza através de relações vir-

[59] *Ibidem*, p. 133.
[60] *Ibidem*, p. 133.

tuais e diversas. Entretanto, mesmo levando a técnica para dentro da natureza, não se pode falar em reificação da tecnologia: os viroides e vírus naturais que maquinam a evolução são como os macros e os vírus artificiais que transformam as máquinas — ambos são agenciamentos maquínicos atuando na evolução criadora, forjando o devir dos organismos e das máquinas; nesse sentido, pode-se falar de uma evolução do objeto técnico tanto quanto do ser vivo. Ocorre que os agenciamentos do objeto técnico nunca são puramente tecnológicos, pois a máquina é sempre social, antes de ser técnica. Em resumo, como escreve Pearson, "as questões relativas à tecnologia cibernética só podem ser adequadamente convocadas quando são articuladas em termos de uma teoria social da microfísica do poder".[61] Ora, se estabelecêssemos tal articulação, veríamos que a característica principal do capitalismo contemporâneo consiste em tentar colonizar todo tipo de invenção, tanto natural quanto artificial, buscando capturar todas as virtualidades para controlar todos os devires.

É nesse contexto que se colocam a superação do homem pelas máquinas inteligentes e a condição transumana. Na perspectiva traçada por Pearson a partir da leitura de Nietzsche e de Deleuze e Guattari, se levarmos em conta a invenção no plano da natureza e do artifício bem como a existência humana como resultado da seleção natural e da seleção não natural, o problema não é tanto a questão da invenção da tecnologia pelos homens, mas sim a questão da tecnologia inventando o humano, da tecnogênese do humano.[62]

"Sustentar que a tecnologia está nos tornando 'menos humanos'" — escreve Pearson —,

"é supor que existe alguma natureza fixa do humano através da qual poder-se-ia medir os excessos da tecnologia, e

---

[61] *Ibidem*, p. 146.
[62] Cf. pp. 152 e 160.

assim apreciar suas invenções em termos de alguma análise metafísica de custo-benefício".[63]

Mas na perspectiva adotada, tal natureza humana não existe; por outro lado, o que ocorre quando a natureza é desumanizada, a humanidade é artificializada e o homem deixa de ser o sentido e a medida da evolução? O niilismo bate à porta, o homem se vê cada vez mais apequenado, doente e sem sentido — nota o filósofo inglês, que propõe então, para solucionar o problema, conceber o Além-do-humano como a visão de um futuro não antropocêntrico do humano. Nessa visão, o Além-do-Homem seria compreendido como uma singularidade livre, anônima e nomádica que atravessa tanto os homens quanto as plantas e animais, independentemente da matéria de sua individuação e das formas de sua personalidade.

"A condição transumana", escreve Pearson, "não se refere à transcendência do ser humano, mas sim ao seu devir não teleológico num processo imanente de 'desregulação antropológica'".[64] Tal desregulação se faz tanto mais necessária na medida em que o capital pretende legitimar seu controle construindo a si mesmo como o terreno transcendental de toda mudança e inovação — assim, *suas* opções de uma vida tecnologicamente avançada surgiriam como mera continuação da história natural. Portanto, a condição transumana demanda uma contínua politização da evolução, cujo sentido maior consiste em não conceder ao capital a primeira e a última palavra como "sujeito" e finalidade dela.

* * *

O filósofo inglês vê, portanto, na "vida viroide" a possibilidade de realização transumana aberta por Nietzsche através da crítica da seleção natural de Darwin e do anúncio do advento do Além-

---

[63] *Ibidem*, p. 153.

[64] *Ibidem*, p. 163.

-do-Homem, via que posteriormente foi aprofundada por Deleuze e Guattari, e pela teoria da complexidade e da *autopoiesis*. Além do interesse heurístico, tal "solução" para o problema do futuro do humano suscitaria nosso entusiasmo se a questão da "contaminação" do humano, vale dizer do seu devir evolucionário, já estivesse encaminhada, para não dizer resolvida, em termos nietzschianos. Ora, é precisamente esse problema que o livro de Barbara Stiegler vem levantar...

Analisando como Nietzsche aborda, na *Genealogia da moral*, a problemática da seleção natural, Pearson sustenta que a reavaliação dos valores darwinistas se dá no terreno do darwinismo social. Entretanto Stiegler a concebe no campo da própria biologia, colocando questões cruciais para a mesma. As implicações dessa diferença de perspectivas parecem ser bastante grandes, sobretudo se pensarmos que ambas vão politizar a biologia, mas com consequências diversas, e perturbadoras.

Stiegler abre seu livro indagando os motivos filosóficos profundos que levaram Nietzsche a dedicar tanto tempo às obras dos biólogos de seu tempo. Isso porque, em seu entender, a partir de 1884 o filósofo decide que, do ponto de vista metodológico, é preciso partir do fenômeno do corpo vivo e da fisiologia, a fim de se obter a representação exata de nossa unidade subjetiva. Não cabe aqui nos estendermos sobre o modo como tal decisão ao mesmo tempo rompe e renova a filosofia moderna de Descartes a Kant, que Stiegler esclarece tão bem. Mas interessa reter que tal decisão se inspira na teoria celular de Rudolf Virchow, responsável pela descentralização do sujeito vivo, até então fundado na consciência. Com efeito, escreve a autora:

> "Com a teoria celular, toda centralização anatômica ou fisiológica revela-se um engodo que dissimula a multiplicidade de que somos feitos, e do qual a consciência é a grande responsável. Mas com a consciência, a filosofia do *Ego*, aquela que, com Descartes e Kant, começa pelo *Eu*, é posta em questão. Virchow propõe então inverter a perspectiva. Chegou a

hora de compreender que 'o *Eu* dos filósofos não passa de uma consequência do *Nós* dos biólogos'. Nietzsche é o primeiro filósofo a extrair as lições do ensinamento de Virchow. Todos os textos que se esforçam para substituir o *Ego* cartesiano e o *Eu penso* kantiano pelo corpo vivo trazem a marca evidente de sua influência, e retomam por sua própria conta sua denúncia (biológica) do primado (filosófico) do *Ego*. Considerada desde Descartes e até Virchow como o único ponto de partida metódico, tendo se imposto até na biologia sob as diversas máscaras de um mesmo 'ponto anatômico central', a consciência não é mais, nos textos de Nietzsche, que um instrumento, que um fenômeno terminal, que uma consequência tardia".[65]

Nietzsche, portanto, não apenas se inspira nos biólogos, mas decide tomar suas descobertas como ponto de partida. Ora, partir da *corporização* do sujeito vivo, significa partir da constatação de que ele é um sujeito afetado pelo que lhe acontece, e que sofre por suas afecções — pois *antes* de qualquer pensamento e de qualquer sensação (também entendida como uma interpretação assimiladora), sempre há uma excitação originária que vem surpreendê-lo. Um corpo vivo é, portanto, e antes de tudo, um sujeito excitável. A essa excitação passiva corresponde, porém, uma assimilação ativa, que consiste em reduzir a alteridade ao idêntico e apropriar-se do que vem de fora, ao mesmo tempo compensando a alteração e englobando-a.

Com efeito, tudo se passa no jogo entre passividade e ação, entre duas faculdades próprias do ser vivo: a de ser afetado e a de assimilar a afecção — jogo que, aliás, é cada vez mais complexo, à medida que passamos dos organismos unicelulares aos organismos superiores. Assim, às voltas com as excitações que o acometem e

---

[65] Barbara Stiegler, *Nietzsche et la biologie*, col. Philosophies, Paris, Presses Universitaires de France, 2001, p. 23.

com a dinâmica da assimilação, vale dizer às voltas com o movimento que vem de fora e o movimento que vem de dentro, o complexo organismo humano é palco de uma constante luta para construir a si mesmo e para tornar-se ele mesmo. Surge, porém, um paradoxo:

> "Quanto mais se consolida o esforço para ser ele mesmo (*ipse*), quanto mais se afirma a ambição de tornar-se um sujeito, isto é, um 'destino' (uma 'necessidade'), e não apenas o simples objeto passivo das circunstâncias externas (ou do 'acaso'), mais se intensifica a relação com a alteridade. Nesse sentido, a 'vida constante ou livre' do corpo humano vivo, sua maravilhosa complexidade interna, supõe uma abertura para a alteridade, uma exposição ao bombardeio das excitações bem maior que a 'vida oscilante' dos organismos inferiores, que permanecem essencialmente como objeto das influências externas precisamente porque não trocam quase nada com o seu meio".[66]

Stiegler sublinha então que a leitura dos estudos sobre a biologia influencia não só a decisão de Nietzsche de partir do corpo vivo, como também sua reflexão sobre a vontade de potência no fio condutor do organismo. E reencontrando a mesma questão levantada por Pearson no confronto Nietzsche/Darwin, a filósofa francesa se interroga: por que seguir a pista de uma "vontade viva", por que tentar compreender o ser vivo como *vontade*? E em que sentido entender o "querer" dos seres vivos?

> "É na resposta a essa pergunta que Nietzsche vai se opor a Darwin, ou mais precisamente, à resposta que ele lhe atribui. Ao querer da biologia darwinista, à sua interpretação da vida como 'luta pela existência', Nietzsche vai opor uma outra concepção do querer: a vida como vontade de

---

[66] *Ibidem*, p. 38.

potência. Mas com essa crítica da biologia darwinista, e a constituição correlata de sua própria concepção da 'vontade viva', Nietzsche nunca procurou [...] desvalorizar a vida biológica, em proveito de uma vida filosófica superior. Pelo contrário, aqui ele se inspirou amplamente numa outra fonte biológica: a 'luta das partes no organismo', do embriologista Wilhelm Roux."[67]

Se Virchow havia sido fundamental para Nietzsche pensar a partir do sujeito vivo, Roux e E. Haeckel são cruciais para pensar a "vontade viva". É que esta não parece reduzir-se ao querer sobreviver, apontado por Darwin; como escreve o filósofo: "o essencial do processo vital é justamente esse enorme poder interno de criar formas, que *utiliza*, que *explora* as 'circunstâncias externas'".[68] O essencial é o que Roux denomina "autoformação":

> "Enquanto Darwin acredita que o mais decisivo é o que se passa entre os organismos, entendidos como indivíduos acabados e constantes, e cuja ambição essencial segundo Nietzsche será a de se conservarem idênticos a si mesmos, Roux, pelo contrário, mostra que o próprio processo de individuação se encontra no âmago do querer orgânico ou da 'luta pela vida' — a vontade não de se conservar como uma unidade estável e idêntica, mas, ao contrário, de crescer e de se alimentar esforçando-se para tornar-se ela mesma".[69]

Para tanto, o ser vivo precisa incorporar a alteridade, assimilá-la, o que será pensado por Nietzsche através do conceito de memória orgânica de E. Haeckel, que havia pressentido sua importân-

---

[67] *Ibidem*, p. 47.
[68] Citado por Stiegler, *op. cit.*, p. 49.
[69] *Ibidem*, pp. 52-3.

cia na própria constituição da vida, já que ela tornava possível a sua conservação, transmissão e evolução:

> "Inspirando-se ao mesmo tempo em Roux e em Haeckel, Nietzsche vai progressivamente confundir a *Selbstregulation* (a luta interna de Roux) e a memória orgânica, que ele assimilará à vontade de potência como vida".[70]

Mas em vez de considerar a memória orgânica como passiva, isto é, como lugar de expressão do determinismo da espécie e do meio, como postula Haeckel, Nietzsche vai conceber tanto a memória individual quanto a memória hereditária como faculdade através da qual o sujeito afirma sua própria potência de iniciativa e de invenção.

Nietzsche concorda com Haeckel que só os seres vivos têm memória, porque só eles crescem por intussuscepção, isto é, só eles têm a aptidão para crescer absorvendo o outro em si, incorporando-o e esforçando-se para assimilá-lo. Mas tal incorporação não significa que o outro tenha sido aniquilado. Absorvida, a força do outro é recalcada dentro daquele que a assimila, continuando a resistir dentro dele:

> "A memória, a temporalização pelo ser vivo de tudo o que lhe acontece, é o lugar em que passividade e atividade se entrelaçam. Não se reduzindo nem à passividade haeckeliana, nem à atividade única de tornar tudo idêntico a si, a memória orgânica é efetivamente essa luta interna e ativa graças à qual o ser vivo torna-se ele mesmo: ela é a contínua luta de um passado dominante com um futuro recalcado dentro de si a cada vez, na qual se joga a identidade própria, não só de cada ser vivo, mas também de cada linhagem. Assegurando a conservação do mesmo, do antigo ou do tipo, a memória também é o reservatório onde se acumula

---

[70] *Ibidem*, p. 57.

o futuro não assimilado — o que explica que só o ser vivo seja capaz de variação e de evolução. A memória é ao mesmo tempo o que garante o domínio inconteste do passado sobre o futuro, e o que torna possível a submissão do passado às possibilidades em reserva do porvir. Não se trata mais de escolher entre o sujeito que reduz ativamente ao idêntico tudo o que é outro, e essa subjetividade que se deixa passivamente constituir pelo que lhe advém. Trata-se, antes, de captar a articulação íntima entre essas duas faces inseparáveis do sujeito vivo".[71]

A vontade de potência, vontade viva do sujeito corporizado, se configura, portanto, como intersecção e articulação entre forças de fora e forças de dentro, entre excitação e assimilação, entre passividade e atividade, entre a memória como autoformação e a memória como resistência, entre passado e futuro, entre autorregulação e abertura para o outro. Vale dizer: como experiência de afetar e ser afetado, de agir e sofrer. Mas não há dualismo entre os termos: a atividade subjetiva (potência de assimilação) só pode tornar-se ativa e potente se se deixar passivamente ferir pelas irrupções que lhe advém de fora.

Stiegler sublinha que a reflexão nietzschiana sobre a corporização do sujeito constitui uma verdadeira mutação da subjetividade. Mas por outro lado, a vontade de potência como vida implica numa distinção decisiva para o sujeito: aquela entre a potência que o organismo quer e a potência do que ele pode, pois se no fio condutor do organismo a vontade de potência significa a superabundância de tudo o que acontece (ou não acontece) com o sujeito vivo, verifica-se uma impossível coincidência entre o organismo e a potência que o excede. Com efeito, como observa Stiegler, a verdadeira questão que se coloca para todo sujeito vivo é: "O que fazer (ativamente) com esse sofrimento (passivo) sem o qual ele não

---

[71] *Ibidem*, pp. 71-2.

estaria vivo?".[72] Ou melhor: "O que fazemos da potência (e do sofrimento) do que nos acontece? E o que *deveríamos* fazer? Afinal, qual deve ser a política do ser vivo?".[73]

O confronto entre a potência dos acontecimentos e a vontade de potência do sujeito vivo fornece a este um critério para avaliar como lidar com a situação, com vistas à sua autorregulação, isto é, como se expõe ou se preserva, como se deixa ou não afetar, como seleciona ou não o que lhe convém. E é aqui, diante do problema das relações entre seleção e vontade de potência, que Stiegler expressa não só uma leitura diferente da de Pearson como também, e principalmente, parece captar com aguda precisão algo que o inglês não percebeu: a força da "aporia da seleção" contra a qual vai se quebrar o esforço de Nietzsche para pensar a articulação entre o "sofrer" e o "agir".

O problema da seleção se coloca porque, pensando a vida como regulação, Nietzsche percebe que, face à potência do que acontece, a vontade de potência do organismo precisa se expor e se preservar, se expor para crescer e se preservar para não se comprometer, em suma, selecionar para ao mesmo tempo realizar-se como vida superior e como vida ainda "vivível". Como mostra Stiegler de modo magistral, o problema da seleção progressivamente se impõe ao filósofo em termos inextricáveis de saúde e de doença. Inextricáveis porque se é a potência da vida que nos fere e se é a vontade de potência do organismo que ao mesmo tempo em que busca o excesso procede à reparação dos ferimentos, o que fazer: "curar a vida" ou deixar-se infectar por ela? Pergunta a autora:

> "Como conciliar a seleção (vital) e suas medidas reparadoras com a imprevisibilidade e a desmedida da potência do que sobrevém? A seleção, a decisão de escolher entre o que queremos e o que não queremos viver, não corre o risco de

---

[72] *Ibidem*, p. 84.

[73] *Ibidem*, p. 85.

nos tornar ainda mais desvitalizados, definitivamente fechados ao que nos acontece?".[74]

A questão levantada por Stiegler é capital. Não só para entendermos o dilema terrível enfrentado por Nietzsche nos últimos anos de sua vida consciente, ou ainda a radicalidade da questão que nos lega para o entendimento do humano, mas também e principalmente porque o problema da seleção por ele formulado e enfrentado projeta-se como uma gigantesca sombra sobre todo o campo da discussão contemporânea a respeito da evolução humana, a partir da "virada cibernética" e dos avanços da biologia molecular e da biotecnologia. Stiegler sabe da necessidade de reabrir o debate filosófico sobre as relações de Nietzsche com a biologia porque à luz do problema nietzschiano da seleção o alcance e as implicações da manipulação da vida ganham uma outra, e tremenda, inteligibilidade.

Como escreve a filósofa:

"Hoje, quando explodem entre as mãos do ser vivo humano seus poderes de manipulação e de experimentação sobre si mesmo e sobre os outros seres vivos, se recoloca com insistência a questão que Nietzsche suportou mais do que ninguém: é preciso 'criar um partido da vida' que ponha 'impiedosamente um termo a tudo o que é degenerado ou parasitário'? No mesmo momento, impõe-se a Nietzsche um outro pensamento inteiramente diferente: a ideia, ainda inspirada na regulação orgânica, de que toda saúde é um processo de cura e de que toda cura supõe uma patologia originária — a ideia de que não há saúde sem doença. Mas se a saúde requer a doença para se afirmar, e se é efetivamente através da experiência da doença que 'nos tornamos cada dia mais problemáticos, mais *dignos* de questionamento, e tal-

---

[74] *Ibidem*, pp. 88-9.

vez também mais dignos — de viver', não seria melhor temer 'os homens da cura e os salvadores', e desejar que nenhum 'partido da vida' nos impeça, um dia, de ainda sermos capazes de ficar doentes? Desses dois pensamentos, que ameaçam cada vez mais a unidade do pensamento de Nietzsche à medida que se aproxima o seu 'desmoronamento', qual deles está mais próximo da vontade de potência como vida — ou da autorregulação com vistas à potência?".[75]

A reflexão de Nietzsche sobre o problema da seleção se desenvolve através da crítica à seleção natural de Darwin e da elaboração de um conceito de seleção artificial para se contrapor àquela. Como observa Stiegler, o próprio Darwin fora o primeiro a interpretar a vida em termos de seleção, ao partir de uma analogia entre os mecanismos naturais da evolução do ser vivo e a atividade de criadores de animais e melhoristas de plantas. Mas ao contrário da seleção artificial, a natural não supõe nenhuma vontade ou intenção prévia: é a escassez de recursos naturais que pressiona por uma seleção que, assim, escolhe sempre o melhor e elimina o pior. Nesse sentido, a seleção teria uma direção, que faz da evolução das espécies um "progresso" e confere à vida um *projeto* e um *sentido*. Conservando o que lhe parece bom e descartando o "nocivo", a seleção darwiniana é utilitária, e seu critério de utilidade se funda na capacidade de adaptação, isto é, na "sobrevivência dos mais aptos". Ora, é contra esse utilitarismo que informa o pensamento de Darwin e de Spencer que Nietzsche vai se insurgir, ao considerar que esse critério de seleção se refere à conservação da vida e não, propriamente, à sua evolução.

O filósofo refuta a adaptação darwinista porque o que conserva o indivíduo poderia imobilizá-lo e fixá-lo em sua evolução. É que, ao contrário da adaptação darwinista, que é marcada pela passividade, Nietzsche interpreta a atividade seletiva da memória

---

[75] *Ibidem*, p. 91.

como uma adaptação ativa, não do ser vivo ao meio, mas do meio ao ser vivo. Mais ainda: se, como vimos, a memória orgânica é o lugar em que passividade e atividade se entrelaçam, é essa luta interna e ativa graças à qual o ser vivo torna-se ele mesmo, é esse operador que atua tanto para conservar o passado quanto para acumular e pôr em reserva as forças que resistem à assimilação, forças de um futuro não assimilado, então é aí que se jogam as possibilidades de evolução do ser vivo. Daí o interesse de Nietzsche pela hereditariedade:

> "Reservatório superabundante de experiências esquecidas e em reserva [...], [essa imensa memória transindividual] constitui um estoque inesgotável de possibilidades para a evolução. Não é, portanto, na adequação do ser vivo a si mesmo e ao mundo que residem as suas possibilidades evolutivas, mas sim nas não coincidências de sua memória, tanto individual quanto coletiva, pois só ela dá ao ser vivo a potência de superar a coincidência (química e mineral) do presente consigo mesmo para abrir diante dele um porvir. Interessando-se apenas pela *adaptação* (passiva ou ativa), Darwin descreve as condições de possibilidade, sem dúvida vitais, da duração e da identidade a si mesmo, mas simultaneamente perde aquilo de que pretendia dar conta: as condições de possibilidade da *evolução* do ser vivo, o que confere somente à vida essa potência de metamorfose que todo o resto não tem".[76]

Em suma: o que a teoria da seleção natural parece não compreender, é que o ser vivo não evolui através da coincidência tautológica consigo mesmo, que a vida não é *fitness*, é invenção, inovação. É que enquanto Darwin parte do indivíduo como dado, Nietzsche parte da individuação como processo, como movimento de busca de si a partir da não coincidência consigo mesmo.

---

[76] *Ibidem*, pp. 98-9.

Uma vez que a seleção natural não dá conta de lidar com a evolução do humano por ignorar o processo de individuação, Nietzsche trabalha na construção de seu conceito de seleção artificial. Na verdade, como bem observa Stiegler, o filósofo pensa duas seleções artificiais: uma primeira que se contrapõe à seleção natural de Darwin porque esta escolhe os mais adaptados e a conservação, e não os melhores e a evolução; e uma *outra* seleção artificial, a cristã, aquela que o homem exerceu sobre si mesmo desde a tomada do poder pela Igreja.

A primeira seleção artificial é aquela que visa a seleção dos melhores, das exceções. O sentido primeiro da seleção nietzschiana é mostrar que o homem torna-se humano quando, ao lutar contra suas próprias feridas, complementa os processos fisiológicos de reparação inventando uma nova instância reparadora — a consciência. A partir dessa invenção — e de todas as que virão com ela: técnica, cultura, linguagem — o ser vivo humano passa a superar as fragilidades de seu organismo recorrendo também a toda sorte de artifício. Mas, por outro lado, como sua evolução enquanto humano se dá não na adaptação e na conservação, mas em sua desadaptação, em sua exposição às afecções e na acumulação de forças que resistem dentro de si e buscam uma resolução, instaura-se um paradoxo: os homens fortes, as exceções, são aqueles nos quais a vontade de potência como organismo mais se afirma confrontando a potência, portanto, aqueles que mais se expõem às feridas, e consequentemente os que são mais ameaçados de desorganização — nessa empresa, muitos sucumbem, e por isso mesmo os fortes são a exceção; por outro lado, os fracos compõem a massa majoritária daqueles que se preservam da exposição à potência, refugiando-se na adaptação e na conservação. Preocupado em favorecer a evolução, Nietzsche então preconiza sua "grande política" do ser vivo, o projeto de cultivar as exceções avaliando seu custo numa "gestão total da economia da Terra". Mas, como observa com argúcia Stiegler, a proposta do filósofo o encerra na "aporia da seleção".

Com efeito, como escreve a autora,

"suprimir a tensão que opõe as exceções à massa (em outros termos, a potência à assimilação) para regular economicamente sua relação numa proporção justa não é anular a condição de toda vida: o fato de que o ser vivo *se fere* e *se busca* precisamente porque nenhuma compensação entre o ferimento e a cura jamais foi previamente regulada?".

Sonhar com uma "gestão total da economia da Terra" que "fabrica um homem que *sintetiza, totaliza* e *justifica*" a totalidade das despesas e das perdas, não é confundir a vida com o mundo inorgânico que, ignorando toda forma de perda ou de lesão, sempre realiza "*a maior síntese possível de forças*"?[77]

A questão da seleção se complica consideravelmente, não só porque a "grande política" preconizada por Nietzsche expõe seu pensamento às futuras apropriações realizadas pelos projetos de eugenia, mas também porque, além da primeira seleção artificial, o filósofo concebe uma segunda, a da "grande saúde". Desta vez, porém, o problema não é pensado contra o conceito biológico de seleção natural — o alvo é a seleção artificial operada pelos dois mil anos de cristianismo.

Em que consiste a seleção artificial cristã? Fundamentalmente numa contrasseleção voltada contra a vida, pois se trata de intervir diretamente na relação entre sofrer e agir, de intervir, portanto, na autorregulação, bloqueando o instinto de reparação. A intervenção cristã se dá na operação da consciência. Como vimos, a consciência, para Nietzsche, é essa invenção que torna o homem humano, na medida em que, lutando contra suas próprias feridas, complementa os processos fisiológicos de reparação inventando uma nova instância reparadora. Mas, paradoxalmente, tal invenção amplia consideravelmente sua percepção do sofrimento. Como escreve Stiegler:

---

[77] *Ibidem*, pp. 108-9.

"Lá onde os outros seres vivos esquecem e ignoram, só interiorizando os ferimentos passados no conta-gotas da regulação orgânica, a consciência dos humanos é uma espécie de memória hipertrofiada, na qual o ser vivo humano acumula a soma enorme de seus sofrimentos passados, antecipa seus sofrimentos futuros, e interioriza todo o sofrimento possível dos outros seres vivos. Ora, é aí que o padre intervém, ele opera sobre o sofrimento que tal inovação gera. [...] À exceção que se interroga dolorosamente sobre o sentido de seu sofrimento, o padre responde: você sofre *porque* é culpado (dói porque o mal está em você) e *deve* continuar sofrendo para punir a si mesmo (por ter esse mal em si). Em outros termos, lá onde a exceção já sofre de sua própria inovação, o padre, pelo sentido que confere a seu sofrimento, duplica seus sofrimentos com as dores da culpabilidade".[78]

Fica claro, então, que a seleção artificial configurada na "grande política" nietzschiana é construída para se contrapor à contrasseleção cristã. Mas como observa Stiegler com grande argúcia, o filósofo sucumbe à sua mais perigosa tentação: como os sacerdotes inverteram o sentido da vida, direcionando-a contra ela mesma, a saída seria um retorno à "natureza", isto é, à afirmação de uma vida biológica sã e forte, e à luta contra a doença e a degenerescência da moral cristã. Mas como proceder a esse retorno, se o próprio conceito de seleção natural havia sido desmontado, em benefício de uma seleção artificial que afirma a necessidade do sofrimento e de uma abertura para o sofrimento como condição de inovação e de evolução? A aporia da seleção manifesta aqui toda a sua força. Pois se o sofrimento estimula a vida, não seria o cristianismo — enquanto vivissecção da própria vida — a mais instrutiva das experiências, aquela que lança as bases para a maior das curas e a busca da "grande saúde"?

---

[78] *Ibidem*, pp. 116-7.

Dilacerado entre a "grande política" que pretende erradicar a doença cristã e a "grande saúde", que faz desta uma "promessa de futuro", Nietzsche encarna a violência da aporia da seleção. Como escreve Stiegler, em sua conclusão:

> "Que o pensamento de Nietzsche tenha desmoronado diante dos dois termos extremos e inconciliáveis da relação com o sofrimento — a 'grande política' ou a 'grande saúde'? — é o que demonstra, uma vez mais, a força da aporia contra a qual se choca o ser vivo humano, o único que é consciente de suas feridas: todo sofrer deve invocar um agir, mas um agir que não impeça o sofrer; as patologias do ser vivo exigem uma medicina, mas uma medicina que respeite as patologias como condição da vida. Nesse sentido, aqueles que se interrogam atualmente sobre o destino do sofrimento, da doença e da morte nas manipulações do ser vivo pelo ser vivo humano, reencontram uma questão que Nietzsche foi o primeiro a colocar".[79]

* * *

As discussões recentes a respeito do futuro do humano têm evidenciado que a aporia da seleção apontada por Barbara Stiegler se transformou num *double bind* tremendo não só para Nietzsche, mas para todos nós. Entre a "grande política" e a "grande saúde", Pearson, por exemplo, parece ter escolhido esta última, ao apostar nas contaminações da "vida viroide"; por outro lado, as propostas de uma "nova eugenia" de geneticistas como Lee Silver indicam que a "grande política" já pode estar em curso. De todo modo, à biologização crescente da política, já apontada por Foucault desde meados dos anos 1970, devemos responder agora com a politização da biologia, da tecnociência e da tecnologia. Se a vida tornou-se uma questão política, a política tornou-se uma questão vital.

---

[79] *Ibidem*, p. 124.

SOBRE O AUTOR

Doutor em Ciências da Informação pela Universidade de Paris VII, Laymert Garcia dos Santos nasceu em Itápolis, São Paulo, em 1948. É professor titular do Departamento de Sociologia do Instituto de Filosofia e Ciências Humanas da Unicamp e membro do Centro de Estudos dos Direitos da Cidadania da USP e do Conselho Diretor do Instituto Socioambiental. Foi professor visitante do St. Antony's College da Universidade de Oxford, Inglaterra, no ano letivo de 1992-93.

Desde o final da década de 1980 tem se dedicado às múltiplas relações entre tecnologia e sociedade (ambiente, arte e cultura), produzindo diversos ensaios sobre o assunto. Traduziu e apresentou o *Discurso da servidão voluntária*, de Étienne de La Boétie (Brasiliense, 1982), e é autor de *Desregulagens* e *Alienação e capitalismo* (ambos pela Brasiliense, 1981 e 82, respectivamente), além de *Tempo de ensaio* (Companhia das Letras, 1989). Em 2001, organizou o volume bilíngue sobre o dramaturgo Heiner Müller e o Brasil, intitulado *Drucksache N.F.6*, publicado pela editora alemã Richter Verlag e a Associação Internacional Heiner Müller.

Este livro foi composto em Sabon
pela Bracher & Malta, com CTP
e impressão da Edições Loyola em
papel Pólen Soft 80 g/m² da Cia.
Suzano de Papel e Celulose para a
Editora 34, em maio de 2011.